법인세법

소득세법

부가가치세법

상속세 및 증여세법

국세기본법

법인세법

총 설

1.1 법인세의 과세소득과 납세의무자

1. 법인세의 과세대상 : 소득

구 분	내 용
각 사업연도 소득	법인의 소득을 계산하는 1과세기간(사업연도) 동안의 익금총액에서 손금총액을 차감하여 산출한 금액
청산소득	법인이 해산절차를 거쳐 소멸하는 시점의 잔여재산가액에서 자기자본 총액을 공제하여 산출한 금액
토지등 양도소득	법 소정 부동산의 양도가액에서 장부가액을 공제하여 산출한 금액
미환류소득	조세특례제한법상 '투자·상생협력 촉진을 위한 과세특례' 규정에 의한 소득

※ 세율과 납부시기의 비교

구 분	각사업연도소득	청산소득	토지등 양도소득	미환류소득
세율	9%, 19%, 21%, 24%	각사업연도소득과 같음	10%, 20%, 40%	20%
납부	사업연도 종료일이 속하는 달의 말일부터 3개월 내	잔여재산가액 확정일이 속하는 달의 말일부터 3개월 내	각사업연도소득에 대한 법인세와 함께 신고납부	

* 1. 청산소득은 각사업연도소득에서 제외된 소득이 청산과정에서 실현되면서 발생하는 소득이다. 이는 일종의 정산 개념이므로 각사업연도소득에 대한 법인세와 동일한 세율로 과세한다.
  2. 토지등 양도소득에 대한 법인세와 미환류소득에 대한 법인세는 독립적으로 과세표준과 세액의 신고납부 절차가 있는 것이 아니고 해당 소득이 발생한 사업연도의 각사업연도소득에 대한 법인세에 더하여 함께 신고납부한다.

2. 법인세의 납세의무자 : 법인

(1) **거주성** : 본점 또는 주사무소 소재지에 따른 구분

① 내국법인 : 본점, 주사무소 또는 사업의 실질적 관리장소가 국내에 있는 법인

② 외국법인 : 본점 또는 주사무소가 외국에 있는 단체(사업의 실질적 관리장소가 국내에 있지 아니하는 경우만 해당)로서 법정 기준*에 해당하는 법인

* 외국법인은 다음 중 어느 하나의 기준에 해당하여야 한다.
1. 설립된 국가의 법에 따라 법인격이 부여된 단체
2. 구성원이 유한책임사원으로만 구성된 단체
3. 그 밖에 해당 외국단체와 동종 또는 유사한 국내의 단체가 상법 등 국내의 법률에 따른 법인인 경우의 그 외국단체

Memo

(2) **영리성** : 영리목적 여부에 따른 구분

① 영리법인 : 영리활동을 목적으로 설립된 법인

② 비영리법인 : 종교·자선·학술 등 영리가 아닌 사업을 목적으로 설립된 법인

* 1. 영리목적이라 함은 이윤추구활동 뿐만 아니라 창출한 이윤을 주주나 출자자 등 그 구성원에게 분배하는 행위까지 포함한 개념이다. 비영리법인이 수익사업을 영위할 수는 있으나, 이를 통해 얻은 이윤을 구성원에게 분배할 수는 없다.
  2. 국세기본법상 법인으로 의제되는 법인 아닌 단체는 법인세법상 비영리법인에 해당한다.

※ 〈국세기본법〉 법인 아닌 단체

1. 법인으로 의제(당연법인의제, 승인에 의한 법인의제) : 비영리법인으로 보아 법인세 과세
2. 이외의 경우
   ① 해당 단체를 1인(거주자 또는 비거주자)으로 보아 소득세 과세
   ② 해당 단체의 구성원이 공동사업을 영위하는 것으로 보아 구성원별로 소득세 과세

3. 법인 종류별 납세의무의 범위

구 분		각 사업연도 소득	청산소득	토지등 양도소득	미환류소득
내국법인	영리법인	국내외 모든 소득	○	○	○
	비영리법인	국내외 수익사업소득	×	○	×
외국법인	영리법인	국내원천 모든 소득	×	○	×
	비영리법인	국내원천 수익사업소득	×	○	×

* 1. 내국법인 중 국가와 지방자치단체(지방자치단체조합 포함)는 그 소득에 대한 법인세를 납부할 의무가 없다.
  2. 외국의 정부와 지방자치단체는 비영리 외국법인에 해당한다.

해설 **국가 등의 법인세 납세의무**

국가나 지방자치단체는 법인으로 분류되지만 법인세 납세의무가 없다. 이는 법인세법이 국가 등을 비과세법인으로 규정하고 있기 때문이지 국가 등이 곧 법인세 부과의 주체이기 때문이어서가 아니다. 부가가치세의 경우 국가 등이 납세의무자가 되기도 하고(KTX, 우체국 택배용역, 임대사업 등), 조세의 부담자가 되기도 한다(국가 등에 대한 유상공급의 경우).

Memo

1.2 사업연도와 납세지

1. 사업연도

(1) 본래의 사업연도

구 분		사업연도
법령·정관 등에서 사업연도를 정한 법인		정해진 규정에 따름
법령·정관 등에 사업연도에 관한 규정이 없는 법인	사업연도를 정하여 신고한 경우	신고한 내용에 따름
	사업연도를 신고하지 않은 경우	1. 1. ~ 12. 31.

* 법령이나 정관에 사업연도에 관한 규정이 없는 내국법인은 법인설립신고 또는 사업자등록과 함께 사업연도를 신고하여야 한다.

유의사항 사업연도 변경에 따른 일시적인 경우를 제외하고는 사업연도는 1년을 초과할 수 없다.

(2) 최초 사업연도 개시일

① 원칙 : 설립등기일

② 예외 : 최초사업연도의 개시일 전에 생긴 손익을 사실상 그 법인에 귀속시킨 것이 있는 경우 조세포탈의 우려가 없을 때에는 최초사업연도의 기간이 1년을 초과하지 아니하는 범위 내에서 이를 최초사업연도의 손익에 산입할 수 있으며 이 경우 최초사업연도의 개시일은 해당 법인에 귀속시킨 손익이 최초로 발생한 날로 한다.

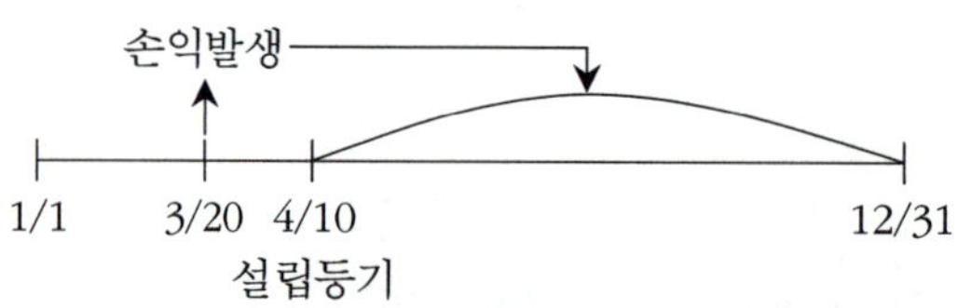

정관상 사업연도 : 1/1 ~ 12/31

1기 사업연도 : 4/10 ~ 12/31

최초 손익을 1기에 귀속시킨 경우 1기 사업연도 : 3/20 ~ 12/31

(3) 사업연도의 변경

① 변경절차 : 사업연도를 변경하고자 하는 법인은 직전 사업연도 종료일로부터 3월 이내에 사업연도변경신고를 하여야 하며, 신고기한 경과 후 변경신고서를 제출한 경우에는 다음 사업연도부터 사업연도가 변경된다.

② 종전 사업연도와 변경된 사업연도의 사이 기간 : 종전 사업연도 개시일부터 변경된 사업연도 개시일 전일까지의 기간을 1사업연도로 하며, 그 기간이 1월 미만인 경우 이를 변경된 사업연도에 포함한다.

Memo

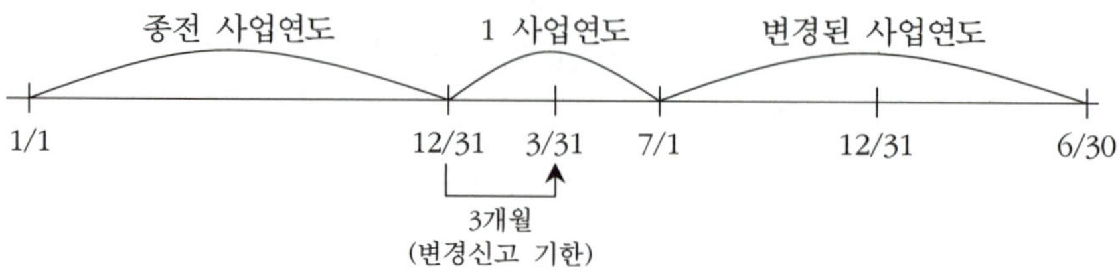

(4) 사업연도의 의제

구 분	의 제 사 업 연 도
법인이 해산한 경우	• 사업연도 개시일 ~ 해산등기일[*1] • 해산등기일 다음날 ~ 사업연도 종료일
청산중에 있는 법인의 잔여재산가액이 확정된 경우	• 사업연도 개시일 ~ 잔여재산가액 확정일
청산중에 있는 법인이 사업을 계속하는 경우	• 사업연도 개시일 ~ 계속등기일(사실상 사업계속일) • 계속등기일 다음날 ~ 사업연도 종료일
합병·분할에 의해 해산한 경우	• 사업연도 개시일 ~ 합병·분할등기일[*2]
사업연도 중에 연결납세방식을 적용받는 경우	• 사업연도 개시일 ~ 연결사업연도 개시일 전날
외국법인이 국내사업장을 가지지 않게 된 경우[*3]	• 사업연도 개시일 ~ 국내사업장을 가지지 않게 된 날

* 1. 파산으로 인해 해산한 경우는 파산등기일, 법인으로 보는 단체의 경우에는 해산일을 말한다.
  2. 합병·분할등기일은 합병·분할 후 존속하는 법인의 변경등기일 또는 합병·분할로 인하여 설립되는 법인의 설립등기일을 말한다.
  3. 국내에 다른 사업장을 계속 가지고 있는 경우에는 사업연도 의제규정을 적용하지 않는다.

유의사항 상법의 규정에 따라 조직변경하는 경우에는 조직변경 전 사업연도가 계속되는 것으로 본다.

2. 납세지

(1) 원칙적인 납세지

구 분	납 세 지
내국법인	등기부상 본점·주사무소 소재지(국내에 본점·주사무소가 소재하지 않는 경우에는 사업의 실질적 관리장소의 소재지)
외국법인	① 국내사업장이 있는 경우 : 국내사업장 소재지 (2 이상의 국내사업장이 있는 경우에는 주된 국내사업장 소재지) ② 국내사업장이 없는 경우로서 부동산소득, 부동산등양도소득이 있는 경우 : 각 자산의 소재지(2 이상의 자산이 있는 경우에는 신고한 장소)

* 법인으로 보는 단체의 납세지 : 당해 단체의 사업장 소재지(주된 소득이 부동산임대소득인 경우에는 그 부동산의 소재지). 사업장이 없는 단체의 경우에는 당해 단체의 정관 등에 기재된 주사무소의 소재지

Memo

(2) 원천징수한 법인세의 납세지

원천징수 의무자	원천징수세액의 납세지
법인인 경우	① 원칙 : 당해 법인의 본점 등의 소재지 ② 예외 : 법인의 지점·영업소 기타 사업장이 독립채산제에 의해 독자적으로 회계사무를 처리하는 경우에는 그 사업장 소재지
개인인 경우	① 거주자인 경우 : 당해 거주자가 원천징수하는 사업장 소재지 (사업장이 없는 경우에는 주소지 또는 거소지) ② 비거주자인 경우 : 당해 비거주자가 원천징수하는 국내사업장 소재지 (국내사업장이 없는 경우에는 거류지 또는 체류지)

(3) 납세지의 지정

관할지방국세청장이나 국세청장은 본래의 납세지가 그 법인의 납세지로서 적당하지 아니하다고 인정되는 경우에는 납세지를 지정할 수 있다. 이 경우 사업연도 종료일로부터 45일 이내에 이를 통지해야 하며 기한 내에 통지가 없으면 종전 납세지를 납세지로 한다.

(4) 납세지의 변경신고

① 납세지가 변경된 경우 변경일로부터 15일 이내에 변경 후 납세지 관할세무서장에게 변경신고를 하여야 한다. 변경신고를 하지 않은 경우 종전 납세지를 납세지로 하며, 신고기한을 경과하여 신고한 경우에는 변경신고를 한 날부터 변경된 납세지를 납세지로 한다.

② 부가가치세법상 사업자등록정정신고를 한 경우 납세지 변경신고를 한 것으로 본다.

Memo

법인세의 계산구조

2.1 세무조정

1. 세무조정의 방법

손익계산서(발생주의)	세 무 조 정	법인세법(권리·의무 확정주의)
수 익 비 용	(+)익금산입 (−)익금불산입 (+)손금산입 (−)손금불산입	익 금 손 금
당기순이익	(+)익금산입 및 손금불산입 (−)손금산입 및 익금불산입	각사업연도소득금액

* 〈익금산입〉과 〈손금불산입〉은 그 의미가 같다고 할 수는 없지만, 각 사업연도소득금액에 미치는 효과는 동일하므로 이 둘을 구분할 필요는 없다. 이는 〈손금산입〉과 〈익금불산입〉도 마찬가지다.

(1) 장부와 세무조정의 관계

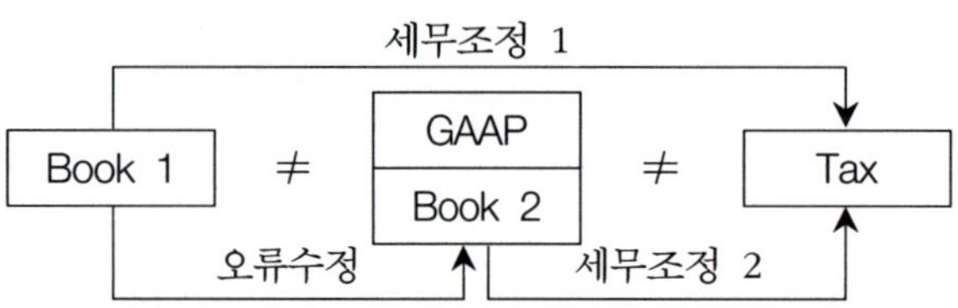

* 회사의 장부가 기업회계기준을 준수하지 않은 경우(Book 1)와 준수한 경우(Book 2) 모두 세무조정을 거친 과세소득은 법인세법 규정에 따라 산출된 금액이 된다. 즉, 각 거래마다 법인세법상 처리가 존재하는 것이고 장부의 회계처리가 이와 일치하지 않는 경우 그에 맞는 세무조정이 도출되는 것이다.

(2) 익금(또는 손금)에 산입하는 방법

① 결산서에 수익(또는 비용)으로 계상하는 방법(이 경우 세무조정은 나타나지 않음)

② 결산서에 계상하지 않고 〈익금산입〉(또는 〈손금산입〉)의 세무조정을 행하는 방법

* 즉, '〈익금산입〉(또는 〈손금산입〉)의 세무조정을 한다'는 것은 '익금(또는 손금)에 산입한다'는 것과 동의어가 아니라 그 부분집합이다.

2. 세무조정의 시기와 주체

(1) 신고하는 경우 : 다음 중 선택

① 자기조정 : 법인 스스로 행하는 세무조정

② 외부조정 : 외부의 세무사·공인회계사가 행하는 세무조정

(2) 결정·경정하는 경우 : 정부조정

Memo

3. 손금항목의 성격

(1) 결산조정과 신고조정

구 분	결산조정항목	신고조정항목
개 념	결산서에 계상되어 있는 경우에 한해서 법인세법상 손금으로 인정되는 비용항목	결산서에 손비계상 여부와 관계없이 법인세법상 손금으로 인정되는 비용항목
대 상	감가상각비, 충당금 등 외부와의 거래 없이 법인 스스로 인식하는 비용항목	결산조정 항목 이외의 모든 손금항목
"비용<손금" 인 경우	〈손금산입〉 세무조정 불가	〈손금산입〉 세무조정을 하여야 함
손금산입 방법	결산서에 비용으로 계상하는 방법만 인정	결산서에 비용계상하는 방법과 세무조정에 의해 손금산입하는 방법 모두 인정
손금귀속시기	결산상 비용으로 계상하는 사업연도 (귀속시기 선택 가능)	법인세법에서 규정하고 있는 귀속시기 (귀속시기 선택 불가)
경정청구	경정청구의 대상이 아님	경정청구의 대상에 해당함

(2) 결산조정항목의 유형

구 분	내 용
자산의 감액손실	① 파손·부패 등으로 인한 재고자산의 감액손실 ② 천재지변 등으로 인한 유형자산의 감액손실 ③ 상장법인 및 특수관계인이 아닌 비상장법인이 발행한 주식 등으로서 발행법인이 부도가 발생한 경우 등 법 소정 요건에 해당하는 주식의 감액손실 ④ 주식 등을 발행한 법인이 파산한 경우 해당 주식의 감액손실
자산의 상각	⑤ 감가상각비(한국채택국제회계기준을 적용하는 법인은 신고조정 허용) ⑥ 폐기손실(시설 개체·기술 낙후로 인한 생산설비 폐기, 임차사업장 원상회복을 위한 시설물 폐기) ⑦ 결산조정 사유에 따른 대손금
충당금 및 준비금	⑧ 대손충당금 및 구상채권상각충당금의 설정 ⑨ 퇴직급여충당금의 설정(퇴직연금충당금은 신고조정항목임) ⑩ 일시상각충당금 및 압축기장충당금의 설정(신고조정 허용) ⑪ 준비금의 설정(외부감사를 받는 비영리내국법인의 고유목적사업준비금, 한국채택국제회계기준을 적용하는 보험사업 법인의 비상위험준비금, 보험업법상 보험회사의 해약환급준비금은 잉여금처분에 의한 신고조정 허용)

* 자산의 감액손실은 감액사유가 발생한 사업연도(②의 경우는 파손·멸실이 확정된 사업연도 포함)에 비용계상한 경우에 한한다.

Memo

4. 각사업연도소득에 대한 법인세 계산구조

	당기순이익	→	장부상 세후이익
(+)	익금산입, 손금불산입	}	소득금액조정합계표
(−)	손금산입, 익금불산입		
	각사업연도소득금액	→	세무상 세전이익
(−)	이월결손금	→	소급 15년(2019. 12. 31. 이전 개시 사업연도 발생분은 10년) 이내에 발생한 세무상 결손금
(−)	비과세소득		
(−)	소득공제		
	과세표준		
	× 세 율	→	9%, 19%, 21%, 24% 4단계 초과누진세율
	산출세액		
(−)	세액감면·공제		
(+)	가산세		
	총부담세액	→	당해 사업연도 소득에 대한 총 세액
(−)	기납부세액	→	중간예납, 원천징수, 수시부과
	차감납부세액	→	신고·납부기한 내에 납부할 세액

※ 이월결손금

15년(2019. 12. 31. 이전분은 10년): 2기 ~ 11기

	1기	2기		9기	10기	11기
결손금	△100	~~△100~~	~	~~△100~~	~~△100~~	~~△100~~
		0	~	0	0	△80

12기(2023)		
	당기순이익	~~₩920~~
(+)	익금산입, 손금불산입	−
(−)	손금산입, 익금불산입	−
	각사업연도소득금액	920
(−)	이월결손금	(−)920
	과세표준	~~₩0~~

Memo

2.2 소득처분

1. 소득처분의 개념과 유형

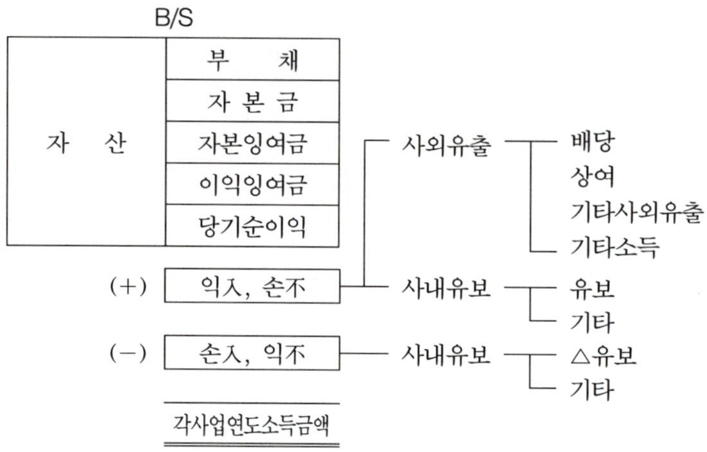

2. 사외유출

(1) 소득의 귀속자가 분명한 경우

소득처분	소득의 귀속자	귀속자에 대한 과세문제	원천징수 및 지급명세서 제출의무
배 당	출자자인 경우 (임원 또는 직원인 출자자 제외)	소득세법상 배당소득	○
상 여	임직원인 경우 (임원 또는 직원인 출자자 포함)	소득세법상 근로소득	○
기타사외유출	법인이나 개인사업자인 경우 (국내사업장 소득을 구성하는 경우)	추가적인 과세문제 없음	×
기타소득	위 이외의 경우	소득세법상 기타소득	○

* 사외유출 소득처분에 대한 판단에 있어서 유의할 사항
  - 사외유출된 금액이 출자임원에게 귀속되는 경우 : 상여
  - 출자자인 내국법인이나 개인사업자의 사업소득을 구성하는 경우 : 기타사외유출
  - 임직원인 개인사업자의 사업소득을 구성하는 경우 : 기타사외유출

Memo

| 사례 |

※ 타인 소유 자산의 수선비를 법인이 대신 지출하고 다음과 같이 회계처리 함

(차) 수 선 비 40 (대) 현 금 40

① 귀속자가 주주인 경우 : 〈손不〉 수선비 40(배당)
② 귀속자가 임직원인 경우 : 〈손不〉 수선비 40(상여)
③ 귀속자가 법인·개인사업자인 경우 : 〈손不〉 수선비 40(기타사외유출)
⇒ 귀속자를 밝힐 필요 없음.
④ 이외의 경우 : 〈손不〉 수선비 40(기타소득)

(2) 사외유출된 것은 분명하나 그 귀속자가 불분명한 경우

그 귀속자를 해당법인의 대표자로 하여 '상여'로 소득처분한다.

(3) 추계의 경우

① 장부나 증빙 불비로 인한 추계조사에 의해 결정된 과세표준과 장부상 법인세비용 차감전 순이익과의 차액은 대표자에 대한 상여로 처분
② 천재지변 기타 불가항력에 따른 장부 멸실로 인한 추계결정의 경우는 기타사외유출로 처분

※ 추계(기준경비율법)

수입금액－주요경비－수입금액×기준경비율＝추계소득금액
법인세비용차감전순이익
→ 〈익금산입〉 (상여)* … 대표자

* 추계의 사유가 천재지변 등의 불가항력인 경우에는 '기타사외유출'로 처분한다.

(4) 반드시 기타사외유출로 처분하여야 하는 경우

① 차입금 과다보유 법인의 임대보증금에 대한 간주임대료 익금산입액
② 접대비 한도초과액의 손금불산입액 및 건당 3만원(경조사비는 20만원) 초과분으로서 영수증을 수취한 접대비의 손금불산입액
③ 기부금 한도초과액의 손금불산입액
④ 업무용승용차별 업무사용금액 중 임차료의 감가상각비 상당액으로서 800만원(12개월 기준)을 초과하는 금액과 업무용승용차의 처분손실로서 승용차별로 800만원(12개월 기준)을 초과하는 금액의 손금불산입액
⑤ 채권자 불분명 사채이자, 비실명 채권·증권의 이자에 대한 원천징수세액 상당액과 업무무관 자산 및 가지급금 관련 지급이자 손금불산입액
⑥ 사외유출된 금액의 귀속이 불분명하거나 추계결정·경정할 때 대표자에 대한 상여로 처분한 경우 해당 법인이 그 처분에 따른 소득세 등을 대납하고 이를 비용으로 계상하거나 그 대표자와의 특수관계가 소멸될 때까지 회수하지 아니함에 따라 익금에 산입한 금액

Memo

⑦ 불공정자본거래에 대한 부당행위계산의 부인규정에 해당되어 익금에 산입한 금액으로서 귀속자에게 상속세 및 증여세법에 의해 증여세가 과세되는 경우
⑧ 외국법인 국내사업장의 각사업연도소득에 대한 법인세 과세표준을 신고하거나 결정·경정함에 있어서 익금에 산입한 금액이 그 외국법인 등에 귀속되는 소득과 국제조세조정에 관한 법률에 따른 정상가격 등에 의한 과세조정으로 익금에 산입한 금액이 국외특수관계인으로부터 반환되지 않은 소득
⑨ 천재지변 기타 불가항력에 따른 장부 멸실로 인하여 추계결정 또는 추계경정하는 경우의 소득처분

3. 유보(△유보)

(1) 유보(△유보) 처분의 개요

세무조정으로 당기순이익에 가산 또는 차감된 금액이 사외유출되지 않고 법인 내부에 남아 장부상 자산 또는 부채와 세무상 자산 또는 부채의 차이를 유발하는 경우에는 유보 또는 △유보로 소득처분한다.

(2) 유보(△유보) 처분의 특징

유보 또는 △유보로 소득처분된 금액은 해당 자산이나 부채와 함께 이월되다가 그 자산이나 부채가 소멸할 때 동반소멸(추인)됨으로써 애초의 세무조정과 반대되는 세무조정을 유발한다. 이는 결국 장부상 이익과 세무상 소득금액의 차이가 해소되는 결과를 가져오게 되며, 따라서 유보 또는 △유보의 소득처분은 장부상 이익과 세무상 소득금액의 일시적차이에 해당한다.

소득처분	구 성 내 역		세무조정
유 보	장부상 자본 < 세무상 자본	장부상 자산 < 세무상 자산 장부상 부채 > 세무상 부채	익금산입 손금불산입
△유 보	장부상 자본 > 세무상 자본	장부상 자산 > 세무상 자산 장부상 부채 < 세무상 부채	익금불산입 손금산입

* 유보(△유보) 소득처분의 특징
  • 기말 잔액이 존재한다.
  • 차기로 이월된다.
  • 차기 이후에 소멸하면서 반대의 세무조정을 유발한다.

해설 유보의 개념

유보의 소득처분은 그 정의가 '장부상과 세법상의 손익의 차이가 동시에 자산이나 부채의 차이를 유발하는 항목'이므로 이 정의를 역이용하여 장부상과 세법상의 자산이나 부채의 차이를 분석하여 세무조정을 수행함으로써 손익의 차이를 분석하여 세무조정을 수행한 경우와 동일한 결과를 얻을 수 있다.

Memo

1. 자산

(1) 장부상 자산 80, 세무상 자산 100인 경우

이 경우는 장부상 자산을 20만큼 증가시켜야 하는데, 장부상 자산보다 세무상 자산이 20만큼 커져야 한다면 장부상 수익보다 세무상 수익이 20만큼 커질 수밖에 없다(회계학에서 단기매매증권 평가이익을 인식하는 경우의 회계처리 논리와 동일하다). 따라서 20을 〈익금산입〉으로 세무조정하고, 자산을 증가시킨다는 의미로서 세무조정을 한 것이므로 이에 대하여 (유보)로 소득처분한다.

(2) 장부상 자산 130, 세무상 자산 100인 경우

이 경우는 장부상 자산을 30만큼 감소시켜야 하는데, 동일한 논리로 장부상 수익보다 세무상 수익이 30만큼 작아져야 하므로 〈익금불산입〉으로 세무조정하고 (△유보)로 소득처분한다.

(3) 자산의 재해석 : 자산=익금의 원천

이와 같이 자산을 '익금의 원천'으로 해석한다면, 장부상 자산을 증가시켜야 하는 경우에는 〈익금산입〉으로, 장부상 자산을 감소시켜야 하는 경우에는 〈익금불산입〉으로 세무조정하고 이에 대하여 각각 (유보)나 (△유보)의 소득처분을 행하면 되는 것이다.

2. 부채

(1) 장부상 부채 90, 세무상 부채 100인 경우

이 경우는 장부상 부채를 10만큼 증가시켜야 하는데, 장부상 부채보다 세무상 부채가 10만큼 커져야 한다면 장부상 비용보다 세무상 비용이 10만큼 커질 수밖에 없다(회계학에서 충당부채를 인식하는 경우의 회계처리 논리와 동일하다). 따라서 10을 〈손금산입〉으로 세무조정하고, 부채를 증가시킨다는 의미로서 세무조정을 한 것이므로 이에 대하여 (△유보)로 소득처분한다.

(2) 장부상 부채 140, 세무상 부채 100인 경우

이 경우는 장부상 부채를 40만큼 감소시켜야 하는데, 동일한 논리로 장부상 비용보다 세무상 비용이 40만큼 작아져야 하므로 〈손금불산입〉으로 세무조정하고 (유보)로 소득처분한다.

(3) 부채의 재해석 : 부채=손금의 원천

이와 같이 부채를 '손금의 원천'으로 해석한다면, 장부상 부채를 증가시켜야 하는 경우에는 〈손금산입〉으로, 장부상 부채를 감소시켜야 하는 경우에는 〈손금불산입〉으로 세무조정하고 이에 대하여 각각 (△유보)나 (유보)의 소득처분을 행하면 되는 것이다.

3. 요약

(1) 세무조정

구 분	상 황	세무조정
자산 : 익금의 원천	장부상 자산 80, 세무상 자산 100 : 자산 20 ⇧	〈익 금 산 입〉 20 (유보)
	장부상 자산 130, 세무상 자산 100 : 자산 30 ⇩	〈익금불산입〉 30 (△유보)
부채 : 손금의 원천	장부상 부채 90, 세무상 부채 100 : 부채 10 ⇧	〈손 금 산 입〉 10 (△유보)
	장부상 부채 140, 세무상 부채 100 : 부채 40 ⇩	〈손금불산입〉 40 (유보)

Memo

(2) 세무상 자산·부채의 가액

구 분	상 황	세무상 자산·부채
세무상 자산의 계산	장부상 자산 80, 유보 20인 경우	80+20=100
	장부상 자산 130, △유보 30인 경우	130−30=100
세무상 부채의 계산	장부상 부채 90, △유보 10인 경우	90+10=100
	장부상 부채 140, 유보 40인 경우	100−40=100

※ 도해분석

(1) 세무상 자본이 증가하는 경우

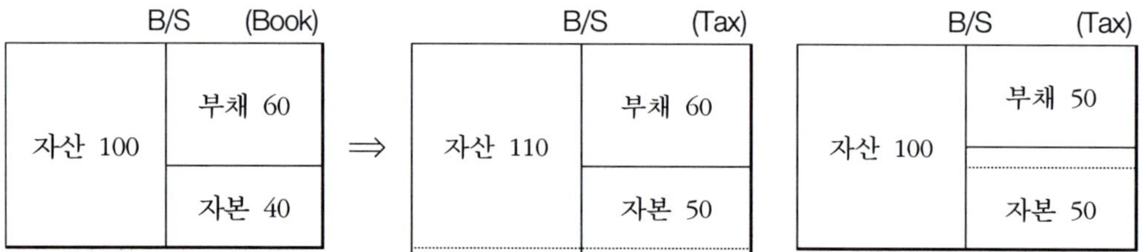

〈익금산입〉 자산 10(유보)　　〈손금불산입〉 부채 10(유보)

(2) 세무상 자본이 감소하는 경우

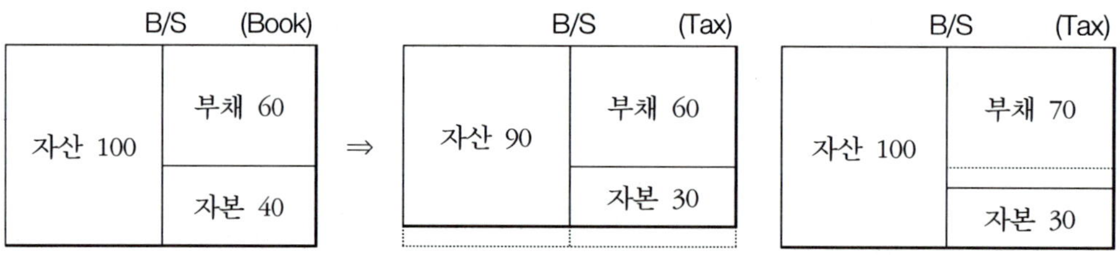

〈익금불산입〉 자산 10(△유보)　　〈손금산입〉 부채 10(△유보)

| 사례 |

1. 토지취득

	Book	TAX	세무조정
10기	토 지 10,000 / 현 금 10,400 세금과공과 400 /	토 지 10,400 / 현 금 10,400	〈손不〉토지 400(유보)
12기	현 금 15,000 / 토 지 10,000 / 처분이익 5,000	현 금 15,000 / 토 지 10,400 / 처분이익 4,600	〈익不〉처분이익 400(△유보)

Memo

2. 미수이자

	Book	TAX	세무조정
11기	미수이자 100 / 이자수익 100	–	〈익不〉미수이자 100(△유보)
12기	현 금 300 / 이자수익 200 / 미수이자 100	현 금 300 / 이자수익 300	〈익入〉이자수익 100(유보)

3. 금융자산(11기 취득 90, 11기말 시가 100, 12기에 40% 매각)

	Book	TAX	세무조정
11기	주 식 10 / 평가이익 10	–	〈익不〉주식 10(△유보)
12기	현 금 60 / 주 식 40 / 처분이익 20	현 금 60 / 주 식 36 / 처분이익 24	〈익入〉처분이익 4(유보)

※ 자본금과 적립금 조정명세서(을)

[제12기]

과 목	기 초	당기 중 증감 감 소	당기 중 증감 증 가	기 말
토 지	₩400	₩400	–	–
미 수 이 자	△100	△100	–	–
금 융 자 산	△10	△4	–	△₩6
매 출 채 권	–	–	₩1,000	1,000
제 품	–	–	△700	△700
퇴직급여충당금	–	–	600	600
	⋮	⋮	⋮	⋮
합 계	₩1,000	₩300	₩500	₩1,200

4. 기 타

세무조정으로 당기순이익에 가산 또는 차감된 금액이 사외유출 되지도 않고 장부상 자산 또는 부채와 세무상 자산 또는 부채의 차이를 유발하지도 않는 경우에는 기타로 소득처분한다. 기타로 소득처분된 경우는 장부상 자본과 세무상 자본의 구성항목만 차이가 있을 뿐 자본총액은 서로 같다.

Memo

| 사례 |

Book :	(차) 현 금	30,000,000	(대)	자 기 주 식	20,000,000
				자기주식처분이익(자본)	10,000,000
Tax :	(차) 현 금	30,000,000	(대)	자 기 주 식	20,000,000
				자기주식처분이익(익금)	10,000,000

세무조정 : 〈익금산입〉 자기주식처분이익 ₩10,000,000(기타)

※ 익금항목인 자기주식처분이익을 수익으로 계상하지 않았으므로 〈익금산입〉의 세무조정을 하고, 이를 기업회계처럼 자본항목으로 처리하는 경우나 법인세법처럼 해당 사업연도의 익금으로 처리하는 경우 모두 기말 자본총계는 동일하므로 (기타)로 소득처분한다.

2.3 익금과 손금의 개념

과세소득에 대한 학설	과 세 대 상	규정방법	해당세목
순자산증가설	순자산 증가액을 초래하는 모든 소득 (일시적·우발적인 소득도 과세대상에 포함)	포괄주의	법인세법
소득원천설	일정한 원천에서 발생한 소득 (계속적·반복적인 소득만 과세대상에 포함)	열거주의	소득세법

Memo

익 금

3.1 익금과 익금불산입

1. 일반적인 익금항목

- **익금–순자산 증가**
- **익금불산입**
  - **자본·출자의 납입**
  - **별도로 규정한 사항**

익금은 a)자본 또는 출자의 납입 및 b)법인세법에서 규정하는 것은 제외하고 해당 법인의 순자산을 증가시키는 거래로 인하여 발생하는 수익(이익 또는 수입)의 금액으로 한다.

(1) 사업수입금액–매출

(2) 자산의 양도금액(양도자산의 양도당시 장부가액 : 손금)

• 장부가 ₩10,000인 자산을 ₩15,000에 매도한 경우

① 총액방식 회계처리

(차)	현 금	15,000	(대)	수 익	15,000
	비 용	10,000		자 산	10,000

② 순액방식 회계처리

(차)	현 금	15,000	(대)	자 산	10,000
				이 익	5,000

* 법인세법은 ①의 방법을 원칙으로 하지만 ②의 방법으로 회계처리한 경우에도 소득금액에 미치는 영향은 차이가 없으므로 세무조정을 할 필요는 없다.

해설

자산양도 거래에 있어서 총액방식의 회계처리를 보면, 양도시점에 양도한 자산의 장부가액이 비용으로 전환된다는 것을 알 수 있다. 즉, 자산의 양도는 해당 자산이 비용으로 전환되는 과정인 것이다. 결국 자산은 취득 이후에 (1) 감가상각과 (2) 처분을 통해 취득가액 전액이 비용(손금)으로 전환된다.

Memo

(3) 자기주식의 양도금액－자기주식을 일반자산과 동일하게 취급

(4) 자산의 임대료

(5) 자산의 평가차익－법률에 근거한 평가차익에 한함

(6) 자산수증이익과 채무면제이익

(7) 손금에 산입된 금액 중 환입된 금액

① 지출당시 손금산입 항목 → 환입시 익금산입(재산세 환급)
② 지출당시 손금불산입 항목 → 환입시 익금불산입(법인세 환급)

(8) 불공정자본거래로 인하여 특수관계인으로부터 분여받은 이익

(9) 정당한 사유 없이 회수하지 않은 가지급금

(10) 그 밖의 수익으로서 그 법인에 귀속되었거나 귀속될 금액

이자수익, 배당금수익, 국고보조금과 공사부담금, 보험차익 등

2. 특수한 익금항목

(1) 의제배당

(2) 간접납부 외국법인세액

(3) 동업기업으로부터 배분받은 소득금액 (배분받은 결손금 : 손금)

(4) 유가증권의 저가매입에 따른 이익

(5) 임대보증금 등에 대한 간주임대료

3. 익금불산입항목

(1) 주식발행초과금

• 채무의 출자전환의 경우
차입금 ₩600,000을 변제하면서 액면가 ₩5,000, 시가 ₩5,400인 주식을 100주 발행
(액면가액 ₩500,000, 시가 ₩540,000, 발행가액 ₩600,000)

(차) 차 입 금	600,000	(대) 자 본 금	500,000
		주식발행초과금	40,000
		채무면제이익	60,000

* 주식발행초과금은 '발행가액의 액면초과액'을 의미하지만 채무의 출자전환의 경우로서 시가를 초과하여 발행된 금액은 채무면제이익으로서 익금이다.

(2) 감자차익

Memo

(3) 자산수증이익(국고보조금은 제외)과 채무면제이익 중 이월결손금의 보전에 <u>충당한</u> 금액

※ 당기순이익에 자산수증이익(또는 채무면제이익)이 ₩80 포함된 경우

15년(2019. 12. 31. 이전분은 10년)

	1기	2기	~	9기	10기	11기
결손금	~~△100~~	~~△100~~	~	~~△100~~	~~△100~~	△100
	△20	0	~	0	△60	

12기(2023)		
	당기순이익	₩920
(+)	익금산입, 손금불산입	–
(–)	손금산입, 익금불산입	(–)80
	각사업연도소득금액	840
(–)	이월결손금	(–)840
	과세표준	₩0

(4) 출자전환시 채무면제이익 중 결손금 보전에 <u>충당할</u> 금액

법 소정 요건*에 해당하는 출자전환에서 발생한 채무면제이익에 한하여 미래에 발생할 결손금에 미리 충당할 수 있다.

* 1. 채무자 회생 및 파산에 관한 법률에 따라 출자전환 내용이 포함된 회생계획인가 결정을 받은 법인이 채무를 출자전환하는 경우
2. 기업구조조정 촉진법에 따라 출자전환 내용이 포함된 기업개선계획 이행 약정을 체결한 부실징후기업이 채무를 출자전환하는 경우
3. 금융회사 등과 출자전환 내용이 포함된 경영정상화계획 이행 협약을 체결한 법인이 채무를 출자전환하는 경우
4. 기업활력 제고를 위한 특별법에 따라 주무부처의 장으로부터 사업재편 계획을 승인받은 법인이 채무를 출자전환하는 경우

| 사례 |

1기 발생 결손금 △₩10,000, 12기 발생 채무면제이익 ₩60,000인 경우

① 〈익금불산입〉 채무면제이익 ₩10,000 (기타) → 1기 결손금에 충당(1기 결손금 소멸)

② 〈익금불산입〉 채무면제이익 ₩50,000 (기타) → 미래의 결손금에 대비하여 미리 충당
(15기에 결손금 △₩80,000 발생한 경우 △₩50,000은 소멸되고 △₩30,000만 차기이월)

→ 세무조정 ②는 법소정 요건에 해당하는 출자전환에서 발생한 채무면제이익에 한한다.

(5) 이미 과세된 소득

(6) 법인세 또는 법인지방소득세 환급액

(7) 자산의 평가차익–법률에 의한 평가차익은 익금

Memo

(8) 부가가치세 매출세액

매입 :	(차)	매 입	100,000	(대)	현 금	110,000
		부가가치세 선급금	10,000			
판매 :	(차)	현 금	165,000	(대)	매 출	150,000
					부가가치세 예수금	15,000
납부 :	(차)	부가가치세 예수금	15,000	(대)	부가가치세 선급금	10,000
					현 금	5,000

(9) 국세 또는 지방세의 과오납금의 환급금에 대한 이자

4. 임대보증금 등에 대한 간주임대료

↳ 보증금의 운용수익

(1) 장부를 기장하지 않은 경우(추계) : 장부나 증빙이 불비하여 추계조사에 의해 과세표준을 결정하는 경우 간주임대료를 추계과표 계산을 위한 수입금액에 포함시킨다.

(추계과표=수입금액−주요경비−수입금액×기준경비율)

$$간주임대료=보증금\ 등\ 적수\times 정기예금이자율\times\frac{1}{365}$$

① 보증금 등 : 부동산 또는 부동산에 관한 권리 등을 대여하고 받은 임대보증금 및 전세금 등. 여기에는 주택 및 주택부수토지에 대한 임대보증금도 포함된다.

② 정기예금이자율 : 금융회사 등의 정기예금이자율을 고려하여 기획재정부령이 정하는 이자율

③ 적수계산 : 보증금 등을 임대개시일 이전이나 이후에 수령한 경우에도 임대개시일부터 그 일수를 기산한다.

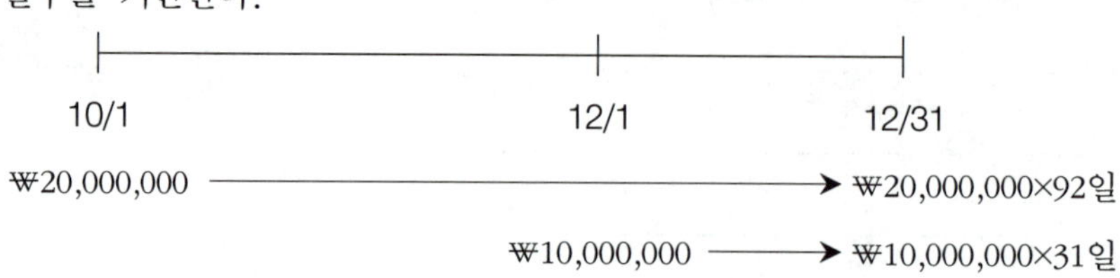

= ₩20,000,000×61일+₩30,000,000×31일

※ 1/1 ~ 6/30 : 181일

7/1 ~ 12/31 : 184일

Memo

(2) 장부를 기장한 경우

• 원칙 : 간주임대료 계산 없음

• 예외 : 다음 요건에 모두 해당하는 법인 → 투기억제목적의 간주임대료 계산
(익금산입으로 세무조정하고 기타사외유출로 소득처분)

a. 영리내국법인일 것

b. 부동산임대업이 주업인 법인일 것 : 해당 사업연도 종료일 현재 자산총액 중 부동산임대업에 사용된 자산의 비율이 50% 이상인 법인

c. 차입금 과다보유 법인일 것 : 차입금이 자기자본의 2배를 초과하는 법인

$$\text{간주임대료} = (\text{보증금 등 적수} - \text{건설비 상당액 적수}) \times \text{정기예금 이자율} \times \frac{1}{365} - \text{금융수익}$$

① 보증금 등 : 추계결정의 경우와 같음. 단, 주택 및 주택부수토지에 대한 임대보증금은 계산대상에서 제외된다.

② 건설비 상당액 : 해당 임대사업에 이용되는 건축물의 취득가액

• 토지가액은 포함되지 아니한다.

• 건축물에 대한 자본적지출액은 포함하며 취득 이후 발생하는 감가상각비와 재평가차액은 고려하지 아니한다.

• 주택부분 건설비는 포함하지 아니한다.

③ 정기예금이자율 : 추계결정의 경우와 같음

④ 금융수익 : 보증금 운용에 따른 수입이자와 할인료, 수입배당금, 유가증권 처분이익, 신주인수권 처분이익

• 유가증권처분이익은 처분손실과 상계하며 상계 후 (−)금액은 0으로 한다.

• 금융수익은 기업회계기준에 따른 발생주의로 계산한다.

⑤ 적수계산 : 보증금 등의 적수와 건설비상당액 적수 모두 임대개시일부터 기산하되, 건축물에 대한 자본적지출액은 그 발생일부터 기산한다.

예제 다음은 부동산임대업을 영위하는 (주)나무의 제12기 사업연도(2023. 1. 1. ~ 12. 31.) 임대 관련 자료이다. 다음 자료를 참고하여 (주)나무가 소득금액을 추계하는 경우와 기장을 하였으나 차입금을 과다보유하는 경우의 간주임대료를 각각 계산하시오.

1. 임대현황

구 분	임대면적	월 임대료	임대보증금	보증금운용 금융수익
주 택	$50m^2$	−	₩100,000,000	₩300,000
점 포	$150m^2$	₩500,000	200,000,000	2,700,000
합 계	$200m^2$	₩500,000	₩300,000,000	₩3,000,000

Memo

2. 기타사항

(1) 부동산 취득가액 : ₩150,000,000(토지 ₩80,000,000 포함)

(2) 임대기간 : 2023년 4월 1일부터 2년간

(3) 정기예금이자율은 2.92%, 1년은 365일로 가정한다.

해 답

1. 추계의 경우

₩300,000,000×275×2.92%×1/365＝₩6,600,000

2. 차입금 과다보유 부동산 임대업 법인인 경우

(₩200,000,000×275－₩70,000,000×150m²/200m²×275)×2.92%×1/365－₩2,700,000＝₩545,000

3.2 의제배당

1. 무상주 의제배당

(1) 의의

세법에서는 피투자회사로부터 무상증자나 주식배당을 통해 수령한 무상주를 기업회계와 달리 피투자회사의 자본금에 전입된 잉여금의 종류에 따라서 배당소득으로 의제한다.

피투자회사의 자본전입 재원		투자회사 수령 무상주
익금이 아닌 잉여금	주식발행초과금	배당소득으로 의제하지 않음
	감자차익	
	재평가적립금(재평가세 3% 과세된 자산분)	
익금으로 과세된 잉여금	재평가적립금(재평가세 1% 과세된 토지분)	배당소득으로 의제함
	자기주식처분이익	
	이익잉여금	

(주) 한 국 ⟶ 甲 회사

B. 잉여금 100 / 자본금 100

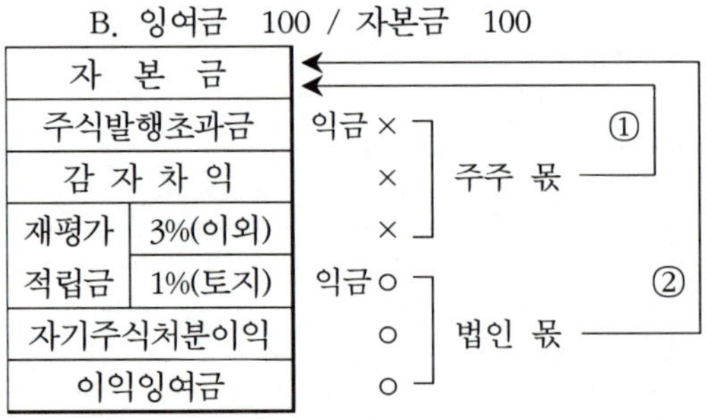

B. －

T. ① －

조정 : 없음

② 투자주식 ×× / 배당금수익 ××

조정 : 〈익入〉 투자주식 ××(유보)

Memo

해설

법인의 잉여금은 그 법인의 주주에게 귀속되는 부분과 해당 법인에게 직접 귀속되는 부분으로 구분할 수 있다. 잉여금의 발생은 그 법인의 순자산증가를 의미하는데, 그 중 주주귀속분은 주주의 자본 또는 출자의 납입에 해당하므로 익금 항목에 해당하지 않으며 법인 귀속분은 익금 항목으로서 과세의 대상이 된다.

잉여금 발생 후 해당 잉여금을 자본금에 전입하고 주주에게 무상주를 교부할 때 그 자본전입의 재원이 주주귀속분 잉여금이었다면 주주가 본인 몫을 되찾아간 것이므로 이를 소득으로 볼 여지가 없으나 자본전입의 재원이 법인귀속분 잉여금이었다면 법인의 잉여금을 주주가 받아간 것이므로 해당 무상주를 주주의 배당소득으로 의제하는 것이다.

(2) 예외사항

① 감자차익은 익금이 아닌 잉여금이지만 자기주식소각이익을 자본에 전입한 경우로서 다음 중 어느 하나에 해당할 때에는 해당 무상주 수령을 배당소득으로 의제한다.

a. 자기주식의 소각당시 자기주식의 시가가 취득가액을 초과하는 경우

b. 자기주식의 소각일로부터 자본전입일까지의 기간이 2년 이내인 경우

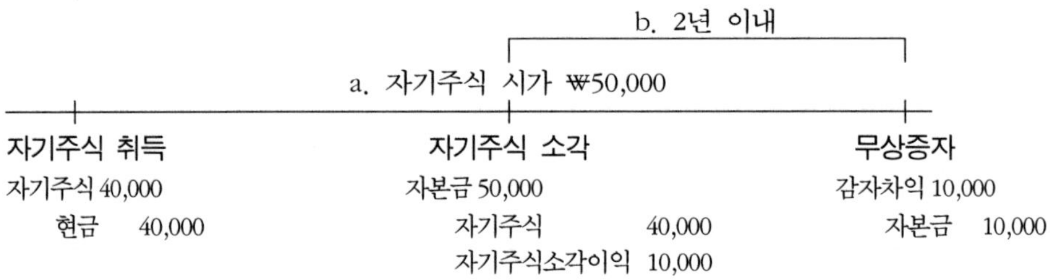

② 피투자회사가 자기주식을 보유한 상태에서 무상증자함으로써 각 주주의 지분율이 증가한 경우 그 증가된 지분율에 해당하는 무상주의 가액은 피투자회사의 익금이 아닌 잉여금을 자본전입의 재원으로 한 경우라 할지라도 배당소득으로 의제한다.

(3) 평가와 귀속시기

① 평가 : 배당소득으로 의제되는 무상주의 액면가액

* 1. 주식배당의 경우로서 액면가액과 발행가액이 일치하지 않는 경우에는 발행가액으로 평가한다.
 2. 무액면 주식은 자본금 전입액을 신규로 발행한 주식 수로 나누어 계산한 금액으로 평가한다.

② 귀속시기 : 피투자회사의 자본전입 결의일

해설

일부 무상주를 배당소득으로 보아 과세하는 취지는 법인귀속분 잉여금이 주주 귀속분인 자본금으로 전환되었다는 데에 있다. 즉, 수령한 무상주를 매각하여 현금화할 수 있는 금액을 소득으로 보는 것이 아니고, 잉여금에서 자본금으로 전환된 금액을 소득으로 보는 것이다. 그러므로 배당으로 의제되는 무상주의 평가는 해당 주식의 시가가 아니라 잉여금이 자본금으로 전환된 금액, 즉 액면가액으로 해야 한다.

Memo

예제 다음 자료에 따라 (주)한국이 자기주식을 보유하지 않은 경우와 40,000주 보유한 경우로 나누어 甲회사(사업연도 : 2023. 1. 1. ~ 12. 31.)의 의제배당금액을 계산하시오.

1. 甲회사는 (주)한국의 주식 60,000주를 보유하고 있다. (주)한국의 발행주식총수는 200,000주(1주당 액면가액 ₩5,000)이다.
2. 甲회사는 2023년 5월 20일에 (주)한국이 잉여금을 자본금에 전입하기로 결의함에 따라 무상주를 수령하였는데, 그 무상주의 재원은 다음과 같다.

구 분	금 액	비 고
주식발행초과금	₩27,000,000	
자기주식소각이익	37,000,000	2021년 7월 10일에 발생한 소각이익임
재평가적립금	208,000,000	₩85,000,000은 재평가세 1% 부과된 토지 재평가 차액임
자기주식처분이익	13,000,000	
이익준비금	215,000,000	
합 계	₩500,000,000	

해답

〈자본전입 재원 분석〉

	의제배당 ○	의제배당 ×
주식발행초과금	–	₩27,000,000
자기주식소각이익	₩37,000,000	–
재평가적립금	85,000,000	123,000,000
자기주식처분이익	13,000,000	–
이익준비금	215,000,000	–
합 계	₩350,000,000	₩150,000,000

1. 자기주식을 보유하지 않은 경우

   30,000주×70%×@5,000=₩105,000,000

   〈익금산입〉 의제배당(주식) ₩105,000,000(유보)

2. 자기주식을 40,000주 보유한 경우

	증자 전	무상증자	증자 후
甲 법인	60,000주	30,000주+ 7,500주	97,500주
기타주주	100,000주	50,000주+12,500주	162,500주
자기주식	40,000주	–	40,000주
	200,000주	100,000주	300,000주

Memo

(1) 주식수를 이용한 계산

① 본래의 의제배당소득 : $37{,}500주 \times \frac{₩350{,}000{,}000}{₩500{,}000{,}000} \times ₩5{,}000 =$ ₩131,250,000

② 지분율 증가에 의한 의제배당소득 : $7{,}500주 \times \frac{₩150{,}000{,}000}{₩500{,}000{,}000} \times ₩5{,}000 =$ 11,250,000

③ 합 계 ₩142,500,000

(2) 지분율을 이용한 계산

・무상주 수령비율 : $30\% + 7.5\%(20\% \times \frac{30\%}{80\%}) = 37.5\%$

① 본래의 의제배당소득 :	₩350,000,000 × 37.5%=	₩131,250,000
② 지분율 증가에 의한 의제배당소득 :	₩150,000,000 × 7.5%=	11,250,000
③ 합 계		₩142,500,000

〈 익 금 산 입 〉 의제배당(주식) ₩142,500,000(유보)

2. 감자, 해산, 합병, 분할시 의제배당

(1) 의의

감자, 해산, 합병, 분할의 대가로 주주 등인 내국법인이 취득하는 재산의 가액이 해당 소멸되는 주식등의 세무상 취득가액을 초과하는 경우 그 초과액은 배당소득으로 의제한다.

> 의제배당소득=감자·해산·합병·분할 등의 대가−소멸주식의 세무상 취득가액

| 사례 |

세무상 가액 1억원의 주식을 소각하고 감자대가 10억원을 수령한 경우
감자시 의제배당 : 10억원−1억원=9억원

감자대가	10억원
소멸주식가액	(−)1억원
의제배당	9억원

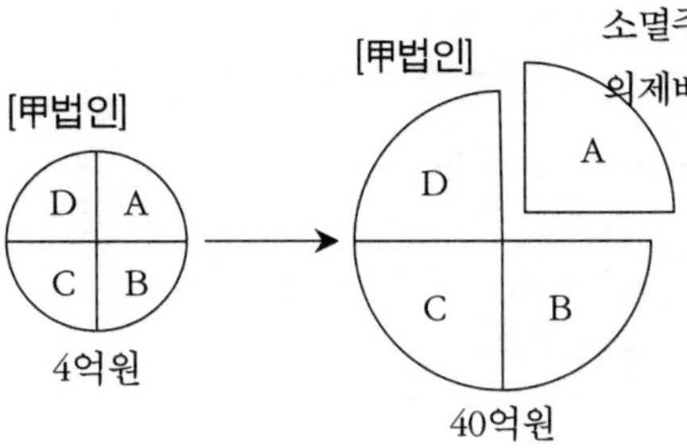

Memo

〈Tax 회계처리〉

(차) 현 금	10억원	(대)	주 식	1억원
			배 당 금 수 익	9억원

〈Book 회계처리〉－3가지 상황 가정

(1) (차) 현 금	10억원	(대)	주 식	1억원
			유가증권처분이익	9억원

세무조정 : 없음

(2) (차) 현 금	10억원	(대)	주 식	10억원

세무조정 : 〈익금산입〉 의제배당(주식) 9억원(유보) … 주식에 대한 기존 유보의 추인

(3) (차) 현 금	10억원	(대)	주 식	7억원
			유가증권처분이익	3억원

세무조정 : 〈익금산입〉 의제배당(주식) 6억원(유보) … 주식에 대한 기존 유보의 추인

(2) 평가와 귀속시기

① 평가 : 감자 등에 따른 대가는 취득시의 공정가액으로 평가한다.

② 귀속시기

구 분	귀 속 시 기
감자시 의제배당	감자 결의일*
해산시 의제배당	잔여재산가액 확정일
합병시 의제배당	합병 등기일
분할시 의제배당	분할 등기일

* 주식의 소각, 자본 또는 출자의 감소를 결의한 날의 주주와 상법에 따라 회사가 정한 기준일의 주주가 다른 경우에는 그 기준일

(3) 단기소각주식특례

감자시 의제배당금액을 계산함에 있어서 감자 전 2년 이내에 의제배당에 해당하지 않는 무상주의 취득이 있는 경우에는 해당 무상주를 먼저 소각한 것으로 보며, 그 무상주의 취득가액은 '0'으로 한다. 만약 그 기간 중에 주식의 일부를 처분한 경우에는 해당 무상주와 다른 주식을 비례하여 처분한 것으로 본다.

Memo

예제

1. (주)중앙은 (주)한국의 주식 10,000주(액면가 ₩5,000)를 보유하고 있다.

취득일	주식 수	비 고
2019. 5. 20.	5,000주	• 1주당 ₩14,800에 유상 취득
2020. 8. 25.	2,000주	• 이익준비금 자본 전입에 의한 취득
2021. 3. 10.	3,000주	• 주식발행초과금 자본 전입에 의한 취득
합 계	10,000주	

2. (주)한국은 2023년 중 모든 주주가 소유하는 주식의 40%를 1주당 ₩20,000의 현금을 지급하고 소각하였다.

〈요구사항〉

다음 각 상황별로 (주)한국의 감자로 인하여 (주)중앙에게 발행하는 의제배당금액을 계산하시오.

[Case Ⅰ]

주식소각일이 2023. 4. 10.인 경우

[Case Ⅱ]

주식소각일이 2023. 2. 10.인 경우

해답

장 부 계 상	법 인 세 법	세 무 조 정
(1) 2019. 5. 20. 유상취득(@14,800) 5,000주×@14,800=74,000,000 주 식 74,000,000 현 금 74,000,000	5,000주×@14,800=74,000,000 주 식 74,000,000 현 금 74,000,000	–
(2) 2020. 8. 25. 무상주 수령(이익준비금) 2,000주×@0=0 N/A	2,000주×@5,000=10,000,000 주 식 10,000,000 배당금수익 10,000,000	〈익금산입〉 ₩10,000,000(유보)
(3) 2021. 3. 10. 무상주 수령(주식발행초과금) 3,000주×@0=0 N/A	3,000주×@0=0 N/A	–

Memo

(4)−1 2023. 4. 10. 유상감자(@20,000) (4,000주)×@7,400=(29,600,000) 현 금 80,000,000 주 식 29,600,000 처 분 이 익 50,400,000 ※ 기말주식가액 : 44,400,000	(4,000주)×@8,400=(33,600,000) 현 금 80,000,000 주 식 33,600,000 배 당 금 수 익 46,400,000 ※ 기말주식가액 : 50,400,000	〈손금산입〉 ₩4,000,000(△유보) ※ 기말유보잔액 : 6,000,000(유보)
(4)−2 2023. 2. 10. 유상감자(@20,000) (4,000주)×@7,400=(29,600,000) 현 금 80,000,000 주 식 29,600,000 처 분 이 익 50,400,000 ※ 기말주식가액 : 44,400,000	(3,000주)×@0=(0) (1,000주)×@12,000=(12,000,000) 현 금 80,000,000 주 식 12,000,000 배 당 금 수 익 68,000,000 ※ 기말주식가액 : 72,000,000	〈익금산입〉 ₩17,600,000(유보) ※ 기말유보잔액 : 27,600,000(유보)

5,000주	2,000주	3,000주
@14,800	@5,000	@0

$$\frac{5{,}000\text{주}\times @14{,}800+2{,}000\text{주}\times @5{,}000}{5{,}000\text{주}+2{,}000\text{주}}=\frac{₩84{,}000{,}000-₩0}{10{,}000\text{주}-3{,}000\text{주}}=@12{,}000$$

3.3 수입배당금 익금불산입

※ 배당소득에 대한 이중과세 조정의 유형

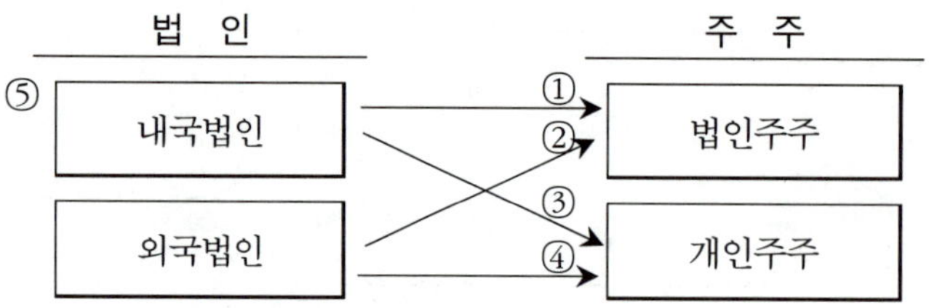

① 수입배당금 익금불산입

② 수입배당금 익금불산입, (간접외국납부세액공제)

③ Gross-up 및 배당세액공제

④ 없음

⑤ 소득공제 적용법인·법인과세 신탁재산·동업기업으로부터 수령한 배당

Memo

1. 내국법인 수입배당금액의 익금불산입

(1) 적용대상

내국법인*이 해당 법인이 출자한 다른 내국법인(피출자법인)으로부터 받은 수입배당금액 중에서 다음 산식에 의하여 계산된 금액은 익금에 산입하지 아니한다.

* 고유목적사업준비금을 손금에 산입하는 비영리내국법인은 제외

(2) 계산구조

> 익금불산입액=수입배당금액×익금불산입 비율−지급이자차감액

* 위 금액이 0보다 작은 경우에는 없는 것으로 본다.

① 수입배당금액 : 세무상 배당금수익으로서 의제배당금액 포함

② 익금불산입 비율

피출자법인에 대한 출자비율	익금불산입 비율
20% 미만	30%
20% 이상 50% 미만	80%
50% 이상	100%

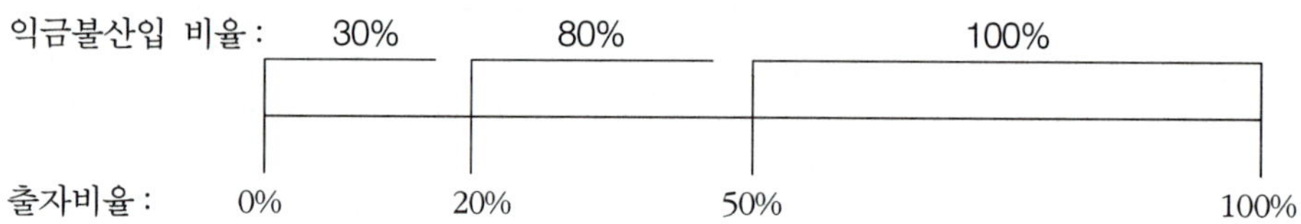

③ 지급이자차감액 : 지급이자$\times\frac{\text{피출자법인 주식의 적수}}{\text{자산총액의 적수}}\times$익금불산입 비율

- 지급이자에는 지급이자 손금불산입 규정에 의해 이미 손금불산입된 금액과 현재가치할인차금 상각액 및 연지급 수입이자 등은 포함하지 아니한다.
- 피출자법인 주식은 익금불산입 대상인 수입배당금액의 재원이 된 주식을 말하며 그 가액은 세무상 장부가액으로 한다.
  * 국가 · 지방자치단체로부터 현물출자받은 주식은 차입금을 통한 취득과 무관하므로 적수계산시 제외한다.
- 자산총액의 적수는 사업연도 종료일 현재 재무상태표상 자산총액에 사업연도 일수를 곱하여 산출한 가액으로 한다.

> 익금불산입액=(수입배당금액−지급이자$\times\frac{\text{주식의 적수}}{\text{자산총액의 적수}}$)×익금불산입 비율

Memo

(3) 적용배제

① 피출자법인의 배당기준일 전 3개월 이내에 취득한 주식에서 발생하는 수입배당금액(동일 종목의 주식을 일부 양도한 경우 먼저 취득한 주식을 먼저 양도한 것으로 본다)

② 유동화전문회사 등에 대한 소득공제, 프로젝트금융투자회사에 대한 소득공제, 법인과세 신탁재산에 대한 소득공제를 적용받은 법인·신탁재산으로부터 받은 수입배당금액

③ 조세특례제한법상 소정 세액감면* 및 동업기업과세특례를 적용받는 법인으로부터 받은 수입배당금액

* 수도권 밖으로 본사를 이전하는 법인에 대한 세액감면, 제주첨단과학기술단지 입주기업에 대한 법인세 감면, 제주투자진흥지구·제주자유무역지역 입주기업에 대한 법인세 감면(감면율이 100%인 사업연도에 한함)

| 사례 |

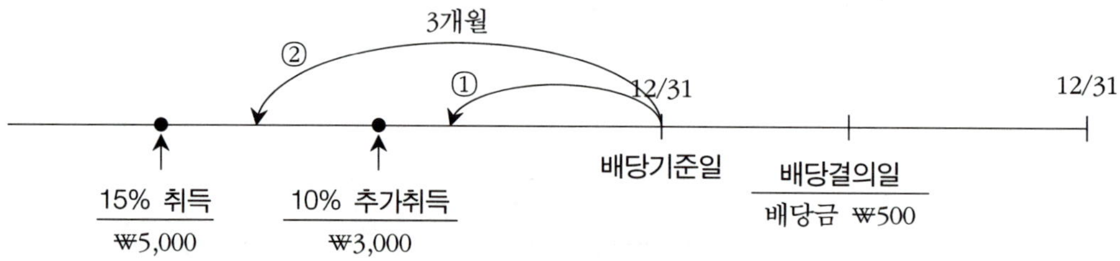

① 익금불산입액 : $(\text{₩}500 - \text{지급이자} \times \frac{\text{₩}8,000}{\text{자산}}) \times 80\%$

② 익금불산입액 : $(\text{₩}300 - \text{지급이자} \times \frac{\text{₩}5,000}{\text{자산}}) \times 30\%$

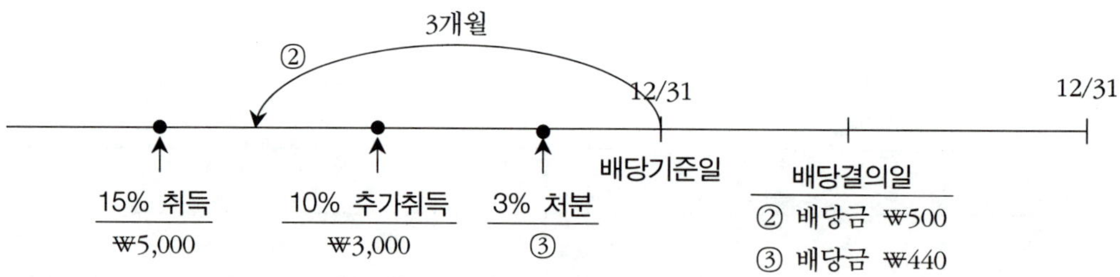

② 익금불산입액 : $(\text{₩}300 - \text{지급이자} \times \frac{\text{₩}5,000}{\text{자산}}) \times 30\%$

③ 익금불산입액 : $(\text{₩}240 - \text{지급이자} \times \frac{\text{₩}4,000}{\text{자산}}) \times 30\%$

Memo

| 사례 |

I.

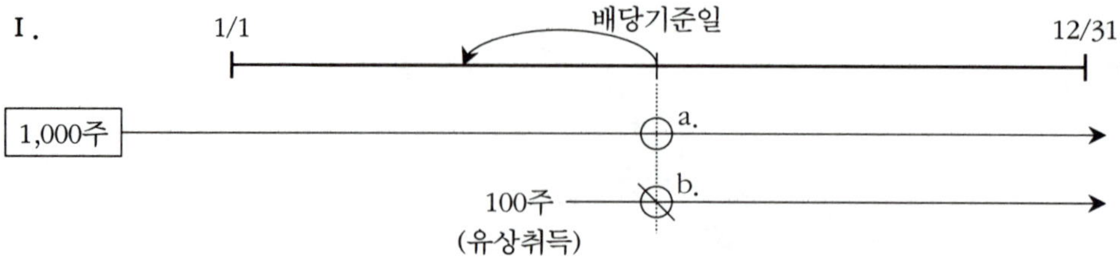

$$(\text{배당금 a}-\text{지급이자}\times\frac{\text{1,000주 적수}}{\text{총자산적수}})\times\text{익금불산입 비율}$$

II.

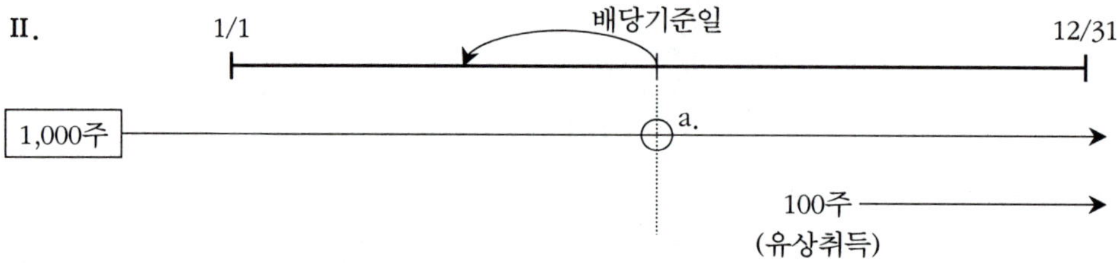

$$(\text{배당금 a}-\text{지급이자}\times\frac{\text{1,000주 적수}}{\text{총자산적수}})\times\text{익금불산입 비율}$$

III.

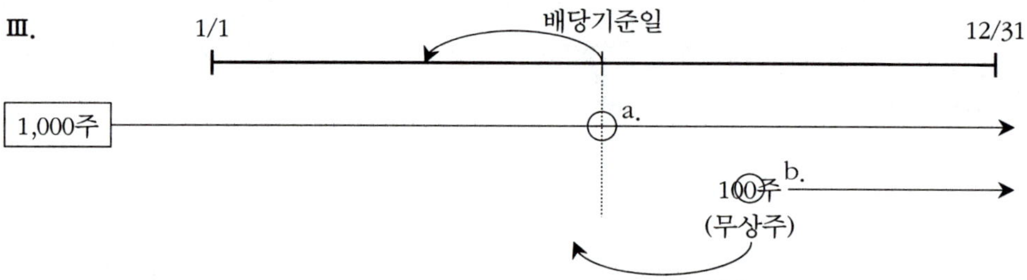

$$(\text{배당금 a}+\text{의제배당 b}-\text{지급이자}\times\frac{\text{1,000주 적수}}{\text{총자산적수}})\times\text{익금불산입 비율}$$

IV.

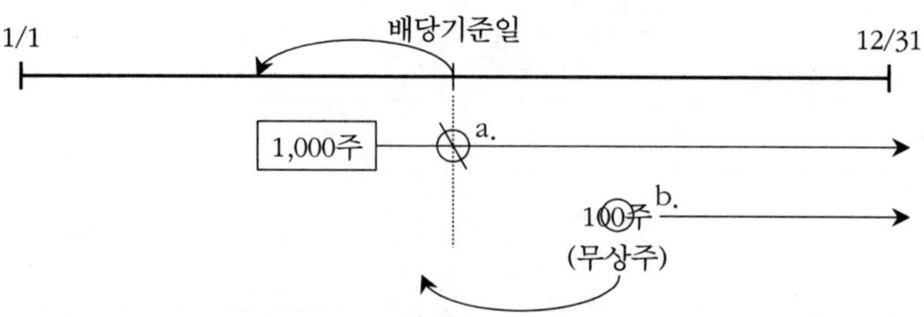

$$(\text{의제배당 b}-\text{지급이자}\times\frac{\text{1,000주 적수}}{\text{총자산적수}})\times\text{익금불산입 비율}$$

Memo

2. 외국자회사 수입배당금액의 익금불산입

(1) 적용대상

내국법인(간접투자회사 등은 제외)이 해당 법인이 출자한 외국자회사로부터 받은 세무상 수입배당금액의 95%에 해당하는 금액은 익금에 산입하지 아니한다.

익금불산입액 : 수입배당금액×95%

① 수입배당금액 : 세무상 배당금수익으로서 의제배당금액을 포함한다.

② 외국자회사 요건

a. 지분율 : 외국자회사의 의결권 있는 지분율 10%* 이상 보유

* 해외자원개발사업을 하는 외국법인의 경우에는 5%로 한다.

b. 보유기간 : 외국자회사의 지분을 배당기준일 현재 6개월 이상 계속 보유

(2) 적용배제

① 국제조세 조정에 관한 법률에 따라 조세회피지역에 소재하는 특정외국법인에 출자한 내국법인이 그 특정외국법인의 유보소득에 대하여 배당받은 것으로 보는 금액 및 해당 유보소득이 실제 배당된 경우의 수입배당금액

② 국제조세 조정에 관한 법률에 따른 특정외국법인 중 실제부담세액이 실제발생소득의 15% 이하인 법인의 배당금 또는 잉여금의 분배금(중간배당 및 의제배당 포함)

③ 혼성금융상품*의 거래에 따라 내국법인이 지급받는 수입배당금액

* 자본 및 부채의 성격을 동시에 가지고 있는 금융상품으로서 우리나라 세법은 지급받은 금액을 배당소득으로 취급하고, 외국자회사 국가의 세법은 내국법인에게 지급한 금액을 이자비용으로 취급하는 금융상품을 말한다.

예제 (주)나무의 제7기 사업연도(2023. 1. 1. ~ 12. 31.) 법인세 세무조정과 관련된 자료는 다음과 같다. 다음 자료를 이용하여 (주)나무의 법인세 과세표준 계산시 포함될 수입배당금액(익금불산입액을 차감한 후의 금액)을 제시하시오.

1. (주)나무의 배당금수익(영업외수익)의 내역은 다음과 같다.

배당금 지급법인	배당금수익	주식취득(처분)일	장부가액(지분율)
A법인(주권상장법인)	₩20,000,000	2022. 3. 16.	₩300,000,000 (15%)
		2023. 8. 5.	180,000,000 (10%)
B법인(비상장법인)	15,000,000	2022. 5. 1.	150,000,000 (50%)
		2022. 10. 25.	53,000,000 (20%)
		2022. 12. 10.	△29,000,000 (△10%)
C법인(비상장법인)	6,000,000	2022. 6. 30.	200,000,000 (60%)
D법인(외국법인)	8,000,000	2022. 4. 1.	250,000,000 (15%)
합 계	₩49,000,000		₩1,104,000,000

Memo

2. 상기 배당금수익은 현금으로 수령한 배당금이고, 이외에 2023년 8월 10일에 C법인으로부터 이익준비금을 재원으로 한 무상주 100주(주당 액면가액 ₩10,000)를 수령하였다.

3. 상기 A법인, B법인, C법인, D법인의 배당결의일은 모두 2023년 3월 5일이고, 배당기준일은 모두 매년 12월 31일이다.

4. (주)나무의 제7기 이자비용은 ₩60,000,000이고 이는 업무무관자산 관련 지급이자 ₩8,000,000과 현재가치할인차금상각액 ₩2,000,000을 포함한 것이다. (주)나무의 제7기 말 재무상태표상 자산총액은 100억원이다.

해답

1. 수입배당금 익금불산입액

구 분	수입배당금		지급이자차감액		비율		익금불산입액
A법인	(₩20,000,000	−	₩50,000,000× $\frac{3억원\times365}{100억원\times365}$)	×	30%	=	₩5,550,000
B법인	(₩10,000,000	−	₩50,000,000× $\frac{1.2억원\times365}{100억원\times365}$)	×	80%	=	7,520,000
C법인	(₩7,000,000	−	₩50,000,000× $\frac{2억원\times365}{100억원\times365}$)	×	100%	=	6,000,000
D법인	₩8,000,000			×	95%	=	7,600,000
합 계							₩26,670,000

* 익금불산입 대상 수입배당금액 및 주식가액

구 분	익금불산입 대상 수입배당금액	익금불산입 대상 주식가액(지분율)
A법인	₩20,000,000	₩300,000,000(15%)
B법인	₩15,000,000×40%/60%=₩10,000,000	₩150,000,000×40%/50%=₩120,000,000(40%)
C법인	₩6,000,000+₩1000,000=₩7,000,000	₩200,000,000(60%)

① A법인 주식의 경우 2023. 8. 5. 취득한 지분율 10% 부분은 배당기준일(2022. 12. 31) 이후에 취득한 주식이므로 당기에는 배당금수익이 발생하지 않은 주식이다.
② B법인 주식의 경우 2022. 10. 25 취득한 지분율 20% 부분은 배당기준일(2022. 12. 31) 전 3개월 이내에 취득한 주식이므로 익금불산입 규정이 적용되지 않으며, 2022. 12. 10 처분한 지분율 10% 부분은 2022. 5. 1. 취득한 지분율 50% 부분의 주식 중 일부를 처분한 것으로 본다.
③ C법인 주식의 경우 무상주 의제배당금액(100주×₩10,000=₩1,000,000)을 익금불산입 대상에 포함한다.

2. 과세표준에 포함될 배당금 수입금액 :
(₩49,000,000+₩1,000,000)−₩26,670,000=₩23,330,000

Memo

손 금

4.1 손금과 손금불산입

1. 손금항목

(1) 개요

- 손금 – 순자산 감소
- 손금불산입
  - 자본·출자의 환급 및 잉여금 처분
  - 별도로 규정한 사항

손금은 a)자본 또는 출자의 환급, 잉여금의 처분 및 b)법인세법에서 규정하는 것은 제외하고 해당 법인의 순자산을 감소시키는 거래로 인하여 발생하는 손비(손실 또는 비용)의 금액으로 하되, 다음 두 가지 사항을 전제로 한다.

① 그 법인의 사업과 관련하여 발생하거나 지출된 손실 또는 비용일 것
② 일반적으로 인정되는 통상적인 것이거나 수익과 직접 관련된 것일 것

(2) 손비의 범위 – 예시규정

① 판매한 상품 또는 제품에 대한 원료의 매입가액과 그 부대비용(매출원가)
* 매입에누리와 매입환출 및 매입할인은 제외된다.

② 판매한 상품 또는 제품의 보관료, 포장비, 운반비, 판매장려금 및 판매수당 등 판매와 관련된 부대비용(판매장려금 및 판매수당의 경우 사전약정 없이 지급하는 경우 포함)
③ 양도한 자산의 양도당시 장부가액
④ 인건비(중소·중견기업이 100% 직·간접 출자한 해외현지법인에 파견된 임직원의 인건비 포함. 단, 해당 내국법인이 부담한 인건비 분담율이 50% 미만인 경우로 한정함)
⑤ 유형자산의 수선비
⑥ 유형자산 및 무형자산에 대한 감가상각비
⑦ 자산의 임차료
⑧ 차입금 이자
⑨ 회수할 수 없는 부가가치세 매출세액미수금(부가가치세법상 대손세액공제를 받지 않은 것)
⑩ 자산의 평가차손(법에서 정한 경우에 한한다)
⑪ 세금과 공과금(외국납부세액공제를 적용하지 않는 경우의 직접외국납부세액 포함)

Memo

⑫ 영업자가 조직한 단체로서 법인이거나 주무관청에 등록된 조합·협회에 지급한 회비

* 조합·협회가 법령 또는 정관이 정하는 바에 따른 정상적인 회비징수방식에 의하여 경상경비 충당 등을 목적으로 조합원 또는 회원에게 부과하는 회비를 말한다.

⑬ 광업의 탐광비(탐광을 위한 개발비 포함)

⑭ 보건복지부장관이 정하는 무료진료권 또는 새마을진료권에 의하여 행한 무료진료의 가액

⑮ 식품등 기부활성화에 관한 법률에 따라 무상으로 기증하는 식품 및 생활용품의 장부가액

⑯ 업무와 관련있는 해외시찰·훈련비

⑰ 관련 법령에 따라 운영되는 근로청소년 특별학급, 산업체부설 중 · 고등학교, 직업교육훈련과정 등의 운영비 또는 법소정 현장실습에 참여하는 학생들에게 지급하는 수당

⑱ 근로자복지기본법에 따른 우리사주조합에 출연하는 자사주의 장부가액 또는 금품

⑲ 장식·환경미화 등의 목적으로 사무실·복도 등 여러 사람이 볼 수 있는 공간에 항상 전시하는 미술품을 취득시 비용 처리한 경우 그 취득가액(건별 1천만원 이하인 것에 한한다)

⑳ 광고선전목적으로 기증한 물품의 구입비용(특정인에 기증한 물품의 경우에는 연간 5만원 이내의 금액에 한하며 개당 3만원 이하의 물품은 5만원 한도 미적용)

㉑ 임직원이 금융지주회사 또는 해외모법인으로부터 주식매수선택권을 부여받아 행사하거나 주식기준보상을 지급받는 경우 이를 부여한 법인에 그 행사·지급비용으로서 보전하는 금액

㉒ 상법, 벤처기업육성에 관한 특별조치법, 소재·부품·장비산업 경쟁력강화를 위한 특별조치법에 따른 주식매수선택권, 근로복지기본법에 따른 우리사주매수선택권 또는 금전을 부여받거나 지급받은 자에 대한 다음의 금액

* 해당 법인 발행주식총수의 10% 범위에서 부여하거나 지급한 경우로 한정한다.

a. 주식매수선택권 또는 우리사주매수선택권을 부여받은 경우로서 다음의 경우
   - 약정된 주식매수시기에 약정된 주식의 매수가액과 시가의 차액을 금전 또는 해당 법인의 주식으로 지급하는 경우의 해당 금액
   - 약정된 주식매수시기에 주식매수선택권 또는 우리사주매수선택권 행사에 따라 주식을 시가보다 낮게 발행하는 경우 그 주식의 실제 매수가액과 시가의 차액

b. 주식기준보상으로 금전을 지급하는 경우 해당 금액

㉓ 중소기업 인력지원 특별법에 따라 중소기업 및 중견기업이 부담하는 기여금

㉔ 임원·직원의 사망 이후 유족에게 학자금 등으로 일시적으로 지급하는 금액으로서 일정 요건을 충족하는 것

㉕ 해당 내국법인 또는 협력중소기업이 설립한 사내근로복지기금·공동근로복지기금에 출연하는 금품

㉖ 동업기업과세특례에 따라 동업자군별 배분대상 결손금을 배분받은 금액

㉗ 보험업법상 보험회사의 책임준비금 증가액으로서 보험감독회계기준에 따라 비용으로 계상된 금액(할인율 변동으로 인한 책임준비금 공정가치평가금액은 제외)

㉘ 기타 손비로서 그 법인에 귀속되거나 귀속될 금액

* 손금불산입 항목 외에 당해 법인의 순자산을 감소시키는 일체의 항목이 모두 포함된다.

Memo

2. 손금불산입 항목

(1) 개요

(2) 과다경비의 손금불산입

① 임원 또는 직원이 아닌 자에게 지급한 여비와 교육훈련비

② 공동경비 중 법정 기준에 의한 분담금액을 초과하는 금액

참고 공동경비 분담기준

1. 출자에 의해 특정사업을 공동으로 영위하는 경우 : 출자 비율
2. 비출자 공동사업자의 경우
   (1) 특수관계인간의 경우 : 전기 또는 당기의 매출액 비율과 전기 또는 당기의 총자산가액 비율 중 선택(선택하지 않은 경우 전기의 매출액 비율을 선택한 것으로 보며 선택한 사업연도부터 5개 사업연도 동안 적용하여야 한다). 이 경우 매출액 및 총자산가액은 기업회계기준에 따른 금액으로 하며 총자산가액 계산시 공동사업자간 지분을 직접 보유하는 경우 그 주식가액은 제외한다. 단, 다음의 경우에는 각 항목별로 제시된 기준에 따를 수 있다.
      ① 공동행사비 등 참석 인원수에 비례하는 손비 : 참석인원 비율
      ② 공동구매비 등 구매금액에 비례하는 손비 : 구매금액 비율
      ③ 공동광고선전비 : 국외분은 수출액 비율, 국내분은 국내 매출액 비율
      ④ 무형자산의 공동사용료 : 직전 사업연도 자본 총합계액 비율
   (2) 이외의 경우 : 약정에 의한 분담비율(해당 비율이 없는 경우 (1)의 비율 적용)

(3) 업무무관비용의 손금불산입

① 업무무관자산의 유지·관리비용–취득가액은 인정

구 분	취득부대비용(취득세 등)	유지·관리비용(재산세 등)
업무관련 자산	취득원가에 산입	해당 사업연도 손금
업무무관 자산	취득원가에 산입	손금불산입

② 다른 사람(비출자임원·소액주주* 임원·직원 제외)이 주로 사용하는 장소·건축물·물건 등의 유지비·관리비·사용료 등

* 소액주주 : 지분율이 1%에 미달하는 주주(해당 법인의 지배주주와 특수관계에 있는 자는 제외)

③ 사택의 유지·관리비용

- 출자임원 및 그 친족이 사용 ⇒ 손금 ×
- 비출자임원·소액주주 임원·직원이 사용 ⇒ 손금 ○ (복리후생비)

④ 업무무관자산의 취득을 위한 차입비용

⑤ 해당 법인이 공여한 형법상 뇌물 등

⑥ 노동조합 및 노동관계조정법을 위반하여 근로시간면제자에게 지급하는 급여

Memo

3. 손금에 관한 몇 가지 일반원칙

(1) 비용배분의 원칙

법인에게 귀속되는 모든 비용은 당기 비용과 자산취득원가 등으로 구분하여 경리하여야 한다. '손금'은 당기 비용뿐만 아니라 미래 비용인 자산취득원가도 포함하는 개념으로서 자산과 비용의 구분은 손익의 귀속시기 문제일 따름이다.

(2) 손금의 증명서류 요건

법정증명서류 : 세금계산서, 계산서, 신용카드매출전표, 직불카드영수증, 기명식선불카드영수증, 현금영수증 등(직불전자지급수단, 기명식선불전자지급수단 등 포함)

※ 법정증명서류 이외의 영수증을 수취한 경우

구 분	금액(부가가치세 포함)	법인세법상 처리
접대비*1	건당 3만원 초과	전액 손금불산입
	건당 3만원 이하	접대비로 인정(한도 시부인 대상)
기타 업무관련지출*2	건당 3만원 초과	손금인정, 가산세 부과
	건당 3만원 이하	손금인정, 가산세 없음

*1. 경조사비의 경우는 건당 20만원을 기준으로 한다.
2. 세금계산서 발급 대상 거래에 대해 영수증을 수취한 경우 관련 부가가치세는 손금부인되며 가산세는 손금으로 인정되는 금액에 대하여 부과한다.

4.2 세금과 공과금

1. 조 세

구 분	내 용
(1) 원칙 : 손금	• 해당 사업연도 손금 : 재산세, 종합부동산세, 자동차세 등 • 자산의 취득원가 구성 : 취득세 등
(2) 예외 : 손금불산입	① 법인세, 법인지방소득세 및 법인세에 부가되는 농어촌특별세 ② 부가가치세 매입세액 공제액 ③ 개별소비세, 주세, 교통·에너지·환경세 ④ 가산세 등 의무불이행으로 인한 세액

Memo

2. 공과금

구 분		내 용
(1) 원칙 : 손금항목		• 해당 사업연도 손금 : 교통유발부담금, 폐기물처리부담금 등 • 자산(토지)의 취득원가 구성 : 개발부담금
(2) 예외 : 손금불산입 항목	임의성 공과금	임의출연금 등
	제재성 공과금	폐수배출부담금 등

3. 벌금 · 과료 · 과태료 · 가산금 및 강제징수비

손금불산입 항목	손금항목
• 공법상 의무불이행(법령 위반) ① 관세법 위반 벌과금 ② 업무와 관련된 교통사고 벌과금 ③ 산업재해보상보험료 가산금 ④ 최저예금지급준비금과 관련하여 금융회사 등이 한국은행에 납부하는 과태금 ⑤ 국민건강보험법에 따라 징수하는 연체금 ⑥ 국외에서 납부하는 벌금	• 사법상 의무불이행(사적 계약 위반) ① 사계약상 의무불이행에 의한 지체상금 ② 보세구역 내 수출용원자재의 장치기간 경과에 따른 국고귀속분 ③ 철도화차 사용료 미납액 연체이자 ④ 산업재해보상보험료 연체금 ⑤ 국유지 사용료 납부지연 연체료 ⑥ 전기요금 납부지연 연체가산금

4. 징벌적 목적의 손해배상금

내국법인이 지급한 손해배상금 중 실제 발생한 손해를 초과하여 지급하는 금액*은 손금에 산입하지 아니한다. 이 경우 실제 발생한 손해액이 분명하지 않은 경우에는 내국법인이 지급한 손해배상금에 3분의 2를 곱한 금액을 손금불산입 대상 손해배상금으로 한다.

* 실제 발생한 손해를 초과하여 지급하는 금액
  1. 가맹사업거래의 공정화에 관한 법률, 개인정보 보호법, 공익신고자 보호법, 기간제 및 단시간근로자 보호 등에 관한 법률, 대리점거래의 공정화에 관한 법률, 신용정보의 이용 및 보호에 관한 법률, 정보통신망 이용촉진 및 정보보호 등에 관한 법률, 제조물 책임법, 파견근로자보호 등에 관한 법률, 하도급거래 공정화에 관한 법률 등에 따른 손해배상금 중 실제 발생한 손해액을 초과하는 금액
  2. 외국의 법령에 따라 지급한 손해배상액 중 실제 손해액을 초과하는 금액

Memo

4.3 인건비

1. 일반규정

구 분	내 용
(1) 원칙 : 손금항목	• 해당 사업연도 손금 : 판매비와관리비 성격의 인건비 • 자산의 취득원가 구성 : 제조원가인 노무비 중 기말재고자산에 배부된 금액, 건설중인자산 관련 건설본부 인건비 등
(2) 예외 : 손금불산입 항목	① 과다지급 인건비 ② 임원상여금 한도초과액 및 임원퇴직금 한도초과액 ③ 이익처분에 의하여 지급하는 인건비

2. 손금불산입 항목인 인건비

(1) 과다지급 인건비

① 지배주주 등인 임직원 보수 중 과다지급 인건비

* 과다지급 여부는 동일직급의 다른 임직원과 비교

② 비상근임원 보수 중 부당행위계산의 부인에 해당하는 금액

(2) 임원상여금 및 임원퇴직금 한도초과액

구 분	임원상여금	임원퇴직금
손금한도	정관·주주총회·사원총회 또는 이사회 결의에 의해 결정된 급여지급기준	정관(또는 정관위임규정)에 정하여진 금액
손금한도에 해당하는 지급규정이 없는 경우	전액 손금불산입	법인세법상 한도액 부여

* 직원에 대한 상여금과 퇴직급여는 한도제한 없이 전액 손금항목이며 확정기여형 퇴직연금 대상인 임원의 경우는 법인이 퇴직시까지 부담한 연금부담금의 합계액을 퇴직급여로 본다.

※ 법인세법상 임원퇴직금 한도액

임원퇴직금 한도액 : 퇴사 직전 1년간 총급여액×10%×근속연수

* 1. 총급여액은 소득세법상 근로소득(일반급여 및 잉여금처분에 의한 상여를 말하며 비과세소득은 제외)으로 하되 손금에 산입하지 아니하는 금액은 제외한다.
2. 근속연수는 월 단위까지 계산하되, 1월 미만의 기간은 절사한다.
3. 확정기여형 퇴직연금 대상인 임원이 퇴사한 경우 법인이 퇴직시까지 부담한 연금부담금의 합계액을 퇴직급여로 보아 한도시부인 하며 한도초과액은 퇴직일이 속하는 사업연도의 손금부인액으로서 가산조정한다.

Memo

(3) 이익처분에 의하여 지급하는 상여금

임원 또는 직원에게 이익처분에 의하여 지급하는 상여금은 손금에 산입하지 아니한다. 이 경우 합명회사 또는 합자회사의 노무출자사원에게 지급하는 보수는 이익처분에 의한 상여로 본다.

3. 복리후생비 … 손금

법인이 임원 또는 직원(파견근로자 포함)을 위하여 지출한 복리후생비 중 다음 어느 하나에 해당하는 비용 외의 비용은 손금에 산입하지 아니한다.

① 직장체육비
② 직장문화비, 직장회식비
③ 우리사주조합 운영비
④ 국민건강보험법에 의하여 사용자로서 부담하는 건강보험료 기타부담금
⑤ 영유아보육법에 따라 설치된 직장보육시설의 운영비
⑥ 고용보험법에 의하여 사용자로서 부담하는 보험료
⑦ 임원 또는 직원에게 사회통념상 타당하다고 인정되는 범위 안에서 지급하는 경조사비 등 위 ①~⑥의 비용과 유사한 비용

※ 건강보험료, 고용보험료 및 국민연금보험료의 처리

甲 보험료 ₩100,000

본인 부담분	사용자 부담분
₩50,000	₩50,000

건강보험료, 고용보험료 및 국민연금보험료는 해당 각 법 규정에 의하여 사용자와 본인이 각각 50%씩 부담하여야 한다.

〈급여 지급〉

(차)	급 여	2,000,000	(대)	현 금	1,950,000
				예 수 금	50,000

〈보험료 납부〉

(차)	예 수 금	50,000	(대)	현 금	100,000
	복 리 후 생 비	50,000			

Memo

4.4 접대비

1. 접대비의 개념과 범위

(1) 접대비의 개념

접대비는 접대, 교제, 사례 또는 그 밖에 어떠한 명목이든 상관없이 이와 유사한 목적으로 지출한 비용으로서 내국법인이 직접 또는 간접적으로 업무와 관련이 있는 자와 업무를 원활하게 진행하기 위하여 지출한 금액을 말한다.

※ 유사비용과의 구분

<table>
<tr><th colspan="2">구 분</th><th>종 류</th><th>세무상 처리</th></tr>
<tr><td rowspan="2">업무와 관련된 지출</td><td>불특정 다수인에게 제공</td><td>광고선전비</td><td>전액 손금</td></tr>
<tr><td>특정인에게 제공</td><td>접대비</td><td rowspan="2">한도 내 손금</td></tr>
<tr><td colspan="2">업무와 관련되지 아니한 지출</td><td>기부금</td></tr>
</table>

(2) 접대비의 범위

① 주주 등의 개인비용

주주 또는 출자자나 임원 또는 직원이 부담하여야 할 성질의 접대비를 법인이 지출한 것은 이를 접대비로 보지 않음 → 전액 손금불산입

② 직원이 조직한 조합·단체에 대한 복리시설비

- 해당 조합·단체가 법인인 경우 : 접대비
- 해당 조합·단체가 법인이 아닌 경우 : 경리의 일부

③ 부가가치세

i) 매출세액 : 원가 ₩400,000, 시가 ₩500,000의 제품을 증정한 경우

(차)	접 대 비	400,000	(대)	제 품	400,000
	~~현 금~~ ↳ 접대비	50,000		부가가치세 예수금	50,000

ii) 매입세액 : 거래처에 ₩330,000(부가가치세 포함) 상당의 식사를 제공한 경우

(차)	접 대 비	300,000	(대)	현 금	330,000
	~~부가가치세 선급금~~ ↳ 접대비	30,000			

Memo

④ 채권포기액

약정에 의한 채권포기액		종　　류	세무상 처리
불가피한 사유가 없는 경우	업무와 관련된 경우	접대비	한도 내 손금
	업무와 무관한 경우	기부금	
불가피한 사유가 있는 경우			손금 인정

* 1. 불가피한 사유라 함은 채무자의 부도발생 등으로 장래에 회수가 불확실한 어음·수표 상의 채권 등을 조기에 회수하기 위하여 해당 채권의 일부를 포기하여야 하는 경우를 말한다.
  2. 특수관계인과의 거래에서 발생한 채권의 회수를 포기한 경우는 부당행위계산부인 규정의 적용을 받는다.

2. 적격증명서류 미수취 접대비의 손금불산입

(1) **법정증명서류의 구비** : 건당 3만원 초과 접대비는 법정증명서류를 구비한 경우에만 인정

- 영수증을 수취한 접대비 중 건당 3만원 초과분 → 직접 부인
- 영수증을 수취한 접대비 중 건당 3만원 이하분 → 접대비로 인정(한도 시부인 대상)

* 경조사비는 건당 20만원 이하를 기준으로 한다.

(2) **법정증명서류 구비의 예외** : 현물접대비, 채권포기액, 현금지출이 불가피한 국외지역에서의 지출 및 농어민으로부터 직접 재화를 공급받고 금융회사를 통해 대가를 지급한 지출은 그 지출의 특성상 법정증명서류의 구비 여부를 따지지 않는다.

※ 법인 명의로 발급받지 않은 신용카드 사용분과 위장가맹점에 대한 신용카드 사용분은 법정증빙서류가 아닌 영수증으로 간주함

3. 접대비의 평가 : 현물접대비 … Max[시가, 원가]

(1) **장부상 회계처리**

(차)	접　대　비	400,000	(대)	제　　품	400,000
	접　대　비	50,000		부가가치세 예수금	50,000

(2) **세무상 회계처리**

(차)	접　대　비	500,000	(대)	제　　품	400,000
				실 현 이 익	100,000
	접　대　비	50,000		부가가치세 예수금	50,000

* 장부상 원가로 기록된 접대비를 별도의 세무조정 없이 시가로 평가하여 시부인한다.

Memo

4. 접대비의 귀속시기 : 발생주의(접대 행위가 일어난 때)

(1) 접대행위 후 장부 미계상

	분개	세무조정	장부상접대비	세무상접대비
5기 :	–	〈손入〉 ₩100(△유보)	₩1,200	₩1,300
6기 :	접 대 비 100 / 현 금 100	〈손不〉 ₩100(유보)	1,500	1,400

(2) 접대행위 후 선급비용으로 이연처리

	분개	세무조정	장부상접대비	세무상접대비
5기 :	선급비용 100 / 현 금 100	〈손入〉 ₩100(△유보)	₩1,200	₩1,300
6기 :	접 대 비 100 / 선급비용 100	〈손不〉 ₩100(유보)	1,500	1,400

5. 접대비 한도초과액의 손금불산입

(1) 개요

접대비			Ⅰ. 직부인
주주·임직원 개인 비용		→	〈손不〉사외유출
증명서류 불비분		→	〈손不〉상여(대표자)
영수증 수취분	3만원 초과	→	〈손不〉기타사외유출
	3만원 이하	┐	
법정증명서류 수취분		→	Ⅱ. 한도시부인
법정증명서류 구비의 예외		┘	〈손不〉기타사외유출(한도초과액)

> 접대비 한도액=A+B
>
> A. 기초금액 : 1,200만원(중소기업은 3,600만원) × $\frac{\text{해당 사업연도 월수}}{12}$
>
> B. 수입금액기준 : 일반수입금액×적용률+특정수입금액×적용률×10%

수입금액	0 ~ 100억원	100억원 ~ 500억원	500억원 초과
적용률 :	3/1,000	2/1,000	0.3/1,000

(2) 수입금액

① 수입금액은 기업회계기준에 따라 계산한 매출액(중단사업부문 매출액 포함)으로 하며 임대료수익(일시적인 경우는 제외)과 부산물매각금액을 포함한다.

Memo

② 특정수입금액은 특수관계인과의 거래에서 발생한 매출액을 말하며 일반수입금액과 특정수입금액이 공존하는 경우 일반수입금액에 대해서 높은 적용률을 먼저 사용한다.

| 사례 |

손익계산서상 매출액 ₩1,000,000(Book)

- 선적이 완료된 외상매출 ₩30,000 누락
- 특수관계인에 매출 ₩10,000포함(판매한 물건의 시가는 ₩50,000)

TAX 매출액 : ₩1,000,000+₩30,000+(₩50,000−₩10,000)=₩1,070,000

GAAP 매출액 : ₩1,000,000+₩30,000=₩1,030,000

(3) 문화접대비 추가 손금산입특례

문화접대비가 있는 경우의 접대비 한도액은 다음의 금액으로 한다.

> 문화접대비가 있는 경우의 접대비 한도액 :
> 본래 접대비 한도액+ Min[① 문화접대비, ② 본래 접대비 한도액 × 20%]

문화접대비란 국내 문화관련 지출로서 다음의 용도로 지출한 접대비를 말한다.

① 문화예술의 공연이나 전시회 또는 박물관의 입장권 구입
② 체육활동의 관람을 위한 입장권 구입
③ 비디오물, 음반 및 음악영상물, 간행물 구입
④ 문화관광축제의 관람 또는 체험을 위한 입장권·이용권 구입
⑤ 관광공연장 입장권 구입
⑥ 박람회, 지정문화재·등록문화재 관람 입장권 구입
⑦ 문화예술 관련 강연 입장권 구입 및 초빙강연료 등
⑧ 자체시설 또는 임대시설을 활용해 해당 기업이 직접 개최하는 공연 등 문화예술행사비
⑨ 문화체육관광부의 후원을 받아 진행하는 문화예술, 체육행사에 지출하는 경비
⑩ 미술품의 구입(취득가액이 거래단위별로 100만원 이하인 것으로 한정)

세부사항 소규모 부동산임대업 법인에 대한 접대비 규제

1. 규제 대상 : 다음 조건에 모두 해당하는 법인
   (1) 해당 사업연도 종료일 현재 지배주주등이 보유한 주식이 발행주식 총수의 50%를 초과할 것
   (2) 부동산임대업이 주업이거나, 부동산임대업 수입금액과 이자·배당소득 합계액이 기업회계기준에 따른 매출액(부동산임대업 수입금액, 이자·배당소득을 포함한 금액)의 50% 이상일 것
   (3) 해당 사업연도의 상시근로자 수가 5인 미만일 것
2. 규제 내용 : 본래 접대비 한도액의 50%를 한도액으로 한다.

Memo

예제 다음은 제조업을 영위하는 중소기업인 (주)나무의 제13기 사업연도(2023. 1. 1. ~ 12. 31.)의 접대비에 대한 자료이다.

1. 손익계산서상 접대비계정의 내역은 다음과 같다.

구 분	건당 3만원 이하분	건당 3만원 초과분	합 계
신용카드전표 수취분	₩4,600,000	₩54,500,000	₩59,100,000
영수증 수취분	3,400,000	1,000,000	4,400,000
기타 접대비(증빙 없음)	–	3,500,000	3,500,000
합 계	₩8,000,000	₩59,000,000	₩67,000,000

기타의 접대비에는 당사 제품(원가 ₩3,000,000, 시가 ₩5,000,000)을 접대 목적으로 거래처에 제공하고 다음과 같이 회계처리한 내용이 포함되어 있다.

(차)	접 대 비	3,000,000	(대) 제 품	3,000,000
	세 금 과 공 과	500,000	부가가치세예수금	500,000

2. 접대비 관련 기타 자료는 다음과 같다.
   ① 당기에 제품 판매계약을 체결하고, 거래처에 대해서 발생한 접대비 ₩2,000,000을 선급비용으로 이연처리 하였다.
   ② 직원이 조직한 단체(법인)에 복리시설비 ₩3,000,000을 지출하고 이를 손익계산서에 복리후생비로 계상하였다.

3. 회사의 매출관련 자료는 다음과 같다.
   ① 손익계산서상 매출액은 132억원이며 이 중 40억원은 자회사에 대한 판매금액이다.
   ② 전기에 수탁자가 판매한 위탁매출액 3억원(일반매출분)에 대하여 전기에 회계처리하지 않고 당기에 판매대금을 회수하면서 전액 손익계산서상 매출로 회계처리 하였다.
   ③ 제조과정에서 발생한 부산물 매각금액 1억원(일반매출분)을 영업외수익에 계상하였다.

〈요구사항〉

1. (주)나무의 접대비와 관련된 세무조정을 제시하시오.
2. (주)나무의 접대비에 문화접대비가 ₩8,500,000 포함되어 있다면 이 경우 접대비 한도초과액은 얼마인가?

Memo

해 답

1\. 접대비 관련 세무조정

(1) 시부인 대상 접대비

손익계산서상 접대비	₩67,000,000	
영수증 수취분	(1,000,000)	〈손금불산입〉 영수증 접대비 1,000,000(기타사외유출)
현물 접대비 관련	2,500,000	세무조정 없음
증명서류 불비분	(500,000)	〈손금불산입〉 증빙불비 접대비 500,000(상여)
선급비용	2,000,000	〈손금산입〉 선급비용 2,000,000(△유보)
복리시설비	3,000,000	세무조정 없음
시부인 대상 접대비	₩73,000,000	

(2) 수입금액

특수관계인에 대한 수입금액 :	40억
일반수입금액 : 92억원−3억원(전기 매출)+1억원(부산물 매각금액)=	90억
합 계	130억

(3) 접대비 한도액

$$₩36,000,000\times\frac{12}{12}+₩9,000,000,000\times\frac{3}{1,000}$$

$$(₩1,000,000,000\times\frac{3}{1,000}+₩3,000,000,000\times\frac{2}{1,000})\times10\%=₩63,900,000$$

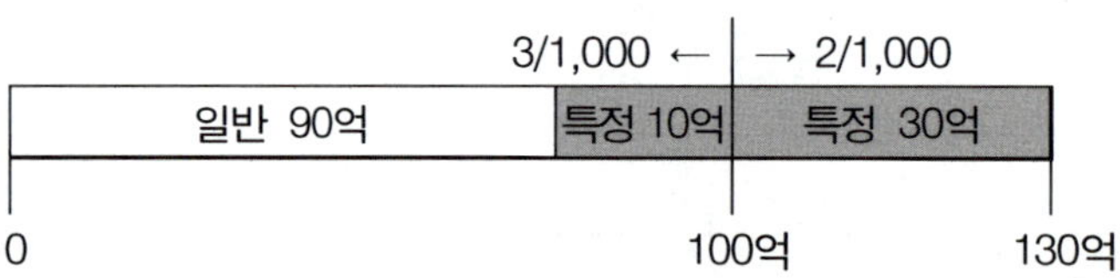

한도초과액 : ₩73,000,000−₩63,900,000=₩9,100,000

세무조정 : 〈손금불산입〉 접대비 한도초과액 ₩9,100,000(기타사외유출)

2\. 문화접대비가 있는 경우

(1) 접대비 한도액 : ①+②=₩72,400,000

① 본래의 한도 : ₩63,900,000

② 추가 한도 : Min[₩8,500,000, ₩63,900,000×20%]=₩8,500,000

(2) 한도초과액 : ₩73,000,000−₩72,400,000=₩600,000

6. 자산계상 접대비

> 한도초과액 구성 : ① 비용 계상분 → ② 건설중인자산 계상분 → ③ 유형·무형자산 계상분

Memo

예제 다음 자료에 따라 (주)중앙(사업연도 : 1. 1. ~ 12. 31.)의 제11기 ~ 제14기 세무조정을 행하시오.

1. 제11기의 접대비 지출명세는 다음과 같다.

(1) 비용으로 계상된 접대비	₩21,000,000
(2) 건설중인 자산으로 계상된 접대비	25,000,000
(3) 유형자산으로 계상된 접대비	24,000,000
합 계	₩70,000,000

2. 제11기의 접대비 한도액은 ₩40,000,000이며, 접대비는 모두 적격증명서류를 수취한 것이다.
3. 건설중인 자산은 제12기에 건설이 완료되었으며, (주)중앙은 취득가액 ₩600,000,000에 대하여 정액법으로 제12기부터 3년간 각각 ₩200,000,000씩 감가상각비로 계상하였다.

해답

1. 제11기 세무조정

접대비 ₩70,000,000

①	비 용	₩21,000,000	↕ ₩30,000,000 한도초과액
②	건설중인자산	₩25,000,000	
③	유 형 자 산	₩24,000,000	↕ ₩40,000,000 한도 내의 금액

〈익금불산입〉 건설중인자산 ₩9,000,000(△유보)
〈손금불산입〉 접대비 한도초과액 ₩30,000,000(기타사외유출)

2. 제12기 세무조정

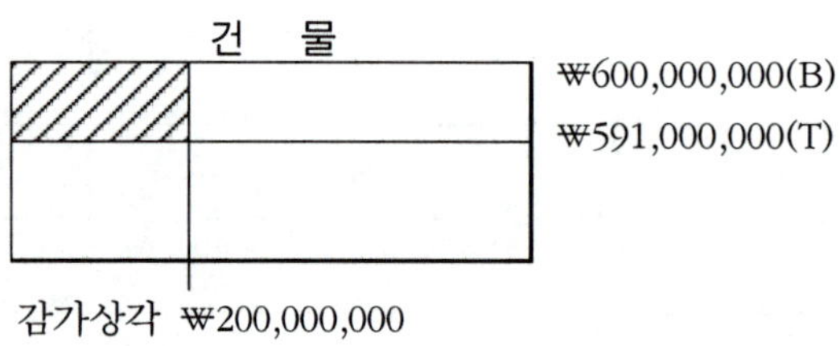

〈손금불산입〉 건설중인자산 ₩3,000,000(유보)

* ₩9,000,000×₩200,000,000/₩600,000,000=₩3,000,000

3. 제13기 세무조정

〈손금불산입〉 건설중인자산 ₩3,000,000(유보)

4. 제14기 세무조정

〈손금불산입〉 건설중인자산 ₩3,000,000(유보)

Memo

4.5 기부금

1. 기부금의 의의와 범위

(1) 기부금의 의의

기부금이란 내국법인이 사업과 직접적인 관계없이 무상으로 지출하는 금액을 말한다.

구 분	세무조정
특례기부금	공익성 기부금 ⇒ 한도 내 금액 손금 인정 (한도초과액은 손금불산입 기타사외유출)
일반기부금	
비지정기부금	전액 손금불산입 기타사외유출

* 특수관계인에 대한 부의 무상이전은 부당행위계산부인에 해당하지만(전액 손금불산입), 그 지출이 특례기부금·일반기부금에 해당할 때에는 기부금 규정을 우선 적용한다(한도 내 손금 인정).

(2) 의제기부금

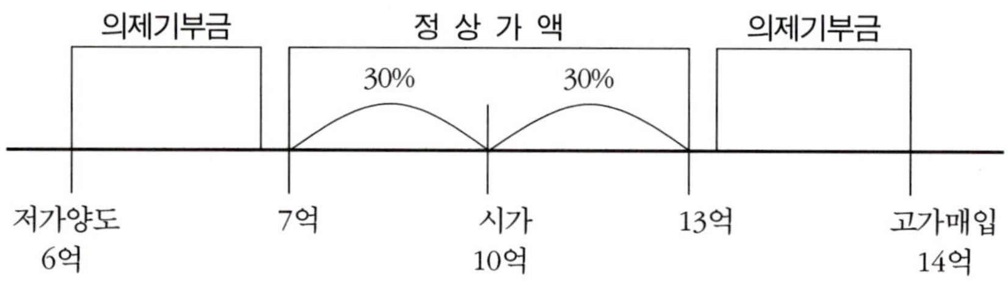

① 고가매입

Book : (차) 자 산 14억 (대) 현 금 14억

↓ … 〈익금불산입〉 자산 1억 (△유보)

Tax : (차) 자 산 13억 (대) 현 금 14억

기 부 금 1억 → 기부금 의제

② 저가양도(장부가 4억 가정)

Book : (차) 현 금 6억 (대) 자 산 4억

처 분 이 익 2억

↓ … 세무조정 없음

Tax : (차) 현 금 7억 (대) 자 산 4억

처 분 이 익 3억

(차) 기 부 금 1억 (대) 현 금 1억 → 기부금 의제

* 별도의 세무조정 없이 의제기부금에 대하여 한도시부인한다.

Memo

2. 기부금의 구분

구 분	구체적인 내용
특례기부금	① 국가나 지방자치단체에 무상으로 기증하는 금품의 가액(기부금품의 모집 및 사용에 관한 법률의 적용을 받는 기부금품은 같은 법 규정에 따라 접수하는 것만 해당한다.) ② 국방헌금과 국군장병 위문금품의 가액 ③ 천재지변(특별재난지역으로 선포된 경우 포함)으로 생기는 이재민을 위한 구호금품의 가액 ④ 사립학교, 비영리 교육재단, 기능대학, 전공대학 명칭을 사용할 수 있는 평생교육시설 및 원격대학, 법 소정 외국교육기관 및 국제학교, 산학협력단, 과학기술원, 한국에너지공과대학교, 국립대학법인 서울대학교 및 인천대학교, 기획재정부 장관이 지정·고시하는 한국학교, 한국장학재단 등에 시설비·교육비·장학금·연구비로 지출하는 기부금 ⑤ 국립대학병원, 국립대학치과병원, 서울대학교 병원, 서울대학교 치과병원, 사립학교가 운영하는 병원, 국립암센터, 지방의료원, 국립중앙의료원, 대한적십자사가 운영하는 병원, 국민건강보험공단이 운영하는 병원 등에 시설비·교육비·연구비로 지출하는 기부금 ⑥ 사회복지사업, 그 밖의 사회복지활동의 지원에 필요한 재원을 모집·배분하는 것을 주된 목적으로 하는 비영리법인으로서 기획재정부 장관이 지정·고시하는 법인에 지출하는 기부금 • 사회복지공동모금회법에 따른 사회복지공동모금회 • 재단법인 바보의 나눔
우리사주조합 기부금	법인이 우리사주조합에 지출하는 기부금 * 우리사주제도를 실시하는 법인이 해당 법인의 우리사주조합에 출연하는 자사주의 장부가액이나 금품은 전액 손금항목으로 규정되어 있다. 따라서, 우리사주조합기부금은 해당 법인이 아닌 다른 법인의 우리사주조합에 지출하는 기부금으로 해석해야 한다.
일반기부금	(1) 다음의 비영리법인(단체 및 비영리외국법인 포함)에 고유목적사업비로 지출하는 기부금 ① 사회복지사업법에 따른 사회복지법인 ② 영유아보육법에 따른 어린이집 ③ 유아교육법에 따른 유치원, 초·중등교육법 및 고등교육법에 의한 학교, 근로자직업능력 개발법에 의한 기능대학, 평생교육법에 의한 평생교육시설 ④ 의료법에 의한 의료법인 ⑤ 종교의 보급, 그 밖에 교화를 목적으로 허가를 받아 설립한 비영리법인 ⑥ 비영리법인, 비영리외국법인, 사회적협동조합, 공공기관의 운영에 관한 법률에 따른 공공기관, 법률에 따라 직접 설립 또는 등록된 기관 중 법정요건을 충족한 것으로서 주무관청의 추천을 받아 기획재정부 장관이 지정하여 고시한 법인

Memo

일반기부금	• 독립기념관, 한국과학창의재단, 대한적십자사(2023년 재지정 대상) • 근로복지공단 등 (2) 다음에 해당하는 기부금 ① 유아교육법에 따른 유치원의 장, 초·중등교육법 및 고등교육법에 의한 학교의 장, 근로자직업능력 개발법에 의한 기능대학의 장 또는 평생교육법에 의한 평생교육시설의 장이 추천하는 개인에게 교육비·연구비·장학금으로 지출하는 기부금 ② 상속세 및 증여세법 시행령 제14조의 요건을 갖춘 공익신탁으로 신탁하는 기부금 ③ 사회복지·문화·예술·교육·종교·자선·학술 등 공익목적으로 지출하는 기부금으로서 기획재정부 장관이 지정하여 고시하는 기부금 • 국민체육진흥기금, 근로복지진흥기금, 발명진흥기금, 과학미술진흥기금 등에 출연하는 기부금 등 • 새마을금고에 사랑의 좀도리운동을 위하여 지출하는 기부금 (3) 무료·실비로 이용할 수 있는 사회복지시설 또는 기관에 기부하는 금품의 가액 • 아동복지시설, 노인복지시설, 장애인복지시설, 청소년복지시설 등 (4) 법정요건*을 충족하는 국제기구로서 기획재정부 장관이 지정하여 고시하는 국제기구에 지출하는 기부금 * 공익을 위한 사업을 수행할 것, 우리나라가 회원국으로 가입하였을 것 등 (5) 법인으로 보는 단체 중 고유목적사업준비금 설정대상이 아닌 단체가 수익사업에서 발생한 소득을 고유목적사업비로 지출한 금액
비지정기부금	동창회·종친회·향우회에 대한 기부금 등 특례·일반기부금 이외의 기부금

3. 기부금의 평가 … 현물기부금

구 분		현물기부금의 평가
특례기부금		장부가액
일반기부금	일반적인 경우	장부가액
일반기부금	특수관계인에게 기부한 경우	Max[시가, 장부가액]
비지정기부금		Max[시가, 장부가액]

* 우리사주조합기부금은 별도 규정 없음

Memo

4. 기부금의 귀속시기

기부금은 기부금을 지출한 날이 속하는 사업연도의 기부금으로서 시부인한다(현금주의). 즉, 기부금을 지출하였으나 가지급금 등으로 이연처리한 경우에는 이를 그 지출한 사업연도의 기부금으로 하고, 기부금을 미지급금 등으로 계상한 경우 실제로 이를 지출할 때까지는 기부금으로 보지 아니한다.

* 1. 어음이나 수표로 기부금을 지급한 경우의 귀속시기
  - 어음으로 지급한 기부금 : 당해 어음의 결제일
  - 수표로 지급한 기부금 : 당해 수표의 교부일
  2. 설립중인 공익법인 등에 지출한 기부금의 귀속시기 : 해당 법인 및 단체가 정부로부터 인가 또는 허가를 받은 날이 속하는 사업연도

예 만기가 6기인 어음으로 기부한 경우

		장부상 기부금	세무상 기부금
5기 : 기 부 금 100 / 미지급비용 100	〈손不〉 ₩100(유보)	₩1,200	₩1,100
6기 : 미지급비용 100 / 현 금 100	〈손入〉 ₩100(△유보)	1,500	1,600

5. 기부금의 손금한도 및 한도초과이월액의 손금산입

(1) 기부금의 손금한도

구 분	손금 한도액
특례기부금	(기준소득금액－이월결손금)×50%
우리사주조합기부금	(기준소득금액－이월결손금－특례기부금 손금산입액)×30%
일반기부금	(기준소득금액－이월결손금－특례기부금 손금산입액－우리사주조합기부금 손금산입액)×10%*

* 사회적기업의 경우 일반기부금의 한도율을 10%가 아닌 20%로 한다.

① 기준소득금액＝차가감소득금액＋시부인 대상 기부금
- 차가감 소득금액 : 기부금 한도초과액 손금불산입 및 한도초과 이월액 손금산입 세무조정을 제외하고 나머지 세무조정만을 반영한 상태의 소득금액
- 기준소득금액을 계산할 때 합병 및 분할에 따른 양도손익은 제외한다.

② 이월결손금 : 과세표준 계산시 공제대상인 이월결손금
- 당해 사업연도 개시일 전 15년(2019. 12. 31. 이전 개시 사업연도 발생분은 10년) 이내에 개시한 사업연도에서 발생한 결손금
- 각 사업연도 소득의 80%를 한도로 이월결손금 공제를 적용받는 기업은 기준소득금액의 80%를 한도로 한다.

Memo

(2) 한도초과액의 이월손금산입

특례기부금 및 일반기부금 한도초과액은 해당 사업연도의 다음 사업연도 개시일부터 10년 이내에 끝나는 각 사업연도로 이월하여, 각각의 손금산입한도액 범위 내에서 손금에 산입한다. 이 경우 이월된 금액을 해당 사업연도에 지출한 기부금보다 먼저 손금에 산입하고 이월된 금액은 먼저 발생한 이월금액부터 손금에 산입한다.

* 우리사주조합기부금에 대해서는 한도초과액 이월손금산입 규정이 없다.

예제 다음 자료에 의하여 (주)나무(중소기업)의 제13기 사업연도(2023. 1. 1. ~ 12. 31.)의 소득금액조정합계표를 작성하고 과세표준을 계산하시오.

1. 손익계산서상 당기순이익은 ₩150,000,000이며 법인세비용은 ₩12,000,000이다.
2. 손익계산서상 영업외비용에 계상된 기부금의 내역은 다음과 같다.

내　　용	금　액	비　　고
이재민 구호금품	₩15,000,000	자사제품 (시가 ₩18,000,000)
사회복지법인* 기부금	3,000,000	자사제품 (시가 ₩8,000,000)
아동복지시설 기부금	20,000,000	2024. 3. 5. 만기인 어음 지급
학교장 추천 개인 장학금	10,000,000	
대표이사 동창회 기부금	500,000	
합　　계	₩48,500,000	

* (주)나무의 특수관계인에 해당함.

3. (주)나무는 제13기 사업연도에 서울시로부터 시가 ₩120,000,000인 토지를 정당한 사유 없이 ₩195,000,000에 고가매입하여 매입가액을 자산으로 계상하였다. 토지매입대금은 전액 현금으로 지급하였다.
4. 기말 현재 세무상 이월결손금은 제2기에 발생한 ₩15,000,000과 제10기에 발생한 ₩20,000,000이 있으며, 전기 특례기부금 한도초과액과 전기 일반기부금 한도초과액은 각각 ₩2,000,000과 ₩7,000,000이다.

Memo

해답

1. 소득금액조정합계표

익금산입 및 손금불산입			손금산입 및 익금불산입		
과 목	금 액	처 분	과 목	금 액	처 분
법인세비용	₩12,000,000	기타사외유출	의제기부금(토지)	₩39,000,000	유 보
어음기부금	20,000,000	유 보			
비지정기부금	500,000	기타사외유출			
합 계	₩32,500,000		합 계	₩39,000,000	

2. 과세표준

당기순이익	₩150,000,000
익금산입 및 손금불산입	32,500,000
손금산입 및 익금불산입	(39,000,000)
차가감소득금액	143,500,000
특례기부금 한도초과 이월액	(2,000,000)
일반기부금 한도초과 이월액	(7,000,000)
일반기부금 한도초과액	11,050,000
각사업연도소득금액	145,550,000
이월결손금	(20,000,000)
과세표준	₩125,550,000

〈계산근거〉

(1) 기부금의 구분

내 용	특례기부금	일반기부금
손익계산서상 기부금	₩15,000,000	₩33,000,000
현물기부금	–	5,000,000
어음기부금	–	(20,000,000)
의제기부금	39,000,000	–
합 계	₩54,000,000	₩18,000,000

Memo

* 1. 현물기부금

기업회계	법인세법	세무조정
(차) 기 부 금 3,000,000 (대) 비 품 3,000,000	(차) 기 부 금 8,000,000 (대) 비 품 3,000,000 실 현 이 익 5,000,000	〈손금산입〉 5,000,000(기타) 〈익금산입〉 5,000,000(기타)

• 기부금 ₩5,000,000과 실현이익 ₩5,000,000은 자동조정사항이므로 세무조정을 일반적으로 생략한다.

2. 의제기부금
특수관계가 없는 자로부터 정당한 사유 없이 자산을 저가양도 또는 고가매입한 경우 정상가액과의 차액은 기부금으로 의제한다. ₩195,000,000－₩120,000,000×130%＝₩39,000,000

(2) 기부금에 대한 세무조정

• 기준소득금액 : ₩143,500,000＋(₩54,000,000＋₩18,000,000)＝₩215,500,000

① 특례기부금

• 지출액 : ₩54,000,000
• 한도액 : (₩215,500,000－₩20,000,000)×50%＝₩97,750,000
• 한도미달액 : ₩97,750,000－(한도초과 이월액 ₩2,000,000＋당기분 ₩54,000,000
＝₩41,750,000

〈손금산입〉 특례기부금 한도초과 이월액 ₩2,000,000 (기타)

② 일반기부금

• 지출액 : ₩18,000,000
• 한도액 : (₩215,500,000－₩20,000,000－₩2,000,000－₩54,000,000)×10%
＝₩13,950,000
• 한도초과액 : (한도초과 이월액 ₩7,000,000＋당기분 ₩18,000,000)－₩13,950,000
＝₩11,050,000

〈손 금 산 입〉 일반기부금 한도초과 이월액 ₩7,000,000 (기타)
〈손금불산입〉 일반기부금 한도초과액 ₩11,050,000 (기타사외유출)

4.6 업무용승용차 관련비용

1. 개요

법인이 고가의 승용차를 취득·임차한 후 업무용이 아닌 임직원의 개인 용도로 사용함에도 불구하고 감가상각비 및 제반 유지비용을 손금으로 처리함으로써 법인세를 부당하게 감소시키고 해당 임직원에게 분여한 이익에 대한 소득세까지 탈루하는 관행을 시정하고자 업무용승용차 관련비용에 대한 손금불산입 규정을 도입하였다.

Memo

2. 업무용승용차의 범위

• 업무용승용차 : 개별소비세 과세대상이 되는 승용자동차

• 제외 대상 : 다음 중 어느 하나에 해당하는 승용자동차는 제외한다.

① 운수업, 자동차판매업, 자동차임대업, 운전학원업, 무인경비업, 여신전문금융업법상 시설대여업 등에서 사업에 직접 사용하는 승용자동차

② 장례식장 및 장의관련 서비스업을 영위하는 법인이 소유·임차한 운구용 승용차

③ 연구개발을 목적으로 사용하는 승용자동차로서 임시운행허가를 받은 자율주행자동차

3. 손금불산입 등 특례

※ 세무조정 구조

1. 감가상각비 일반시부인 : 내용연수 5년, 정액법에 의한 강제상각(신고조정)
2. 업무용승용차 관련비용의 구분 : 업무사용비율 적용

항목	업무사용	개인사용	
감가상각비			→ 상각범위액에 해당하는 금액
보험료			
자동차세			
유류비			
수선비			
통행료			

업무사용 ⇦ | ⇨ 개인사용 : 〈손금불산입〉(사외유출)

3. 업무사용금액 중 감가상각비 한도시부인 : 연간 ₩8,000,000 한도

(1) 업무용승용차의 감가상각비

업무용승용차에 대한 감가상각비는 정액법을 상각방법으로 하고, 내용연수를 5년으로 하여 계산한 금액을 손금에 산입하여야 한다(신고조정).

* 2016년 1월 1일 이후에 개시하는 사업연도에 취득하는 승용차를 대상으로 한다.

(2) 업무용승용차 관련비용의 손금불산입

내국법인이 업무용승용차를 취득·임차하여 해당 사업연도에 손금에 산입하거나 지출한 업무용승용차 관련비용 중 업무사용금액에 해당하지 않는 금액은 손금에 산입하지 않는다.

1) 업무용승용차 관련비용

① 취득 관련 비용 : 감가상각비, 임차료

② 유지 관련 비용 : 유류비, 보험료, 수선비, 자동차세, 통행료, 금융리스부채 이자비용

Memo

2) 업무사용금액

① 업무사용금액

a. 업무전용 자동차보험*에 가입한 경우 : 업무용승용차 관련비용×업무사용비율

b. 업무전용 자동차보험*에 가입하지 않은 경우 : ₩0(전액 손금불산입)

* 해당 법인의 임원 또는 직원, 계약에 따라 해당 법인의 업무를 위하여 운전하는 사람, 기타 해당 법인의 업무를 위하여 필요하다고 인정되는 사람이 운전하는 경우만 보상하는 자동차보험

② 업무사용비율 : $\frac{\text{업무용 사용거리}^{*}}{\text{총 주행거리}}$

* 업무용 사용거리 : 제조·판매시설 등 사업장 방문, 거래처·대리점 방문, 회의참석, 판촉활동, 출·퇴근 등 업무 수행을 위해 주행한 거리

a. 업무사용비율을 인정받으려면 업무용승용차별로 운행기록 등을 작성하여 비치하여야 하며, 관할세무서장이 요구할 경우 이를 즉시 제출하여야 한다.

b. 운행기록 등을 작성·비치하지 않은 경우 업무사용비율은 다음과 같이 계산한다.

- 업무용승용차 관련비용이 1천 5백만원* 이하인 경우 : 100%
- 업무용승용차 관련비용이 1천 5백만원* 초과인 경우 : $\frac{\text{1천 5백만원}^{*}}{\text{업무용승용차 관련비용}}$

* 사업연도가 1년 미만이거나 기중에 취득·처분한 경우 : 1천 5백만원 × 보유월수/12

(3) 감가상각비 한도초과액의 이월 손금산입

① 업무용승용차별 업무사용금액 중 감가상각비는 8백만원*을 한도로 손금에 산입한다. 한도초과액은 차기부터 해당 감가상각비가 8백만원*에 미달하는 경우 그 미달액을 한도로 손금으로 추인한다.

* 사업연도가 1년 미만이거나 기중에 취득·처분한 경우 : 8백만원 × 보유월수/12

② 업무용승용차를 임차한 경우 임차료 중 감가상각비 상당액

a. 임차료 중 감가상각비 상당액은 다음과 같이 계산한다.

- 여신전문금융업법상 시설대여업자로부터 임차한 경우 : 임차료에서 해당 임차료에 포함된 보험료, 자동차세 및 수선유지비를 차감한 금액
- 시설대여업자 외의 자동차대여사업자로부터 임차한 경우 : 임차료의 70%

b. 업무사용금액으로서 임차료 중 감가상각비 상당액은 8백만원*을 한도로 손금에 산입한다. 한도초과액은 차기부터 해당 감가상각비 상당액이 8백만원*에 미달하는 경우 그 미달액을 한도로 손금에 산입한다.

* 사업연도가 1년 미만이거나 기중에 취득·처분한 경우 : 8백만원 × 보유월수/12

(4) 업무용승용차 처분손실의 이월 손금산입

업무용승용차의 처분손실은 업무용승용차별로 8백만원*을 한도로 손금에 산입한다. 한도초과액은 차기부터 8백만원*을 균등하게 손금에 산입하고, 남은 금액이 8백만원* 미만인 사업연도에는 잔액을 전액 손금에 산입한다.

* 사업연도가 1년 미만인 경우 : 8백만원 × 사업연도월수/12

Memo

(5) 소득처분

구 분	소득처분
업무용승용차 관련비용 중 업무무관 사용금액	배당, 상여 등 사외유출
감가상각비 한도(800만원) 초과액	유 보
임차료 중 감가상각비 상당액 한도(800만원) 초과액	기타사외유출
처분손실 한도(800만원) 초과액	기타사외유출

* 임차료 중 감가상각비 상당액 한도초과액과 처분손실 한도초과액을 향후 손금에 산입할 때에는 '기타'로 소득처분한다.

세부사항 소규모 부동산임대업 법인에 대한 업무용승용차 관련비용 규제

1. 규제 대상 : 접대비 한도액을 50%만 인정하는 소규모 부동산임대업 법인
2. 규제 내용
   (1) 운행기록 등을 작성·비치하지 않은 경우의 최대 업무사용 인정금액을 1천 5백만원(12개월 기준)이 아닌 5백만원(12개월 기준)으로 한다.
   (2) 감가상각비 한도액, 임차료 중 감가상각비 상당액의 한도액, 처분손실 한도액을 8백만원(12개월 기준)이 아닌 4백만원(12개월 기준)으로 한다.

4.7 지급이자

※ **원칙** : 손금항목

예외 : 다음에 해당하는 특정 이자는 손금불산입 항목

순 서	구 분	손금부인금액	소득처분
1순위	채권자 불분명 사채이자	해당 지급이자 전액	상여(대표자)*
2순위	비실명 채권·증권이자	해당 지급이자 전액	상여(대표자)*
3순위	건설자금이자 (1) 특정차입금 이자 (2) 일반차입금 이자 (자본화 여부 선택)	해당 지급이자 전액 $지급이자 \times \frac{건설비\ 적수 - 특정차입금\ 적수}{차입금\ 적수}$	유보
4순위	업무무관자산 등 관련이자	$지급이자 \times \frac{업무무관자산\ 등\ 적수}{차입금\ 적수}$	기타사외유출

* 원천징수세액은 기타사외유출로 처분함

Memo

B/S

(차변)	차입금		
	A	₩1,000	20%(₩200) … 채권자 불분명 사채
건설중인 자산 ₩3,000	B	₩2,000	4% (₩80) … 시설자금 차입금
	C	₩4,000	8%(₩320) … 운영자금 차입금
업무무관 자산 ₩5,000	D	₩6,000	6%(₩360) … 운영자금 차입금

1. 채권자 불분명 사채이자 : 〈손不〉 ₩200(상여), (기타사외유출)
2. 건설자금이자
   (1) 특정차입금 : 〈손不〉 ₩80(유보)
   (2) 일반차입금 : 〈손不〉 ₩68(유보)

$$₩680 \times \frac{₩1,000}{₩10,000} = ₩68$$

3. 업무무관자산 관련이자 : 〈손不〉 ₩340(기타사외유출)

$$(₩680 - ₩68) \times \frac{₩5,000}{(₩10,000 - ₩1,000)} = ₩340$$

$$\rightarrow ₩680 \times \frac{₩5,000}{₩10,000} = ₩340$$

1. 채권자 불분명 사채(私債)이자

① 개념 : 채권자(이자지급의 상대방)를 확인할 수 없는 차입금 이자
- 차입부대비용(알선수수료, 사례금 등) 포함

② 세무조정 : 해당 이자를 직접 손금불산입하고 대표자에 대한 상여로 소득처분하되 원천징수세액은 기타사외유출로 소득처분

2. 비실명 채권·증권이자

① 개념 : 채권, 증권의 이자, 할인액 등을 발행법인이 직접 지급하는 경우로서 그 지급사실이 객관적으로 인정되지 않는 것

② 세무조정 : 해당 이자를 직접 손금불산입하고 대표자에 대한 상여로 소득처분하되 원천징수세액은 기타사외유출로 소득처분

Memo

3. 건설자금이자

(1) 기업회계기준과의 비교

구 분	한국채택국제회계기준	법인세법
대상 자산	재고자산, 투자부동산, 유·무형자산	사업용 유형·무형자산
특정차입금 이자의 자본화	강 제	강 제
일반차입금 이자의 자본화	강 제	선 택

* 일반기업회계기준은 금융비용 자본화(일반차입금 이자 포함)를 선택사항으로 규정하고 있다.

(2) 특정차입금 이자

① 개념 : 명목여하에 불구하고 사업용 유형자산 및 무형자산의 건설 등(매입·제작 또는 건설)에 소요된 차입금(자산의 건설 등에 소요된지의 여부가 분명하지 않은 차입금은 제외)에 대한 지급이자

- 건설 등이 준공된 후 남은 차입금에 대한 이자 및 시설자금의 일부가 운영자금으로 전용된 경우 그 부분에 대한 이자는 자본화 대상에서 제외
- 차입한 건설자금의 연체로 인하여 생긴 이자를 원본에 가산한 경우 그 가산한 금액은 자본적지출로 하고 원본에 가산한 금액에 대한 이자는 자본화 대상에서 제외
- 차입부대비용(지급보증료 등) 포함

② 세무조정 : 해당 이자를 직접 손금불산입하고 유보로 소득처분

- 해당 차입금의 일시 예치에 의해 발생한 수입이자는 취득원가에 가산하는 자본적지출금액에서 차감
- 건설자금이자에 대한 세무조정은 손익귀속시기의 문제임

(3) 일반차입금 이자

① 개념 : 건설 등에 소요된 지의 여부가 분명하지 않은 차입금의 이자도 법인의 선택에 따라 다음 산식에 의한 금액을 자본화하도록 허용

$$\text{자본화 대상 이자 : 지급이자} \times \frac{\text{건설비 적수}-\text{특정차입금 적수}}{\text{차입금 적수}}$$

- 선순위로 부인된 지급이자와 이에 대한 차입금적수는 제외
- 일반차입금 : 해당 사업연도 차입금 중 특정차입금을 제외한 금액
- 건설비 적수 : 해당 건설 등에 대하여 해당 사업연도에 지출한 금액의 적수
- 차입금 적수 : (지급이자 ÷ 이자율) × 365

② 세무조정 : 산식에 의해 계산된 금액을 손금불산입하고 유보로 소득처분

Memo

4. 업무무관자산관련이자

① 개념 : 법인이 보유하고 있는 업무무관자산이나 가지급금에 상당하는 지급이자

$$\text{업무무관자산 등 관련이자} : \text{지급이자} \times \frac{\text{업무무관자산 적수} + \text{가지급금 적수}}{\text{차입금 적수}}$$

- 선순위로 부인된 지급이자와 이에 대한 차입금적수는 제외
- 업무무관자산 : 그 자산의 취득가액으로 하되 고가매입의 경우 시가초과액을 포함
  예 시가 10억인 비업무용 부동산을 특수관계인으로부터 14억에 매입한 경우
  법인세법상 취득가액은 10억이지만, 지급이자 부인액 계산시에는 14억으로 계산
- 가지급금 : 특수관계인에게 업무와 무관하게 대여한 금액(대여금)
  지급이자 손금불산입액 계산시에는 가지급금이 적정이자를 수령하고 있는지의 여부는 따지지 않음

② 세무조정 : 산식에 의해 계산된 금액을 손금불산입하고 기타사외유출로 소득처분

※ 업무무관 가지급금으로 보지 않는 경우

① 미지급소득에 대한 소득세를 법인이 대납한 금액
② 국외에 자본을 투자한 내국법인이 해당 국외투자법인에 종사하는 자의 여비·급료·기타 비용을 대신 부담한 금액
③ 우리사주조합 또는 그 조합원에게 해당 우리사주조합이 설립된 회사의 주식취득에 소요되는 자금을 대여한 금액
④ 국민연금법에 따라 근로자가 지급받은 것으로 보는 퇴직금전환금
⑤ 익금산입액의 귀속자가 불분명하거나 추계로 과세표준을 결정·경정할 때 대표자 상여로 소득처분한 금액에 대한 소득세를 법인이 대납한 금액
⑥ 직원에 대한 일시적 급료 가불금, 경조사비 대여액, 학자금 대여액 등
⑦ 중소기업 직원(지배주주 등인 직원은 제외)에 대한 주택구입·전세자금 대여액

| 사례 |

귀속자 불분명·추계과세시 대표자상여 처분에 대한 소득세 대납액

(1) '〈손금불산입〉 채권자불분명 사채이자 5억원 (상여)' 의 세무조정이 있는 경우
(2) 대표자에게 해당 소득이 귀속되면서 2억원(가정)의 소득세 납부의무 발생
(3) 대표자의 소득세 2억원을 법인이 대신 납부하고 다음과 같이 회계처리한 경우

① 즉시 비용처리하는 경우

5기 : (차) 비 용 2억원 (대) 현 금 2억원 ⇨ 〈손금불산입〉 비용 2억원 ~~(상여)~~ (기타사외유출) ↲

② 대여금으로 계상한 후 향후에 비용처리하는 경우

5기 : (차) 대여금 2억원 (대) 현 금 2억원 ⇨ 세무조정 없음
↳ 가지급금으로 보지 않음

6기 : (차) 비 용 2억원 (대) 대여금 2억원 ⇨ 〈손금불산입〉 비용 2억원 ~~(상여)~~ (기타사외유출) ↲

Memo

※ 지급이자의 범위

지급이자에 포함되는 것	지급이자에 포함되지 않는 것
금융어음 할인료 사채할인발행차금 상각액 금융리스료 중 이자상당액	상업어음 할인료(매각거래인 경우) 현재가치할인차금 상각액 연지급수입이자(延支給輸入利子) 기업구매자금 대출금 이자

* 지급이자에 포함되지 않는다는 것은 지급이자 손금불산입 규정을 적용받지 않는다는 의미이며 따라서 해당 항목은 전액 손금으로 인정된다.

예제 다음 자료를 이용하여 (주)나무의 제13기 사업연도(2023. 1. 1. ~ 12. 31.) 지급이자에 대한 세무조정을 수행하고 소득처분을 제시하시오.

1. 손익계산서상 지급이자와 차입금적수는 다음과 같다.

구분	이자율	지급이자	차입금 적수	비　　고
A	20%	₩1,000,000	₩1,825,000,000	사채이자로서 채권자의 주소, 성명 미확인
B	10%	4,000,000	14,600,000,000	일반 운영자금
C	8%	4,000,000	18,250,000,000	일반 운영자금
D	6%	6,000,000	36,500,000,000	당기 말 현재 미완공 상태인 건물 신축에 사용
합 계		₩15,000,000	₩71,175,000,000	

2. A 차입금 이자에 대하여 ₩495,000을 원천징수하여 납부하였다.

3. D 차입금은 당기 초에 착공하여 당기 말 현재 공사가 진행 중인 공장신축을 위한 차입금이며 해당 건설에 대하여 당기에 지출한 건설비 적수는 ₩49,640,000,000이다. 회사는 소득금액 계산 시 일반차입금 이자도 자본화하기로 하였다.

4. 업무무관 대여금 내역은 다음과 같다.
   (1) 대표이사에 대한 업무무관 대여금 : ₩10,000,000(2023. 4. 1. 대여)
      * 대표이사에 대해서는 가수금도 있으며 가수금의 당기분 적수는 ₩560,000,000이다.
   (2) 영업부장에 대한 자녀학자금 대여금 : ₩4,000,000(2022. 7. 1. 대여)

5. 전기에 대주주인 甲으로부터 업무와 관계없이 토지를 ₩12,000,000(시가 ₩9,000,000)에 매입하여 보유 중이며 이에 대한 전기의 세무조정은 적절히 수행되었다.

Memo

해답

1. 채권자불분명사채이자

〈손금불산입〉 채권자불분명사채이자 ₩505,000(상여)
〈손금불산입〉 채권자불분명사채이자 ₩495,000(기타사외유출)

2. 건설자금이자

(1) 특정차입금 이자

〈손금불산입〉 건설자금이자 ₩6,000,000(유보)

(2) 일반차입금 이자

$$₩8,000,000 \times \frac{₩13,140,000,000}{₩32,850,000,000} = ₩3,200,000$$

* 건설에 소요된 일반차입금 적수 : ₩49,640,000,000 − ₩36,500,000,000 = ₩13,140,000,000
자본화 대상 금액(₩3,200,000)이 실제 발생이자(₩8,000,000)를 초과하지 않으므로 전액 자본화한다.

〈손금불산입〉 건설자금이자 ₩3,200,000(유보)

3. 업무무관자산 및 가지급금 관련 지급이자

(1) 가지급금 적수 : ₩10,000,000* × 275 − ₩560,000,000 = ₩2,190,000,000

* 동일인에 대한 가지급금과 가수금은 상계하여 계산하며 직원에 대한 학자금 대여금은 가지급금으로 보지 아니한다.

(2) 업무무관자산 적수 : ₩12,000,000* × 365 = ₩4,380,000,000

* 부당행위계산부인 규정에 의해 부인당한 시가초과액을 포함한다.

(3) 손금불산입액

$$(₩8,000,000 - ₩3,200,000) \times \frac{₩2,190,000,000 + ₩4,380,000,000}{₩32,850,000,000 - ₩13,140,000,000} = ₩1,600,000$$

* 다음과 같이 계산하여도 그 결과는 동일하다.

$$₩8,000,000 \times \frac{₩2,190,000,000 + ₩4,380,000,000}{₩32,850,000,000} = ₩1,600,000$$

〈손금불산입〉 업무무관자산 및 가지급금 관련이자 ₩1,600,000(기타사외유출)

Memo

손익의 귀속사업연도와 자산·부채의 평가

5.1 손익의 귀속사업연도

1. 원칙 : 권리의무 확정주의

2. 자산의 판매손익 등의 귀속사업연도

(1) 일반원칙

- 상품 등(부동산 제외)의 판매 : 그 상품 등을 인도한 날
- 상품 등 외의 자산 : 대금청산일, 소유권이전 등기(등록)일·인도일, 사용수익일 중 빠른 날

※ 매출할인 : 상대방과의 약정에 따른 지급기일이 속하는 사업연도의 매출액에서 차감

	2023	2024
A거래처	외상매출 ₩10,000 →	대금회수 ₩9,800(매출할인 ₩200 확정)
기타거래처	매 출 ₩286,300	매 출 ₩254,600
법인세법상익금	₩296,300	₩254,400

(2) 할부판매

구 분	법인세법상 귀속시기
단 기 할 부	인도기준(명목가액). 즉, 일반판매와 동일함
장 기 할 부* * 목적물의 인도일 다음날부터 최종 할부금 지급기일까지의 기간이 1년 이상인 것	① 원칙 : 인도기준(명목가액) ② 특례 : 결산서에 계상한 경우 • 현재가치 평가 회계처리 수용 • 회수약정기준 회계처리 수용(단, 중소기업은 결산서 계상 여부와 관계없이 회수약정기준 적용 가능)

※ 회수약정기준 적용시 유의점

구 분	법인세법
회수약정일 현재 미회수분	익금
회수약정일 이전 선회수분	선수금(부채)

Memo

3. 용역제공 등에 의한 손익의 귀속사업연도

구 분		법인세법상 귀속시기
일반적인 건설등	단기건설(1년 미만)	원칙 : 진행기준 특례 : 중소기업은 인도기준 적용 가능
	장기건설(1년 이상)	진행기준
분양공사 등 예약매출		원칙 : 진행기준 특례 : 기업회계기준에 따른 인도기준 회계처리 수용

※ 진행기준 적용시 유의점

1. 작업진행률을 계산할 수 없는 경우(비치·기장한 장부가 없거나 내용이 충분하지 아니하여 실제 소요된 총공사비 누적액을 확인할 수 없는 경우)에는 목적물 인도일(용역제공은 제공완료일)이 속하는 사업연도의 익금과 손금으로 한다.
2. 진행률 산정에 있어서 원가기준 외에 작업시간이나 작업일수, 기성공사의 면적이나 물량 등의 기준도 인정한다.
3. 공사손실충당금 및 하자보수충당금의 설정은 인정하지 아니한다.

4. 이자수익 등의 귀속사업연도

구 분	법인세법상 귀속시기
이자수익 (이자 및 할인액)	① 원칙 : 소득세법상 이자소득의 수입시기가 속하는 사업연도(금융보험업 법인의 경우에는 실제로 수입된 날로 하되, 선수입이자 및 할인액은 제외) ② 특례 : 이미 경과한 기간에 대응하는 이자(미수이자)를 결산서에 계상한 경우에는 그 계상한 사업연도. 다만, 원천징수 대상인 이자는 제외
이자비용 (이자 및 할인액)	① 원칙 : 이자수익의 귀속시기와 같음 ② 특례 : 이미 경과한 기간에 대응하는 이자(미지급이자)를 결산서에 계상한 경우에는 그 계상한 사업연도. 다만, 차입일로부터 이자지급일이 1년을 초과하는 특수관계인과의 거래에 따른 이자는 제외
배당금수익	소득세법상 배당소득의 수입시기가 속하는 사업연도
금융보험업 영위법인의 보험료·부금·보증료·수수료 * 보험업법상 보험회사 제외	보험료 등이 실제로 수입된 날이 속하는 사업연도로 하되 선수입보험료 등은 제외하며, 이미 경과한 기간에 대응하는 수익을 결산서에 계상한 경우에는 그 계상한 사업연도
보험업법상 보험회사의 손익	보험감독회계기준에 따라 수익 또는 손비로 계상한 사업연도 * 보험계약 관련하여 수입하거나 지급하는 이자·할인액, 보험료등, 보험금 및 관련 사업비로서 책임준비금 산출에 반영되는 항목을 말한다.

*1. 소득세법상 이자소득의 수입시기

① 예금·적금·부금의 이자 : 지급받은 날, 해약일, 원본전입일, 계약연장일

② 채권의 이자 : 무기명채권은 지급받은 날, 기명채권은 약정일

③ 비영업대금의 이익 : 지급받은 날과 약정일 중 빠른 날

④ 환매조건부 채권·증권의 매매차익, 직장공제회 초과반환금, 유사이자 및 결합파생상품이익 : 약정일

Memo

2. 사채할인발행차금은 유효이자율법에 의한 상각방법에 따라 이를 손금에 산입한다.
3. 장기연불조건 매매거래에서 발생한 현재가치할인차금은 유효이자율법에 의한 상각방법에 따라 이를 익금 또는 손금에 산입한다.
4. 장기금전대차거래의 경우 현재가치 인식에 따른 현재가치할인차금의 상각은 익금 또는 손금으로 인정되지 않는다.
5. 소득세법상 배당소득의 수입시기
   ① 일반배당 : 잉여금처분 결의일(무기명주식의 경우는 지급받은 날)
   ② 집합투자기구로부터의 이익 : 지급받은 날(원본전입 특약이 있는 경우 원본전입일)
   ③ 파생결합증권, 유사배당 및 결합파생상품이익 : 실제지급일

5. 임대료 등 기타손익의 귀속사업연도

(1) 임대손익

임대료 수수기간	법인세법상 귀속시기
1년 이하인 경우	① 원칙 : 약정상 지급일(약정상 지급일이 없는 경우 실제지급일) ② 특례 : 기간경과분 수익을 결산에 반영한 경우 이를 수용함
1년 초과인 경우	발생주의에 의함

※ 임대기간 2023. 1. 1. ~ 2024. 12. 31., 임대료 매월 수수
⇒ 임대료 수수기간은 1개월
임대기간 2023. 1. 1. ~ 2024. 12. 31., 임대료 전액 임대 개시일 수수
⇒ 임대료 수수기간은 2년

| 사례 |

1. 2023. 11. 1. ~ 2024. 1. 31. 임대료 ₩300을 2024. 1. 31. 수령
   ① 임대료 수령시 수익 인식한 경우 : 세무조정 없음(세법상 원칙과 일치)
   ② 2023년에 미수임대료 ₩200 인식한 경우 : 세무조정 없음(기간 경과분 결산반영시 수용)
2. 2023. 11. 1. ~ 2025. 10. 31. 임대료 ₩2,400을 일시에 수령
   ① 임대개시일에 전액 수령하고 임대료 수령시 수익 인식한 경우 :
   〈익금불산입〉 ₩2,200(△유보) (발생주의)
   ② 임대종료일에 전액 수령하고 2023년에 미수임대료 ₩200 인식한 경우 :
   세무조정 없음(발생주의)

(2) 금전등록기 설치법인 : 그 금액이 실제로 수입된 사업연도로 할 수 있다(현금주의 수용).

(3) 사채할인발행차금 : 유효이자율법에 의한 상각방법에 따라 손금에 산입한다.

(4) 기타 : 별도로 규정한 것 이외에는 익금과 손금이 확정된 사업연도

Memo

6. 기업회계기준 및 관행의 보충적 적용

내국법인의 각 사업연도의 소득금액을 계산할 때 그 법인이 익금과 손금의 귀속사업연도와 자산·부채의 취득 및 평가에 관하여 일반적으로 공정·타당하다고 인정되는 기업회계기준* 을 적용하거나 관행을 계속 적용하여 온 경우에는 법인세법 및 조세특례제한법에서 달리 규정하고 있는 경우를 제외하고는 그 기업회계의 기준 또는 관행에 따른다.

* 한국채택국제회계기준, 일반기업회계기준, 업종별 회계처리준칙, 공기업·준정부기관 회계규칙, 중소기업회계기준 등

보론 전기오류수정손익

<table>
<tr><th colspan="2">구 분</th><th>1차 세무조정</th><th>2차 세무조정</th></tr>
<tr><td rowspan="2">전기오류
수정이익</td><td>영업외 수익으로 처리한 경우</td><td>–</td><td rowspan="2">① 당기 익금인 경우
– 세무조정 없음
② 당기 익금이 아닌 경우
– 익금불산입</td></tr>
<tr><td>이익잉여금의 증가로 처리한 경우</td><td>익금산입(기타)</td></tr>
<tr><td rowspan="2">전기오류
수정손실</td><td>영업외 비용으로 처리한 경우</td><td>–</td><td rowspan="2">① 당기 손금인 경우
– 세무조정 없음
② 당기 손금이 아닌 경우
– 손금불산입</td></tr>
<tr><td>이익잉여금의 감소로 처리한 경우</td><td>손금산입(기타)</td></tr>
</table>

(1) 매출누락

구 분	10기	11기
Tax	매출채권 150 / 매 출 150	–
Book(I)	–	매 출 채 권 150 / 전기오류수정이익 150
세무조정	〈익入〉 매출채권 ₩150(유보)	〈익不〉 매출채권 ₩150(△유보)
Book(II)	–	매 출 채 권 150 / 미처분이익잉여금 150
세무조정	〈익入〉 매출채권 ₩150(유보)	〈익入〉 미처분이익잉여금 ₩150(기타) 〈익不〉 매출채권 ₩150(△유보)

(2) 이자수익누락

구 분	10기	11기
Tax	–	현 금 10 / 이 자 수 익 10
Book(I)	–	현 금 10 / 이 자 수 익 3 / 전기오류수정이익 7
세무조정	–	–
Book(II)	–	현 금 10 / 이 자 수 익 3 / 미처분이익잉여금 7
세무조정	–	〈익入〉 미처분이익잉여금 ₩7(기타) –

Memo

5.2 자산의 취득가액 및 자산·부채의 평가기준

1. 자산의 취득가액

(1) 기본원칙

구 분	취득가액
타인으로부터 매입한 자산	매입가액에 취득세(농어촌특별세 및 지방교육세 포함), 등록면허세, 그 밖의 부대비용을 가산한 금액 * 일괄취득하여 토지와 건물·구축물의 가액이 구분되지 않는 경우에는 법인세법상 시가에 비례하여 안분계산한다.
제조·생산·건설 등의 방법으로 취득한 자산	원재료비·노무비·운임·하역비·보험료·수수료·공과금(취득세와 등록세 포함)·설치비 기타 부대비용의 합계액
합병·인적분할에 따라 취득한 자산	• 적격 합병·인적분할의 경우 : 해당 자산의 장부가액 • 비적격 합병·인적분할의 경우 : 해당 자산의 시가
합병·인적분할에 따라 취득한 주식 등	종전의 장부가액에 합병·분할시 의제배당으로 과세된 금액과 불공정자본거래로 인한 이익분여액을 더한 금액에서 합병·분할대가 중 금전 등 주식 외 가액을 뺀 금액
물적분할·현물출자에 따라 취득한 자산	해당 자산의 시가
물적분할·현물출자에 따라 취득한 주식 등	• 물적분할의 경우 : 물적분할한 순자산의 시가 • 현물출자의 경우 a. 피출자법인을 신설하고 그 대가로 주식등만 취득하는 경우 : 현물출자한 자산의 시가 b. 이외의 경우 : 취득한 주식등의 시가
채무의 출자전환에 의해 채권자가 취득한 주식	취득당시의 시가. 단, 법 소정 요건*에 해당하는 출자전환의 경우에는 출자전환된 채권의 장부가액
외국자회사를 인수하여 취득한 주식	취득원가－인수 직전 이익잉여금을 재원으로 한 수입배당금액 * 내국법인이 최초로 외국자회사의 의결권 있는 발행주식총수 또는 출자총액의 10% 이상을 보유하게 된 날의 직전일 기준 이익잉여금을 재원으로 한 배당금으로서 수입배당금 익금불산입 규정에 따라 익금에 산입되지 않은 수입배당금액을 말한다.
단기금융자산	매입가액~~+부대비용~~ * 단기금융자산 : 기업회계기준에 따라 단기매매항목으로 분류된 금융자산 및 파생상품
공익법인 등이 기부받은 자산	상속세 및 증여세법상 과세가액불산입 대상인 공익법인 등이 특수관계인 외의 자로부터 기부받은 일반기부금에 해당하는 자산은 기부한 자의 기부 당시 장부가액(이 외의 경우는 취득당시의 시가) * 향후 과세요인이 발생하여 증여세 전액이 부과되는 경우는 기부 당시의 시가
정부로부터 무상할당받은 온실가스배출권	₩0
이외의 경우	취득당시의 시가

Memo

* 출자전환으로 취득한 주식을 전환된 채권의 장부가액으로 평가하는 경우는 다음과 같다.
1. 채무자 회생 및 파산에 관한 법률에 따라 출자전환 내용이 포함된 회생계획인가 결정을 받은 법인이 채무를 출자전환하는 경우
2. 기업구조조정 촉진법에 따라 출자전환 내용이 포함된 기업개선계획 이행 약정을 체결한 부실징후기업이 채무를 출자전환하는 경우
3. 금융회사 등과 출자전환 내용이 포함된 경영정상화계획 이행 협약을 체결한 법인이 채무를 출자전환하는 경우
4. 기업활력제고를 위한 특별법에 따른 사업재편계획승인을 받은 법인이 채무를 출자전환하는 경우

(2) 취득가액 산정의 특수문제

① 고가매입·저가매입

구 분	거래상대방	
	특수관계인인 경우	특수관계인 이외의 자인 경우
고가매입	시가	정상가액(시가의 130%)
저가매입	실제매입가액*	실제매입가액

* 특수관계인인 개인으로부터 유가증권을 시가에 미달하는 가액으로 매입하는 경우에는 시가를 해당 유가증권의 취득가액으로 한다(매입가액과 시가와의 차액을 익금에 산입한다).

예 시가 ₩100의 유가증권을 ₩60에 저가매입한 경우
- 상대방이 특수관계에 있는 개인인 경우 : 〈익금산입〉 유가증권 ₩40 (유보)
- 이외의 경우 : 세무조정 없음

참고

저가매입한 자산의 두 가지 인식 유형

i)	(차) 자 산	100	(대)	현 금	60
				자산수증이익	40

→ 취득시 40 과세, 향후 100 손금 인정

ii)	(차) 자 산	60	(대)	현 금	60

→ 취득시 과세없이 향후 60 손금 인정

※ 세법은 기본적으로 ii)의 방식을 따르지만 특수관계에 있는 개인으로부터 유가증권을 저가 매입한 경우에만 i)의 방식을 따른다.

② 자산의 취득과 관련된 이자비용
- 건설자금이자 : 취득가액에 포함
- 연지급수입이자(延支給輸入利子)

→ D/A 이자, Banker's usance이자, Shipper's usance 이자

기업회계 : 금융비용(당기 이자비용) 처리

법인세법 : 취득원가에 포함하되 금융비용으로 회계처리한 경우 수용

Memo

③ 현재가치에 따른 평가의 수용(아래 두 경우 모두 총 손금의 크기는 10억으로서 동일)

a. 취득가액을 현재가치로 평가하는 경우

(차)	자 산	8억	(대)	미 지 급 금	10억
	현재가치할인차금	2억			
(차)	이 자 비 용	2억	(대)	현재가치할인차금	2억

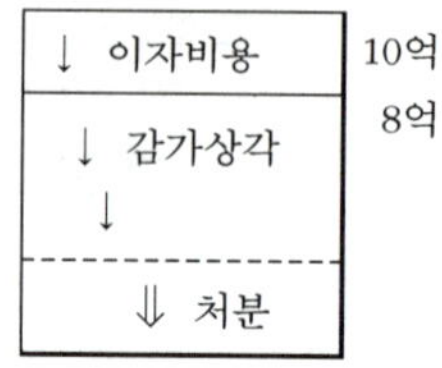

b. 취득가액을 명목가액으로 평가하는 경우

(차)	자 산	10억	(대)	미 지 급 금	10억

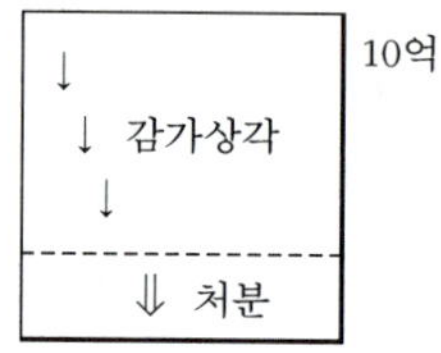

> ※ 법인세법은 연지급수입이자의 이자비용 회계처리와 자산 취득가액을 현재가치로 평가함에 따른 이자비용 인식의 회계처리를 모두 수용하지만 이를 취득가액으로 회계처리한 경우와의 형평을 유지하기 위하여 해당 이자비용에 대해서는 다음 규정을 적용하지 않는다.
> (1) 지급이자 손금불산입
> (2) 수입배당금 익금불산입액 계산시 지급이자 차감액
> (3) 원천징수 및 지급명세서 제출의무

④ 유형자산 취득시 국·공채 매입 : 매입가액과 현재가치의 차액은 유형자산의 취득가액에 포함하지 않는 것이 원칙이지만 이를 결산서에 유형자산의 취득원가에 포함하여 계상한 경우 이를 수용한다.

⑤ 교환으로 인하여 취득한 자산 : 상업적 실질 여부에 관계 없이 제공받은 자산의 공정가액을 취득가액으로 한다.

2. 자산부채의 평가기준

(1) **기본원칙** : 법인이 보유하는 자산과 부채를 평가한 경우 해당 자산 및 부채의 장부가액은 그 평가하기 전의 가액으로 한다.

예외 : 다음 자산은 세법이 정한 바에 따라 평가한다.

① 재고자산

② 유가증권

③ 기업회계기준에 의한 화폐성 외화자산·부채

* 금융회사 등이 보유하는 통화선도·통화스왑·환변동보험 및 금융회사 외의 법인이 보유하는 환위험회피용 통화선도·통화스왑·환변동보험 포함

④ 가상자산 : 선입선출법

⑤ 법률에 의한 유형자산 및 무형자산 등의 평가증액 및 특정한 경우의 감액손실 인식

Memo

(2) 평가증 및 평가감의 허용

구 분	특 례 인 정
평가증	보험업법이나 그 밖의 법률에 따른 유형자산 및 무형자산의 평가증
평가감	다음 자산을 사업연도 종료일의 시가로 평가함에 따른 감액손실 인식 * 감액손실은 해당 감액사유가 발생한 사업연도(아래 ②의 경우는 파손·멸실이 확정된 사업연도 포함)의 손금으로 결산서에 계상하는 경우에 한하여 이를 인정한다. ① 재고자산으로서 파손·부패 등의 사유로 인하여 정상가격으로 판매할 수 없는 것 ② 유형자산으로서 천재·지변·화재·법령에 의한 수용·채굴예정량의 채진으로 인한 폐광 등의 사유로 인하여 파손 또는 멸실된 것 ③ 다음에 해당하는 주식으로서 발행법인이 a) 부도가 발생한 경우, b) 회생계획인가의 결정을 받은 경우, c) 부실징후기업이 된 경우의 해당 주식(₩1,000 제외) • 주권상장법인이 발행한 주식 • 특수관계인이 아닌 비상장법인이 발행한 주식(이 경우 발행주식총수 또는 출자총액의 5%이하를 소유하고 취득가액이 10억원 이하인 경우에는 특수관계가 없는 것으로 본다) • 중소기업창업투자회사 또는 신기술사업금융업자가 보유하는 주식 중 각각 창업자 또는 신기술사업자가 발행한 것. ④ 주식 등을 발행한 법인이 파산한 경우의 해당 주식(₩1,000 제외)

유의사항 한국채택국제회계기준의 재평가모형
한국채택국제회계기준에서 규정하고 있는 재평가모형은 법인세법에 별도의 규정이 없으므로 임의평가에 해당하는 것으로서 인정되지 않는다.

5.3 재고자산과 유가증권의 평가

1. 재고자산 평가

(1) 재고자산의 평가방법 및 평가대상

구 분	내 용
평가방법	• 원가법 : 개별법, 선입선출법, 후입선출법, 총평균법, 이동평균법, 매출가격환원법 • 저가법 : 원가법과 기업회계기준에 따른 시가 중 낮은 가액
평가대상	① 제품 및 상품(부동산매매업자의 매매목적 부동산 포함, 유가증권 제외) ② 반제품 및 재공품 ③ 원재료 ④ 저장품

Memo

(2) 재고자산평가방법의 최초신고 및 변경신고

구 분	신고기한	기한이 경과하여 신고한 경우
최초신고	설립일이 속하는 사업연도의 법인세과세표준 신고기한까지	그 신고일이 속하는 사업연도까지는 무신고로 간주하며, 신고한 평가방법은 그 다음 사업연도부터 적용
변경신고	변경할 평가방법을 적용하고자 하는 사업연도의 종료일 이전 3월이 되는 날까지	평가방법은 변경되지 아니하며 변경신고한 평가방법은 다음 사업연도부터 적용

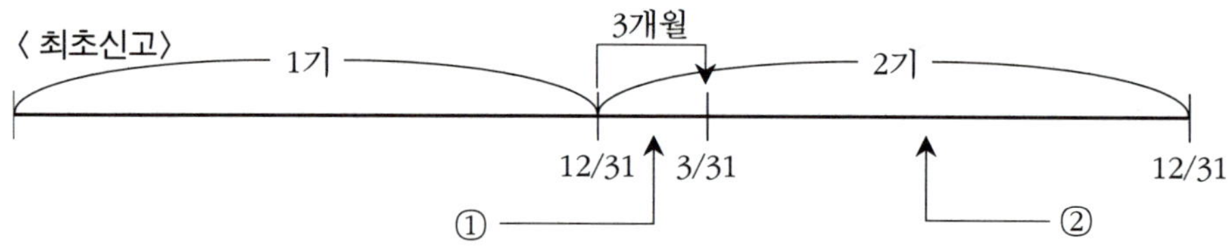

①의 경우 : 1기부터 신고방법 적용

②의 경우 : 1기와 2기는 무신고로 간주하며 3기부터 신고방법 적용

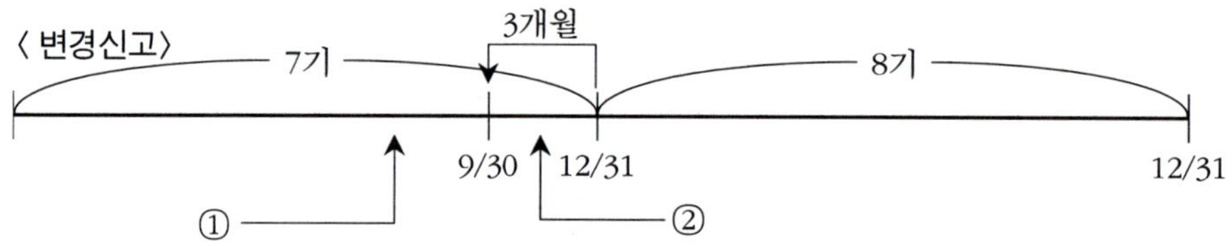

①의 경우 : 7기부터 변경된 방법 적용

②의 경우 : 7기는 변경되지 아니하며 8기부터 변경된 방법 적용

(3) 무신고 및 임의변경시 평가방법

구 분	내 용
무신고시 평가방법	선입선출법(매매목적의 부동산은 개별법)
임의변경시 평가방법	Max[무신고시 평가방법, 당초 신고방법]

※ 평가방법을 신고하지 않아 무신고시 평가방법을 적용받는 법인이 그 평가방법을 변경하려는 경우에는 변경할 평가방법을 적용하려는 사업연도의 종료일 이전 3개월이 되는 날까지 변경신고를 하여야 한다.

(4) 세무조정

① 장부상 재고자산 < 세무상 재고자산 : 〈익 금 산 입〉재고자산 평가감 ××× (유보)

② 장부상 재고자산 > 세무상 재고자산 : 〈익금불산입〉재고자산 평가증 ××× (△유보)

Memo

보론 한국채택국제회계기준 적용 내국법인에 대한 재고자산 평가차익 익금불산입

한국채택국제회계기준을 최초로 적용하는 사업연도에 재고자산 평가방법을 후입선출법에서 다른 방법으로 변경신고함으로써 재고자산 평가차익*이 발생한 경우 이를 해당 사업연도에 익금에 산입하지 않고 한국채택국제회계기준을 최초로 적용한 사업연도의 다음 사업연도 개시일부터 5년간 균등하게 나누어(60개월간 역에 따라 월할계산) 익금에 산입할 수 있다. 이 경우 관할세무서에 재고자산 평가차익 익금불산입 신청서를 제출하여야 한다.

* 재고자산평가차익 : (한국채택국제회계기준 최초 적용 사업연도의 기초 재고자산 평가액) − (그 직전 사업연도의 기말 재고자산 평가액)

| 사례 |

재고자산 평가방법을 후입선출법에서 총평균법으로 변경하고 다음과 같이 회계처리한 경우

(차) 재 고 자 산 100 (대) 미처분이익잉여금 100

(1) 일반적인 경우

〈익금산입〉 이익잉여금 100(기타)

(2) 재고자산 평가차익 익금불산입 신청서를 제출한 경우

〈익금산입〉 이익잉여금 100(기타)

〈익금불산입〉 재고자산 평가차익 100(△유보) → 다음 사업연도부터 5년간 추인

예제 다음 자료에 따라 갑회사의 제15기 사업연도(2023. 1. 1. ~ 12. 31.) 세법에 따른 재고자산 평가액을 계산하고 세무조정을 제시하시오.

※ 당기 재고자산에 대한 갑회사의 장부상 평가액과 총평균법, 후입선출법, 선입선출법에 따른 평가액은 다음과 같다.

구 분	장부상 평가액	총평균법	후입선출법	선입선출법
제 품	₩25,000,000	₩25,000,000	₩18,000,000	₩20,000,000
재공품	13,000,000	13,000,000	10,000,000	15,000,000
원재료	7,500,000	7,500,000	6,000,000	7,200,000
저장품	6,500,000	7,000,000	5,500,000	7,800,000

1. 갑회사는 당기 9월 10일에 제품의 평가방법을 총평균법에서 후입선출법으로 변경신고하였으나, 실제로 장부에는 총평균법에 따른 평가액을 기록하였다.
2. 갑회사가 신고한 재공품과 원재료의 평가방법은 각각 총평균법과 후입선출법이다.
3. 저장품은 신고한 평가방법인 총평균법으로 평가하였으나, 계산실수로 ₩500,000을 과소계상하였다.

Memo

해답

1. 세법상 평가액

구 분	장부계상금액	세법상 평가액
제 품[*1]	₩25,000,000	₩20,000,000 (Max[후입선출법, 선입선출법])
재 공 품[*2]	13,000,000	13,000,000 (총평균법)
원 재 료[*3]	7,500,000	7,200,000 (Max[후입선출법, 선입선출법])
저 장 품[*4]	6,500,000	7,000,000 (총평균법)

*1. 사업연도 종료일 이전 3월이 되는 날까지 변경신고 하였으므로 제품은 후입선출법에 의해 평가하여야한다. 따라서 제품을 총평균법으로 평가한 것은 임의변경에 해당하므로 신고된 방법(후입선출법)과 무신고시 방법(선입선출법) 중 큰 금액으로 평가한다.

2. 신고한 방법대로 평가하였으므로 조정할 사항이 없다.
3. 임의변경에 해당하므로 신고된 방법(후입선출법)과 무신고시 방법(선입선출법) 중 큰 금액으로 평가한다.
4. 신고한 방법대로 평가하였으나 계산착오로 과대 또는 과소평가한 금액이 있으면 세법상 정확한 평가액을 재고자산평가액으로 한다.

2. 세무조정

〈익금불산입〉 제품 평가증 ₩5,000,000(△유보)
〈익금불산입〉 원재료 평가증 ₩300,000(△유보)
〈익 금 산 입〉 저장품 평가감 ₩500,000(유보)

2. 유가증권 평가

(1) 유가증권의 평가방법

평가대상	기업회계기준	법인세법
주식 등	원가법, 공정가액법, 지분법	원가법 : 총평균법, 이동평균법
채 권	취득원가에 할인액(할증액)을 유효이자율법에 따라 가산(차감)하는 방식	원가법 : 개별법, 총평균법, 이동평균법

(2) 유가증권평가방법의 최초신고 및 변경신고

유가증권평가방법의 최초신고와 변경신고기한 및 그 기한이 경과하여 신고한 경우의 처리는 재고자산평가방법의 경우를 준용한다.

(3) 무신고 및 임의변경시 평가방법

구 분	내 용
무신고시 평가방법	총평균법
임의변경시 평가방법	Max[무신고시 평가방법, 당초 신고방법]

Memo

(4) 세무조정 요약

구 분		회사의 회계처리	
		당기순이익에 반영	기타포괄손익에 반영
주식 등	평가이익	익금불산입(△유보)	익금산입(기타), 익금불산입(△유보)
	평가손실	손금불산입(유보)	손금산입(기타), 손금불산입(유보)
채 권	할인액 상각	익금불산입(△유보)	–
	할증액 상각	손금불산입(유보)	

예제

1. FVPL 금융자산

장부계상	법인세법	세무조정
(1) 11기 취득 금융자산 60,000,000 현 금 60,000,000	금융자산 60,000,000 현 금 60,000,000	–
(2) 11기 말 평가손실 평가손실(PL) 5,000,000 금융자산 5,000,000	–	익금산입 5,000,000 (유보)
(3) 12기 말 평가이익 금융자산 3,000,000 평가이익(PL) 3,000,000	–	익금불산입 3,000,000 (△유보)
(4) 13기 처분 현 금 70,000,000 금융자산 58,000,000 처분이익(PL) 12,000,000	현 금 70,000,000 금융자산 60,000,000 처분이익 10,000,000	익금불산입 2,000,000 (△유보)

Memo

2. FVOCI 선택 금융자산

장부계상	법인세법	세무조정
(1) 11기 취득 금융자산 60,000,000 현금 60,000,000	금융자산 60,000,000 현금 60,000,000	–
(2) 11기 말 평가손실 평가손실(OCI) 5,000,000 금융자산 5,000,000	–	손금산입 5,000,000 (기타) 익금산입 5,000,000 (유보)
(3) 12기 말 평가이익 금융자산 3,000,000 평가손실(OCI) 3,000,000	–	익금산입 3,000,000 (기타) 익금불산입 3,000,000 (△유보)
(4) 13기 처분 금융자산 12,000,000 평가손실(OCI) 2,000,000 평가이익(OCI) 10,000,000 현금 70,000,000 금융자산 70,000,000	– 현금 70,000,000 금융자산 60,000,000 처분이익 10,000,000	익금산입 12,000,000 (기타) 익금불산입 2,000,000 (△유보)

3. FVOCI 금융자산

장부계상	법인세법	세무조정
(1) 11기 취득 금융자산 60,000,000 현금 60,000,000	금융자산 60,000,000 현금 60,000,000	–
(2) 11기 말 평가손실 평가손실(OCI) 5,000,000 금융자산 5,000,000	–	손금산입 5,000,000 (기타) 익금산입 5,000,000 (유보)
(3) 12기 말 평가이익 금융자산 3,000,000 평가손실(OCI) 3,000,000	–	익금산입 3,000,000 (기타) 익금불산입 3,000,000 (△유보)
(4) 13기 처분 현금 70,000,000 금융자산 58,000,000 평가손실(OCI) 2,000,000 처분이익(PL) 10,000,000	현금 70,000,000 금융자산 60,000,000 처분이익 10,000,000	익금산입 2,000,000 (기타) 익금불산입 2,000,000 (△유보)

Memo

4. AC 금융자산

장 부 계 상	법 인 세 법	세 무 조 정
(1) 11기 초 취득 금 융 자 산 95,026 현 금 95,026	금 융 자 산 95,026 현 금 95,026	–
(2) 11기 말 상각 금 융 자 산 1,503 현 금 8,000 이 자 수 익 9,503	현 금 8,000 이 자 수 익 8,000	익금불산입 1,503 (△유보)
(3) 12기 말 상각 금 융 자 산 1,653 현 금 8,000 이 자 수 익 9,653	현 금 8,000 이 자 수 익 8,000	익금불산입 1,653 (△유보)
(4) 13기 말 상각 및 상환 금 융 자 산 1,818 현 금 8,000 이 자 수 익 9,818 현 금 100,000 금 융 자 산 100,000	현 금 8,000 이 자 수 익 8,000 현 금 100,000 금 융 자 산 95,026 이 자 수 익 4,974	익금불산입 1,818 (△유보) 익 금 산 입 4,974 (유보)

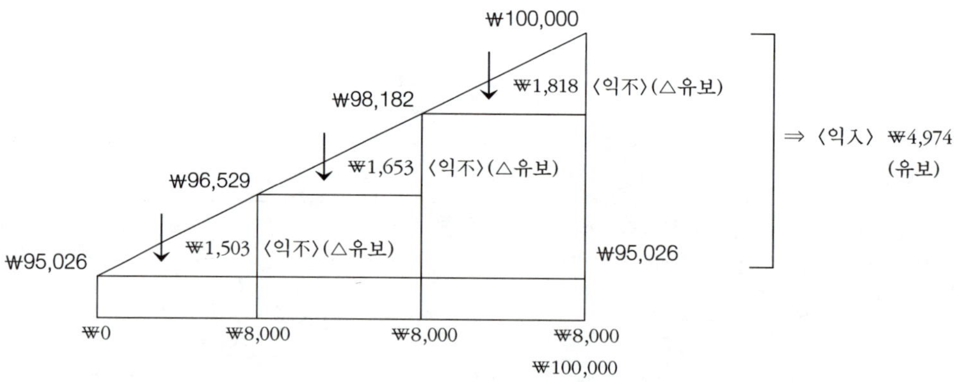

* 법인세법은 채권발행자의 사채할인발행차금은 유효이자율법에 의하여 상각하도록 규정하고 있으나, 투자자의 투자채무증권은 유가증권 평가에 대한 별도의 규정에 따라 원가법에 의하여 평가하도록 규정하고 있으므로 투자자에 대한 할인액 상각은 인정되지 않는다.

참고 사채할인발행금액의 처리

구분	기업회계	법인세법
투자자	유효이자율법	–
발행자	유효이자율법	유효이자율법

Memo

5.4 외화자산 · 부채의 평가

1. 외화채권 · 채무의 외환차손익

법인이 회수하거나 상환하는 외화채권·채무의 원화금액과 원화기장액의 차익 또는 차손은 해당 사업연도의 익금 또는 손금에 산입한다.

2. 외화자산 · 부채의 평가손익

(1) 개 요

① 은행업 금융회사 외의 법인이 보유하는 화폐성 외화자산·부채와 환위험 회피용 통화선도·통화스왑·환변동보험은 다음에 제시된 평가방법 중 관할 세무서장에게 신고한 방법을 적용하여 평가한다.

구 분	내 용
A. 발생일 환율 적용	취득일 또는 발생일(통화선도·통화스왑은 계약체결일) 현재의 매매기준율을 적용하여 평가하는 방법
B. 종료일 환율 적용	사업연도 종료일 현재의 매매기준율을 적용하여 평가하는 방법

* 취득일 또는 발생일 현재의 환율을 적용하여 평가하는 방법은 취득·발생 이후 환율변동을 반영하지 않는 방법이고, 사업연도 종료일 현재의 환율을 적용하여 평가하는 방법은 매 사업연도마다 환율변동을 반영하는 방법이다.

② 최초로 B의 방법을 신고하여 적용하기 이전까지는 A의 방법을 적용하여야 하며 B의 방법을 신고하여 적용한 경우에는 그 후의 사업연도에도 계속 적용하여야 한다. 다만, 신고한 평가방법을 적용한 사업연도부터 5개 사업연도가 지난 후에는 다른 방법으로 신고할 수 있다.

(2) 평가대상 외화자산 · 부채

화폐성 항목	비화폐성 항목
① 외화채권·채무, 외화현금·예금, 외화보증금 등 ② 현금으로 상환하는 충당부채, 부채로 인식하는 현금배당 등	① 재화와 용역에 대한 선급금, 선수금 ② 외화표시 주식·출자지분, 영업권, 무형자산, 재고자산, 유형자산, 비화폐성 자산의 인도에 의해 상환하는 충당부채 등

Memo

예제

- $100,000의 차입 및 상환(외화자산, 부채의 평가방법을 종료일 환율 적용방법으로 신고하였으나 결산서에는 평가손익을 계상하지 않은 경우)

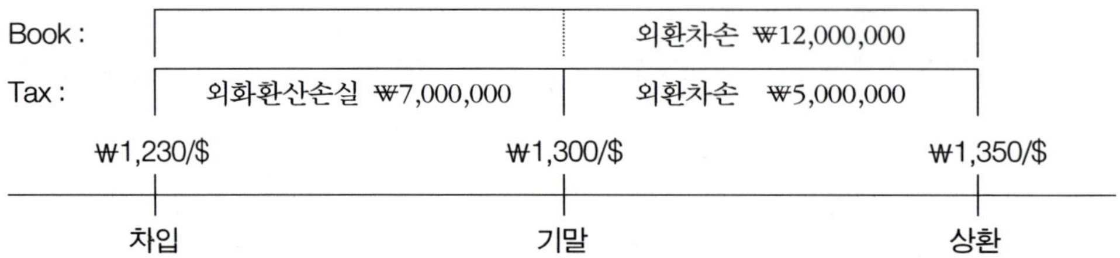

세무조정 : 〈손入〉₩7,000,000(△유보) 〈손不〉₩7,000,000(유보)

* 회사가 발생일 환율 적용 방법을 사용하는 것으로 관할세무서에 신고하였다면 세무조정은 없다.

Memo

자산의 감가상각

6.1 감가상각자산의 범위

1. 개요

(1) **대상** : 유형자산 및 무형자산

(2) **무형자산 중 주의할 항목**

① 영업권 : 합병·분할의 경우 합병법인·분할신설법인(분할합병의 상대방법인 포함)이 계상한 영업권은 감가상각대상자산이 아니라 합병매수차손으로서 상호·거래관계 기타 영업상의 비밀 등으로 사업상 가치가 있어 대가를 지급한 것에 한하여 5년간 손금에 산입한다.

② 개발비 : 상업적인 생산 또는 사용 전에 재료·장치·제품·공정·시스템 또는 용역을 창출하거나 현저히 개선하기 위한 계획 또는 설계를 위하여 연구결과 또는 관련 지식을 적용하는데 발생하는 비용으로서 기업회계기준에 따른 개발비 요건을 갖춘 것

③ 사용수익기부자산가액 : 금전 외의 자산을 국가·지방자치단체, 일반기부금 대상 법인에게 기부한 후 그 자산을 사용하거나 그 자산으로부터 수익을 얻는 경우 해당 자산의 장부가액

2. 감가상각자산에 포함하는 것과 포함하지 않는 것

감가상각자산에 포함하는 것	감가상각자산에 포함하지 않는 것
장기할부조건으로 매입한 자산 (감가상각자산의 가액 전액을 자산으로 계상하고 사업에 사용하는 경우에는 그 대금의 청산 또는 소유권의 이전 여부에 관계없이 이를 감가상각자산에 포함)	(1) 사업에 사용하지 않는 자산(유휴설비* 제외) (2) 건설 중인 자산 (3) 시간의 경과에 따라 그 가치가 감소되지 아니하는 자산

* 사용 중 철거하여 사업에 사용하지 아니하는 기계장치나 취득 후 사용하지 않고 보관 중인 기계장치 등은 감가상각대상이 아니지만 일시적인 조업 중단으로 인한 유휴설비는 감가상각대상에 포함된다.

3. 리스자산의 경우

리스자산 중 금융리스자산은 리스이용자의 감가상각자산으로, 금융리스 외의 리스자산은 리스회사의 감가상각자산으로 한다.

세부사항 리스료 등의 귀속사업연도

리스이용자가 리스로 인하여 수입하거나 지급하는 리스료(리스개설직접원가 제외)의 익금과 손금의 귀속사업연도는 기업회계기준으로 정하는 바에 따른다. 다만, 한국채택국제회계기준을 적용하는 법인의 금융리스 외의 리스자산에 대한 리스료의 경우에는 리스기간에 걸쳐 정액기준으로 손금에 산입한다.

Memo

6.2 감가상각 시부인계산의 구조

1. 감가상각 시부인계산의 원리 : 결산조정 · 임의상각

(1) 감가상각제도의 비교

구 분	감가상각제도의 의미
기업회계기준	자산의 취득원가를 기간별로 배분하여 비용으로 인식하는 절차
법인세법	각 사업연도 손금에 산입될 수 있는 한도액(상각범위액) 산출 과정

(2) 세무조정의 방법

구 분	명 칭	세무조정
시부인대상 상각비 > 상각범위액	상각부인액	손금불산입(유보)*
시부인대상 상각비 < 상각범위액	시인부족액	세무조정 없이 소멸

* 상각부인액 유보금액은 차기 이후의 시인부족액을 한도로 손금으로 추인된다.

| 사례 |

C : ₩400, S : ₩0, n : 4년, 상각방법 : 정액법, 취득 : 1기 초

		1기	2기	3기	4기	5기	6기	7기	8기
〈범위액〉		100	100	100	100	100	100	100	100
①	회사	400	–	–	–				
	조정	(+)300 (유보)	(–)100 (△유보)	(–)100 (△유보)	(–)100 (△유보)				
②	회사	50	50	50	50	50	50	50	50
	조정	–	–	–	–	–	–	–	–
③	회사	–	–	–	–	100	100	100	100
	조정	–	–	–	–	–	–	–	–
④	회사	150	80	–	–	50	–	120	–
	조정	(+)50 (유보)	(–)20 (△유보)	(–)30 (△유보)	–	–	–	(+)20 (유보)	(–)20 (△유보)

* 세법상 내용연수는 상각률을 정하기 위한 지표에 불과할 뿐 기간의 개념은 없다.
  감가상각의 시기와 상관없이 상각범위액만 벗어나지 않으면 세무조정은 없다.

2. 감가상각 시부인계산의 단위 : 개별 자산별 시부인

Memo

6.3 상각범위액 결정요소

1. 취득가액

(1) 일반원칙

구 분	취득가액
타인으로부터 매입한 자산	매입가액+부대비용(취득세 등)
자기가 제조·생산·건설 기타 이에 준하는 방법에 의하여 취득한 자산	제작원가+부대비용
위 외의 방법으로 취득한 자산	취득당시의 시가

(2) 취득원가에 포함되는 항목과 포함되지 않는 항목

구 분	내 용
포함되는 항목	① 건설자금이자 및 취득 이후의 자본적지출액 ② 유형자산과 함께 매입하는 국·공채의 매입가액과 현재가치의 차액을 취득원가로 계상한 금액 ③ 보험업법 등 법률에 의한 평가차익
포함되지 않는 항목	① 특수관계인으로부터 고가매입한 자산의 시가초과분으로서 부당행위계산의 부인에 해당하는 금액 ② 특수관계인 외의 자로부터 고가매입한 자산의 정상가액 초과분 ③ 장기할부조건으로 취득한 자산에 대하여 취득가액과 구분하여 현재가치할인차금으로 계상한 금액

2. 잔존가액

(1) 기본원칙

구 분	잔 존 가 액
기업회계기준	내용연수 경과 후 자산의 처분시 추정되는 처분가액
법인세법	"0"

* 법인세법상 감가상각자산의 잔존가액이 '0'이라는 것은 잔존가액을 남겨두어서는 안된다는 의미가 아니라, 상각범위액을 계산함에 있어서 잔존가액을 '0'으로 한다는 의미이다.

예 C : 400, S : 20, n : 4년, 정액법

	1	2	3	4	
범위액 :	100	100	100	100	
결산서 :	95	95	95	95	··· 잔존가치 20 → 〈손금산입〉 20(△유보) (×)
세무조정 :	–	–	–	–	

(2) 비망가액 : Min[₩1,000, 취득가액×5%]

Memo

3. 내용연수

구 분	내용연수의 의미
기업회계기준	자산의 경제적 사용기간
법인세법	상각률 표에서 상각률을 정하기 위한 지표

* 법인세법상 내용연수는 상각범위액 계산에 필요한 상각률을 상각률 표에서 선정하기 위한 지표일 뿐 '상각기간'의 의미는 없다. 법인세법 시행규칙은 내용연수 2년부터 60년까지 정액법과 정률법에 적용할 상각률을 소수점 셋째 자리까지 계산하여 규정하고 있다.

(1) 기준내용연수 및 신고내용연수

구 분	내 용
기준내용연수	자산의 종류와 업종을 감안하여 정한 법정내용연수
신고내용연수	내용연수범위 안에서 법인이 선택하여 신고한 내용연수

① 기준내용연수

구 분	기 준 내 용 연 수
차량운반구 및 공기구비품 선박 및 항공기 건물 및 구축물	5년 12년 20년, 40년
업종별 자산	업종별 4년, 5년, 6년, 8년, 10년, 12년, 14년, 16년, 20년
시험연구용 자산	자산 종류별 3년, 5년
무형자산	자산 종류별 5년, 7년, 10년, 20년, 50년

② 내용연수범위 : 기준내용연수 ± 기준내용연수의 25%

예 기준내용연수가 10년인 경우 : 10년 ± 2.5년 ⇨ 8년 ~ 12년

* 무형자산과 시험연구용 자산은 내용연수범위가 존재하지 않으므로 내용연수를 선택할 수 있는 여지가 없다.

③ 내용연수 신고 : 내용연수범위 안에서 선택한 내용연수는 법인세 과세표준 신고기한까지 신고하여야 하며, 무신고시에는 기준내용연수를 선택하여 신고한 것으로 간주한다.

* 내용연수의 선택은 자산별 선택이 아니라 법인별 선택이다. 따라서 기준내용연수가 10년인 업종에 속한 법인이 내용연수를 8년을 선택하여 신고하였다면 해당 법인의 모든 업종별 자산에 대해서는 8년이 적용된다.

Memo

(2) 내용연수의 특례 및 변경

① 다음에 해당하는 사유가 있는 경우 제시된 범위 안에서 원칙적인 내용연수범위와 달리 내용연수를 적용하거나 적용하던 내용연수를 변경할 수 있다. ⇒ 승인 필요

기준내용연수 ± 기준내용연수×50%	기준내용연수 ± 기준내용연수×25%
a. 사업장의 특성으로 자산의 부식·마모 및 훼손의 정도가 현저한 경우 b. 생산설비의 가동률이 직전 3개 사업연도의 평균가동률보다 현저히 증가한 경우 c. 새로운 생산기술 및 신제품의 개발·보급 등으로 기존 생산설비의 가속상각이 필요한 경우 d. 경제적 여건의 변동으로 조업을 중단하거나 생산설비의 가동률이 감소한 경우	e. 한국채택국제회계기준을 최초로 적용하는 사업연도에 결산내용연수를 변경한 경우 * 결산내용연수가 연장된 경우에는 내용연수 연장, 결산내용연수가 단축된 경우에는 내용연수의 단축만 해당하되 내용연수를 단축하는 경우 결산내용연수보다 짧은 내용연수로 변경할 수 없다. f. 기준내용연수가 변경된 경우

② 승인신청기한

- 특례내용연수 승인신청 : 영업을 개시한 날 또는 해당 자산을 취득한 날부터 3개월
- 내용연수 변경승인신청 : 변경할 내용연수를 적용하고자 하는 최초사업연도의 종료일

* 내용연수를 변경한 법인이 해당 자산의 내용연수를 다시 변경하고자 하는 경우에는 변경한 내용연수를 최초로 적용한 사업연도 종료일부터 3년이 경과하여야 한다.

(3) 수정내용연수

① 범위 : 기준내용연수의 50% ~ 기준내용연수

* 수정내용연수를 계산할 때 1년 미만은 없는 것으로 한다.
기준내용연수가 5년인 경우 수정내용연수 범위 : 2.5년 ~ 5년 ⇒ 2년 ~ 5년

② 대상

a. 합병·분할에 의하여 자산을 승계한 중고자산

b. 다른 법인 또는 개인사업자로부터 취득한 중고자산

* 중고자산 : 해당 자산을 취득한 법인의 기준내용연수의 50% 이상이 경과된 자산

③ 신고기한 : 중고자산을 취득한 사업연도 또는 합병·분할 등기일이 속하는 사업연도의 법인세 과세표준 신고기한(무신고시 : 수정내용연수 미적용)

| 사례 |

甲 —기계 A→ 乙

甲	乙
기준내용연수 : 8(6~10)	기준내용연수 : 12(9~15)
신고내용연수 : 6	신고내용연수 : 9

- 甲이 기계 A를 5년간 사용한 후 양도한 경우 : 중고자산 아님 → 9년 적용
- 甲이 기계 A를 7년간 사용한 후 양도한 경우 : 중고자산에 해당함 → 최단연수 6년 적용 가능

Memo

※ 범위 비교

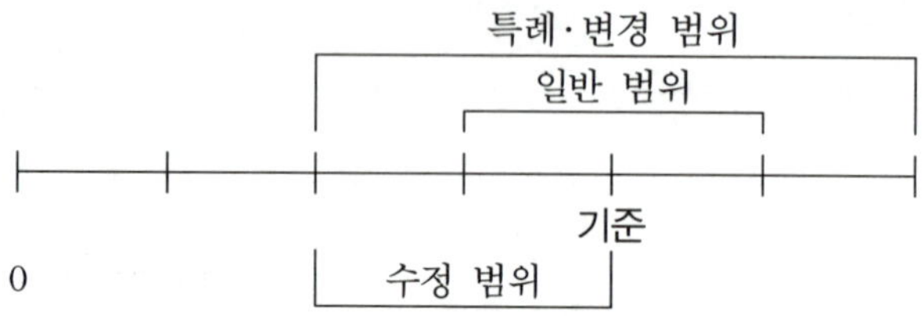

(4) 환산내용연수

정관상 사업연도가 1년 미만인 경우에는 환산내용연수를 적용한다.

$$\text{환산내용연수} = \text{본래의 내용연수} \times \frac{12}{\text{사업연도 월수}}$$

4. 상각범위액 계산방법

구 분		선택가능한 상각방법	무신고시 방법
유형자산	건축물	정액법	정액법
	일반적인 경우	정액법·정률법	정률법
	광업용 유형자산	정액법·정률법·생산량비례법	생산량비례법
	폐기물 매립시설	정액법·생산량비례법	생산량비례법
무형자산	일반적인 경우	정액법	정액법
	광업권	정액법·생산량비례법	생산량비례법
	개발비	20년의 범위에서 신고한 내용연수에 따라 매사업연도별 경과월수에 비례하여 상각	5년간 매년 균등액 상각
	사용수익기부자산가액	사용수익기간에 따라 균등하게 안분한 금액을 상각	좌 동

*1. 개발비는 관련 제품의 판매 또는 사용이 가능한 시점부터 상각범위액을 계산하여야 한다.
2. 개발비, 사용수익기부자산가액의 상각범위액은 월수에 따라 계산한다. 개발비의 무신고시 방법인 '5년간 매년 균등액 상각'도 '사업연도별 균등액 상각'과는 다른 개념으로서 월수에 따라 상각범위액을 계산함을 의미한다.

(1) 의미

위의 방법들은 '감가상각방법'이 아니라 '상각범위액을 산정'하는 방법일 뿐이다. 즉, 장부에 계상된 감가상각비가 정액법, 정률법, 연수합계법, 이중체감법 등 어떠한 방법에 의해 계산된 금액이든 관계없이 세법상 상각범위액을 계산할 때에는 위의 방법을 따른다는 의미이다.

(2) 신고기한 : 법인세 과세표준 신고기한

(무신고시 : 제시된 무신고시의 방법 적용)

Memo

6.4 감가상각시부인

1. 시부인대상 상각비

> 시부인대상 감가상각비=① 결산서상 감가상각비+② 타계정 계상분+③ 즉시상각의제

(1) 결산서상 감가상각비

감가상각자산에 대하여 결산서에 감가상각비로 계상한 금액(판매비와관리비, 제조원가, 공사원가에 계상된 금액을 모두 포함)

(2) 타계정 계상분

감가상각자산에 대하여 그 장부가액을 감소시키고 비용으로 계상한 금액은 명칭과 관계없이 이를 당기의 감가상각비 계상액으로 본다.

① 손상차손 : 감가상각자산이 진부화·물리적 손상 등에 따라 시장가치가 급격히 하락하여 기업회계기준에 따라 손상차손을 계상한 경우(천재지변에 따른 감액손실 제외)에는 이를 당기의 감가상각비 계상액으로 본다.

② 전기오류수정손실 : 전기 과소계상 감가상각비를 당기에 전기오류수정손실로 영업외비용에 계상한 경우 이를 당기의 감가상각비 계상액으로 본다.

보론 전기오류수정손익으로 처리한 감가상각비

1. 전기오류수정손실로 처리한 감가상각비

(차)	전기오류수정손실	×××	(대)	감가상각누계액	×××

(1) 영업외비용으로 처리한 경우 : 계정명칭에 관계없이 이를 당기분 감가상각비 계상액으로 보고 세무조정(상각시부인)한다.

(2) 미처분이익잉여금의 감소로 처리한 경우 : 손금산입(기타)의 세무조정을 먼저 수행한 후, 영업외비용으로 처리한 경우와 같이 이를 당기분 감가상각비 계상액으로 보고 세무조정한다.

2. 전기오류수정이익으로 처리한 감가상각비

(차)	감가상각누계액	×××	(대)	전기오류수정이익	×××

(1) 영업외수익으로 처리한 경우 : 전기오류수정손실의 경우와 달리 세무조정이 이미 종료된 전기분 감가상각누계액을 당기에 환입하는 회계처리는 전면 부인되어야 한다. 따라서, 환입된 금액을 전액 익금불산입(△유보)으로 세무조정하고 이후 해당금액은 감가상각비로서 이미 손금에 산입된 금액으로 본다.

(2) 미처분이익잉여금의 증가로 처리한 경우 : 익금산입(기타)의 세무조정을 먼저 수행한 후, 영업외수익으로 처리한 경우와 같이 익금불산입(△유보)으로 추가 세무조정한다.

Memo

(3) 즉시상각의제

① 의미 : 감가상각자산의 취득부대비용 및 자본적지출 등을 비용으로 처리한 경우에는 이를 취득원가에 계상한 후 그 즉시 감가상각한 것으로 의제한다.

- 취득원가에 계상한 것으로 간주 → 상각범위액 계산시 취득원가에 가산
- 당기 감가상각비로 간주 → 시부인대상 감가상각비에 가산

B. 수선비 10,000,000 / 현 금 10,000,000
   ↳자본적지출인 경우
T. 자 산 10,000,000 / 현 금 10,000,000
   감가비 10,000,000 / 자 산 10,000,000

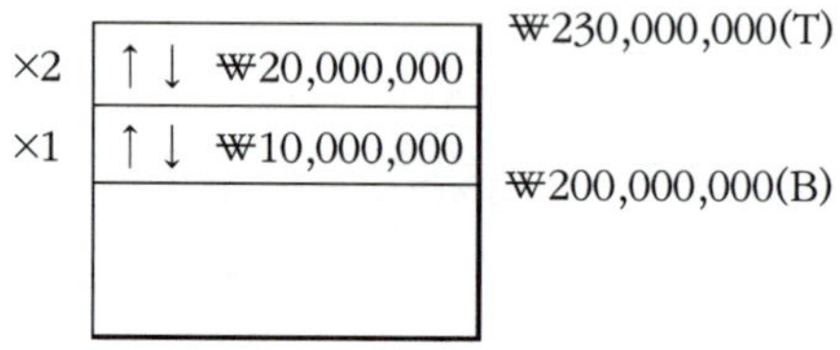

※ 건설자금이자

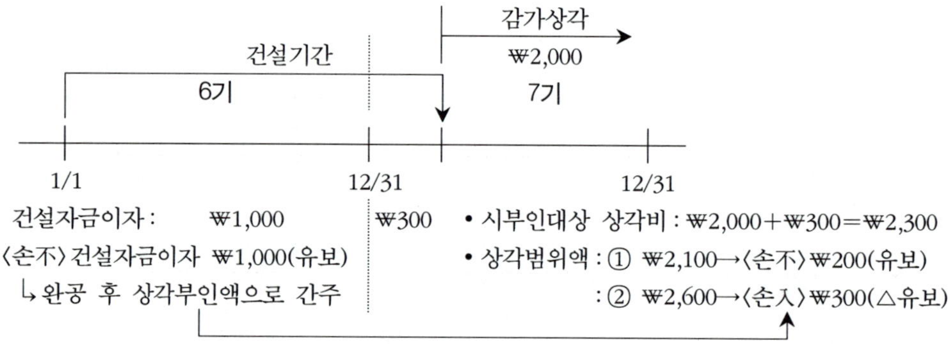

② 예외 : 다음에 해당하는 경우에는 감가상각 시부인계산 없이 장부에 계상한 사업연도의 손금으로 인정한다.

구 분	내 용	처리방법
소액수선비	① 자산별 수선비 합계액이 600만원* 미만인 경우 * 2020년 1월 1일 전에 개시한 사업연도까지는 300만원으로 한다. ② 자산별 수선비 합계액이 전기 말 재무상태표상 자산가액(감가상각누계액을 차감한 순액)의 5%에 미달하는 경우 ③ 3년 미만의 기간마다 하는 주기적인 수선	지출한 수선비를 당해 사업연도의 손금으로 계상한 경우에는 이를 자본적지출에 포함하지 아니한다.
폐기손실	① 시설의 개체 또는 기술의 낙후로 인하여 생산설비의 일부를 폐기한 경우 ② 사업 폐지·사업장 이전으로 임대차 계약에 따라 임차한 사업장의 원상회복을 위하여 시설물을 철거하는 경우	장부가액에서 1천원을 공제한 금액을 폐기일이 속하는 사업연도에 손금에 산입할 수 있다.

Memo

<table>
<tr><td>소 액 자 산</td><td>취득가액이 100만원 이하인 자산
단, 다음의 경우는 제외한다.
• 고유업무의 성질상 대량으로 보유하는 자산
• 사업의 개시 또는 확장을 위하여 취득한 자산</td><td rowspan="2">당해 자산의 취득원가를 그 사업에 사용한 날이 속하는 사업연도의 손비로 계상한 것에 한하여 손금에 산입한다.</td></tr>
<tr><td>단기사용자산</td><td>① 어업에 사용되는 어구(어선용구 포함)
② 영화필름, 공구, 가구, 전기기구, 가스기기, 가정용 기구·비품, 시계, 시험기기, 측정기기 및 간판
③ 대여사업용 비디오테이프 및 음악용 콤팩트디스크로서 취득가액 30만원 미만인 것
④ 전화기(휴대용 전화기 포함) 및 개인용 컴퓨터(주변기기 포함)</td></tr>
</table>

| 사례 |

600만원 미만의 소액수선비 해당 여부

1. 기계장치 A에 대한 자본적지출 500만원을 손익계산서상 수선비로 계상한 경우
   → 600만원 미만의 소액에 해당하므로 세무조정 없음
2. 기계장치 B에 대한 자본적지출 500만원과 수익적지출 150만원의 합계액 650만원을 손익계산서상 수선비로 계상한 경우
   → 수선비 합계액 650만원은 소액에 해당하지 않으므로 500만원을 감가상각비로 의제
3. 건물에 대한 취득세 200만원을 손익계산서상 세금과공과금으로 계상한 경우
   → 취득세는 취득부대비용으로서 수선비가 아니므로 200만원을 감가상각비로 의제

* 소액수선비는 수선비에 한정된 규정이므로 취득세 등 명백한 취득부대비용은 그 금액의 크기에 관계없이 즉시상각의제 규정을 적용한다.

2. 상각범위액 : 상각기초가액×상각률

구 분	상각범위액 계산방법
정 액 법	취득가액×정액법상각률 ① B/S 취득가액+④ 즉시상각의제 누계액
정 률 법	미상각잔액×정률법상각률 ① B/S 취득가액−② B/S 기초 감가상각누계액 + ③ 기초 상각부인액 유보잔액+④ 즉시상각의제 당기분

* B/S 취득가액에 대해 △유보가 존재한다면 이를 차감한 금액을 취득가액으로 한다.

Memo

3. 특수한 경우의 상각범위액 계산방법

(1) 사업연도가 1년 미만인 경우 : 환산내용연수에 따른 상각률 적용

(2) 기중 신규취득인 경우 : 월할계산

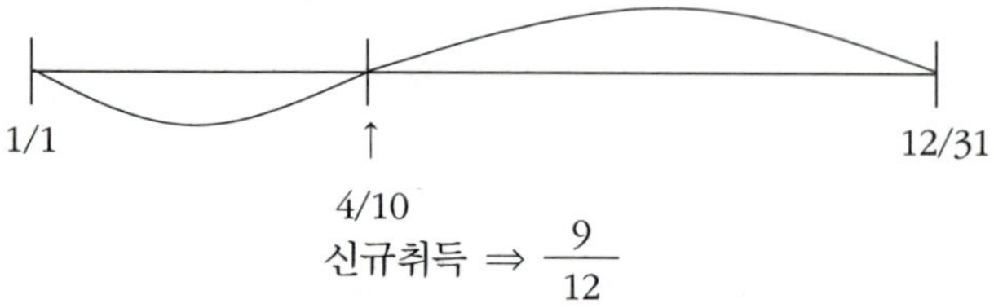

(3) 자본적지출의 경우 : 자본적지출액의 발생시점을 별도로 고려하지 않음

예제 (주)중앙(사업연도 : 1. 1. ~ 12. 31.)이 감가상각방법을 정액법으로 신고한 경우와 정률법으로 신고한 경우 감가상각 시부인계산을 행하시오.

1. 취득가액 ₩600,000,000, 기말 감가상각누계액 ₩170,000,000, 기초 상각부인액 ₩30,000,000, 결산서상 상각비 ₩60,000,000
2. 전기오류수정손실(당기 비용)로 인식한 전기 감가상각비 과소계상액 ₩10,000,000
3. 비용으로 계상한 자본적지출액 : 전기 이전분 ₩80,000,000, 당기분 ₩50,000,000
4. 내용연수 8년 신고 : 정액법 상각률 0.125, 정률법 상각률 0.300 가정

해답

1. 시부인대상 상각비

① 결산서	₩60,000,000	→ 당기 감가상각누계액 증가분 (①+②)
② 전기오류수정손실	10,000,000	
③ 즉시상각의제	50,000,000	
합 계	₩120,000,000	

2. 상각범위액

	정 액 법	정 률 법
① B/S 취득가액	₩600,000,000	₩600,000,000
② 기초 감가상각누계액	–	(–)100,000,000*
③ 기초유보잔액	–	30,000,000
④ 즉시상각의제		
전기이전분	80,000,000	–
당기분	50,000,000	50,000,000
상각기초가액	730,000,000	580,000,000
상각율	×0.125×12/12	×0.300×12/12
상각범위액	₩91,250,000	₩174,000,000

* 기말 감가상각누계액 ₩170,000,000－당기증가분 ₩70,000,000＝₩100,000,000

3. 세무조정
   (1) 정액법으로 신고한 경우 : 〈손不〉 상각부인액 ₩28,750,000(유보)
   (2) 정률법으로 신고한 경우 : 〈손入〉 시인부족액 ₩30,000,000(△유보)

Memo

4. 감가상각방법의 변경

(1) **변경신청기한** : 변경하고자 하는 사업연도의 종료일까지 ⇒ 승인 필요

(2) **상각범위액** : 기초 미상각잔액×<u>변경된 상각률</u>
↳ <u>기존</u> 내용연수, 변경된 상각방법

※ 내용연수의 변경

(1) 변경신청기한 : 변경하고자 하는 사업연도의 종료일까지 ⇒ 승인 필요

(2) 상각범위액 : 본래의 상각기초가액×<u>변경된 상각률</u>
↳ <u>변경된</u> 내용연수, 기존 상각방법

* 법인세법상 내용연수는 '상각기간'의 의미가 아니므로, 내용연수의 변경은 미상각잔액에 대한 잔여상각기간의 변경이 아니라 단순히 상각범위액 계산시 적용할 상각률을 교체한 것에 불과하다. 상각률을 교체해도 당기 상각기초가액은 영향을 받지 않는다.

6.5 상각부인액의 사후관리

1. 감가상각자산을 양도한 경우 : 기초 유보금액 추인

감가상각자산을 양도한 경우 해당 자산의 상각부인액은 양도일이 속하는 사업연도의 손금에 이를 산입한다.

| 사례 |

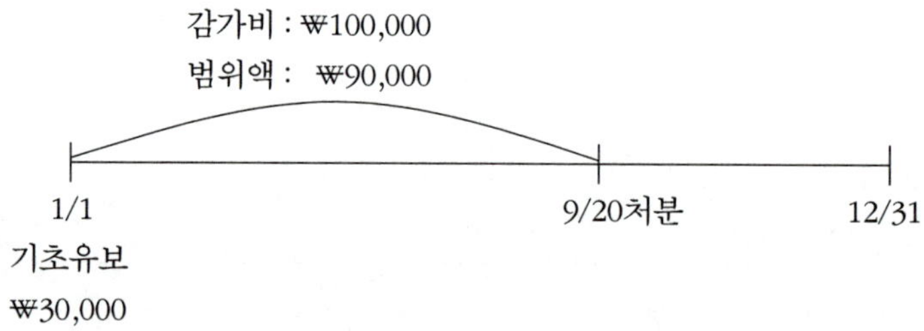

Ⅰ. 당기 상각시부인 후 처분직전 유보금액 추인

① 당기 상각시부인 :	〈손不〉	감가상각비	₩10,000	(유보)
② 처분직전 유보금액 추인 :	〈손入〉	상각부인액	₩40,000	(△유보)
Ⅱ. 기초 유보금액 추인 :	〈손入〉	상각부인액	₩30,000	(△유보)

※ 위 Ⅰ과 Ⅱ의 세무조정 결과는 동일하다. 즉, 감가상각자산을 기중에 양도한 경우에는 처분시점까지의 세무조정은 필요 없고 전기이월된 유보금액만 추인하면 된다.

Memo

2. 감가상각자산을 평가증한 경우 : 평가증한 금액을 한도로 유보금액 추인

(1) 평가증한 자산의 유보 추인

법인이 보험업법 기타 법률에 의하여 감가상각자산을 평가증한 경우 해당 감가상각자산의 상각부인액은 평가증한 금액을 한도로 익금에 산입된 것으로 보아 이를 손금으로 추인하고, 평가증한 금액을 초과하는 부분은 이를 그 후의 사업연도에 이월할 상각부인액으로 한다.

(2) 감가상각과 평가증의 우선 순위

법인이 감가상각자산에 대하여 감가상각과 평가증을 병행한 경우에는 먼저 감가상각을 한 후 평가증을 한 것으로 보아 상각범위액을 계산한다.

예 제 (주)중앙생명은 건물(취득가 ₩300,000,000, 당기 말 감가상각누계액 ₩250,000,000)을 보험업법에 따라 감정가액인 ₩90,000,000으로 증액하였다. 감가상각시부인 후 유보 잔액이 ₩30,000,000인 경우와 ₩45,000,000인 경우 각각에 대하여 평가증에 대한 세무조정을 하시오.

해 답

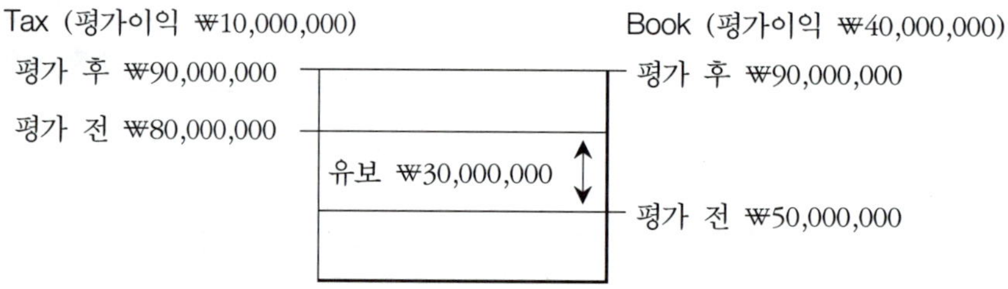

〈익금불산입〉 평가이익 ₩30,000,000(△유보)

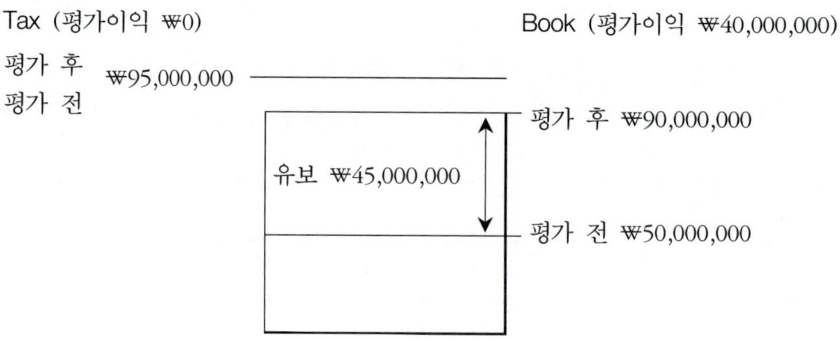

〈익금불산입〉 평가이익 ₩40,000,000(△유보)

Memo

6.6 감가상각의제

1. 개요

① 각 사업연도 소득에 대하여 법인세를 면제·감면받은 법인은 개별 자산에 대한 감가상각비가 상각범위액이 되도록 감가상각비를 손금에 산입하여야 한다.

* 한국채택국제회계기준 적용법인은 감가상각비 손금산입 특례에 따라 개별자산에 대한 감가상각비를 추가로 손금에 산입할 수 있다.

② 추계결정·경정을 하는 경우에는 감가상각비를 손금에 산입한 것으로 본다.

2. 제도의 성격과 취지

감가상각의제 규정은 강제상각제도이다. 이는 법인세법상 감가상각비가 본래 임의상각제도임을 악용하여 법인세를 면제·감면받는 사업연도에는 감가상각비를 계상하지 않고 그 이후 사업연도부터 계상하는 조세회피행위를 방지하기 위한 것이다.

예 제 (주)중앙(사업연도 : 1. 1. ~ 12. 31.)이 감가상각의제 대상법인이 아닌 경우와 대상법인인 경우 각각 세무조정을 하시오.

1. 기계장치 B를 제11기 1월 10일에 ₩10,000,000에 취득(정률법 신고, 상각률 0.394)
2. 결산서상 상각비 : 제11기 ₩0, 제12기 ₩1,000,000, 제13기 ₩2,000,000

해답

1. 감가상각의제 규정을 적용받지 않는 경우

구분	Book	상 각 범 위 액	세무조정
11기	–	₩10,000,000×0.394=₩3,940,000	–
12기	₩1,000,000	₩10,000,000×0.394=₩3,940,000	–
13기	₩2,000,000	(₩10,000,000−₩1,000,000)×0.394=₩3,546,000	–

2. 감가상각의제 규정을 적용받는 경우(11기~13기 법인세 감면 적용)

구분	Book	상 각 범 위 액	세무조정
11기	–	₩10,000,000×0.394=₩3,940,000	〈손入〉 ₩3,940,000(△유보)
12기	₩1,000,000	(₩10,000,000−₩3,940,000)×0.394=₩2,387,640	〈손入〉 ₩1,387,640(△유보)
13기	₩2,000,000	(₩10,000,000−₩1,000,000 −₩3,940,000−₩1,387,640)×0.394=₩1,446,909	〈손不〉 ₩553,091(유보)

Memo

보론 자산감액분 감가상각비

취득가액에 '△유보' 금액(자산감액분)을 내포하고 있는 자산에 대한 감가상각시부인은 다음과 같이 2단계로 수행하여야 한다.

- 1단계 : 자산감액분의 처리
  회사의 감가상각비 중 자산감액분 해당액에 대하여 '〈손금불산입〉(유보)'로 추인하는 세무조정 수행
- 2단계 : 감가상각시부인
  회사의 감가상각비에서 자산감액분 해당액으로서 위 1단계에서 손금불산입된 금액을 제외한 나머지 금액을 상각범위액과 비교하여 감가상각시부인 세무조정 수행

| 사례 |

장부상 취득가액 ₩600,000,000인 건물에 대하여 회사가 ₩30,000,000의 감가상각비를 인식한 경우의 감가상각시부인(취득가액에 세법상 △유보 ₩9,000,000 포함, 상각방법은 정액법, 신고내용연수 20년 가정)

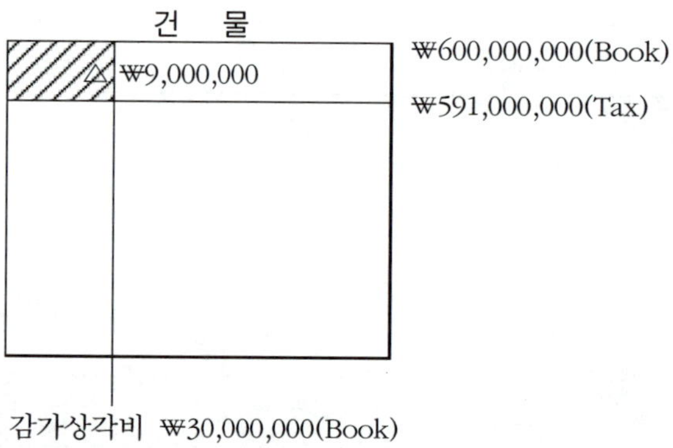

- 1단계 : 자산감액분의 처리
  〈손금불산입〉 건설중인자산 ₩450,000(유보)
  * ₩9,000,000×₩30,000,000/₩600,000,000=₩450,000
- 2단계 : 감가상각시부인
  시부인대상 상각비 : ₩30,000,000−₩450,000=₩29,550,000
  상각범위액 : ₩591,000,000×0.050=₩29,550,000
  세무조정 : 없음

Memo

보론 한국채택국제회계기준 적용 법인의 감가상각비 손금산입

(1) 감가상각비의 신고조정

한국채택국제회계기준을 적용하는 내국법인은 유형자산과 내용연수가 비한정인 무형자산*에 대해서 일반적인 상각시부인 결과 손금에 산입된 금액이 개별 자산별로 다음의 금액보다 적은 경우 그 차액의 범위에서 추가로 손금산입의 세무조정을 할 수 있다.

① 2013년 12월 31일 이전 취득분 : 한국채택국제회계기준을 적용하지 않고 종전 방식에 따라 감가상각비를 손비로 계상한 경우 손금에 산입되는 감가상각비 상당액(종전감가상각비)

② 2014년 1월 1일 이후 취득분 : 세법상 기준내용연수를 적용하여 계산한 감가상각비(기준감가상각비)

* 내용연수가 비한정인 무형자산
1. 결산내용연수를 확정할 수 없는 것으로서 다음 요건을 갖춘 것
   ① 법령·계약에 따른 사용기간이 무한하거나 취득가액의 10% 미만의 비용으로 기간을 갱신할 수 있을 것
   ② 한국채택국제회계기준에 따라 내용연수가 비한정인 무형자산으로 분류될 것
   ③ 결산을 확정할 때 해당 무형자산에 대한 감가상각비를 계상하지 아니할 것
2. 한국채택국제회계기준을 최초로 적용하는 사업연도 전에 취득한 영업권

(2) 신고조정 방법

다음 각 경우별로 개별자산의 손금산입 한도까지 신고조정 할 수 있으며, 해당 신고조정 손금산입액의 동종자산 합계액은 동종자산의 손금산입 한도를 초과할 수 없다.

① 2013. 12. 31. 이전 취득분

구 분	기존 결산상각방법이 정액법인 경우	기존 결산상각방법이 정률법인 경우
개별자산의 손금산입 한도	개별자산 취득가액×기준상각률 − 개별자산 일반시부인 감가상각비	개별자산 미상각잔액×기준상각률 − 개별자산 일반시부인 감가상각비
동종자산의 손금산입 한도	동종자산의 취득가액 합계×기준상각률 − 일반시부인 감가상각비 동종자산 합계	동종자산의 미상각잔액 합계×기준상각률 − 일반시부인 감가상각비 동종자산 합계

② 2014. 1. 1. 이후 취득분

구 분	내 용
개별자산의 손금산입 한도	개별자산에 대하여 해당 사업연도의 결산상각방법과 기준내용연수를 적용하여 계산한 감가상각비−개별자산 일반시부인 감가상각비

Memo

<table>
<tr>
<td>동종자산의 손금산입 한도</td>
<td>Min[①, ②]
① 기준감가상각비를 고려한 동종자산 한도
동종자산에 대하여 해당 사업연도의 결산상각방법과 기준내용연수를 적용하여 계산한 감가상각비 합계 − 일반시부인 감가상각비 동종자산 합계
② 종전감가상각비를 고려한 동종자산 한도
<table>
<tr><th>기존 결산상각방법이 정액법인 경우</th><th>기존 결산상각방법이 정률법인 경우</th></tr>
<tr><td>동종자산의 취득가액 합계×기준상각률
− 일반시부인 감가상각비 동종자산 합계</td><td>동종자산의 미상각잔액 합계×기준상각률
− 일반시부인 감가상각비 동종자산 합계</td></tr>
</table>
* 단, ① < ②×25% 인 경우에는 ②×25% 를 동종자산의 손금산입 한도로 한다.</td>
</tr>
</table>

* 1. 기준상각률 : 기준연도(한국채택국제회계기준을 최초로 적용한 사업연도의 직전 사업연도) 및 그 이전 2개 사업연도에 대하여 각 사업연도별로 다음의 비율을 구하고 이를 평균하여 계산한 상각률
  (1) 정액법 : 동종자산의 감가상각비 손금산입액 합계액 ÷ 동종자산의 취득가액 합계액
  (2) 정률법 : 동종자산의 감가상각비 손금산입액 합계액 ÷ 동종자산의 미상각잔액 합계액
2. 동종자산 : 기준연도 이전에 취득한 기존보유자산 및 기존보유자산과 동일 업종에 사용되는 동일 종류의 자산
3. 상기 도표에서 '일반시부인 감가상각비'로 표현한 금액은 감가상각비에 대하여 한국채택국제회계기준 적용법인에 대한 특례를 고려하지 않은 일반적인 세무조정 결과 손금에 산입되는 감가상각비를 의미한다.

예제 다음 자료를 참고로 기계장치 A와 기계장치 B가 2013년 12월 31일 이전 취득 자산인 경우와 2014년 1월 1일 이후 취득 자산인 경우로 나누어 (주)나무의 제14기 감가상각비 관련 세무조정을 제시하시오. (주)나무는 제14기에 최초로 K-IFRS 도입하여 적용하였다.

1. 동종자산인 기계장치 A와 기계장치 B의 취득가액은 각각 ₩1,000과 ₩1,600이며 결산서상 감가상각비는 각각 ₩80과 ₩132이다. 기계장치의 감가상각방법은 정액법이고 기준내용연수는 10년, 신고내용연수는 8년인 것으로 가정한다.

2. 동종자산의 감가상각비 손금산입 합계액을 취득가액 합계액으로 나눈 비율은 다음과 같다.

제10기	제11기	제12기	제13기
0.118	0.115	0.123	0.122

해답

1. 2013년 12월 31일 이전 취득 자산인 경우

(1) 일반 상각시부인

구 분	취득가액	결산서 상각비	상각범위액	세무조정	손금인정액
기계장치 A	₩1,000	₩80	₩125	−	₩80
기계장치 B	1,600	132	200	−	132
합 계					₩212

Memo

(2) 추가 손금산입 가능액 : Min[①, ②]=₩100

① 개별자산의 손금산입 한도 : ₩100

구 분	개별자산 한도	손금인정액	추가 손금산입
기계장치 A	₩1,000×0.120=₩120	₩80	₩40
기계장치 B	₩1,600×0.120=₩192	132	60
합 계		₩212	₩100

* 기준상각률 : (0.115+0.123+0.122)÷3=0.120

② 동종자산의 손금산입 한도 : (₩1,000+₩1,600)×0.120−(₩80+₩132)=₩100

2. 2014년 1월 1일 이후 취득 자산인 경우

(1) 일반 상각시부인 결과 손금인정액 : ₩212

(2) 추가 손금산입 가능액 : Min[①, ②]=₩48

① 개별자산의 손금산입 한도 : ₩48

구 분	개별자산 한도	손금인정액	추가 손금산입
기계장치 A	₩1,000×0.100=₩100	₩80	₩20
기계장치 B	₩1,600×0.100=₩160	132	28
합 계		₩212	₩48

② 동종자산의 손금산입 한도 : Min[a, b]=₩48

a. (₩1,000×0.100+₩1,600×0.100)−(₩80+₩132)=₩48

b. (₩1,000+₩1,600)×0.120−(₩80+₩132)=₩100

Memo

제 7 절

충당금과 준비금

7.1 퇴직부담금

※ 퇴직급여충당금 : 결산조정 항목

(1) 설정한도액

퇴직급여충당금 설정한도액=Min[①, ②]
① 총급여액 기준 : 퇴직급여의 지급대상이 되는 임원 또는 직원에 대한 총급여액×5%
② 퇴직급여추계액 기준 : 퇴직급여추계액×0%+퇴직금전환금 잔액
−퇴직급여충당금 설정전잔액

* 퇴직급여추계액 기준 한도액이 0보다 작은 경우에는 이를 0으로 한다.

참고 퇴직급여충당금 설정한도액 폐지

퇴직급여추계액에 대한 한도비율은 2010년 이후 꾸준히 감소하여 2016년 1월 1일 이후 개시하는 사업연도부터는 0%가 적용된다. 이는 퇴직급여충당금에 대한 손금산입 제도를 사실상 폐지하고 이를 퇴직연금충당금에 대한 세제지원으로 전환하여 퇴직연금의 가입을 유도하기 위한 조처이다. 다만, 이미 설정된 퇴직급여충당금을 강제로 환입하는 것은 아니므로, 세무회계상 퇴직급여충당금은 향후 해당 금액을 모두 소진할 때까지 임원 또는 직원에 대한 퇴직금 지급액과 상계된다.

① 총급여액 : 총급여액은 소득세법상 근로소득(일반급여 및 잉여금처분에 의한 상여를 말하며 비과세소득은 제외)으로 하되 손금에 산입하지 아니하는 금액은 제외한다.

* 1. 회사의 퇴직급여지급규정에 1년 미만 근속자에 대해서도 퇴직급여를 지급하기로 되어 있다면 이들에 대한 인건비도 총급여액에 포함된다.
  2. 확정기여형 퇴직연금 등(개인퇴직계좌 포함)이 설정된 임원 또는 직원에 대해서는 퇴직급여충당금을 설정할 수 없으므로 이들에 대한 인건비는 총급여액에서 제외된다.

② 퇴직금전환금 : 국민연금법에 의한 퇴직금전환금의 재무상태표상 기말잔액

③ 퇴직급여충당금 설정전잔액 : 당기 퇴직급여충당금을 설정하기 직전의 세무상 잔액

퇴직급여충당금 설정전잔액 = (장부상 기초 충당금 잔액 − 장부상 당기 충당금 감소액) − 충당금 설정전 유보잔액

Memo

(2) 퇴직급여 지급시의 처리

① 처리 순서 : 퇴직급여충당금과 우선 상계 → 부족분은 퇴직급여(비용)로 계상
퇴직급여충당금 설정액 중 손금부인된 금액이 있는 법인이 퇴직급여를 지급하는 경우 손금산입된 퇴직급여충당금과 상계하고 남은 금액에 대해서는 손금불산입된 금액을 손금으로 추인한다.

② 퇴직급여충당금 상계의 범위 : 퇴직급여 지급액을 퇴직급여충당금과 상계하는 경우 개인별 퇴직급여충당금 설정액은 고려하지 아니한다.

예 전기 말 퇴직급여충당금 설정액이 ₩1,000인 종업원 甲이 당기 중 퇴사하여 퇴직급여 ₩1,050을 지급하는 경우 → 퇴직급여충당금 ₩1,050 상계
(甲에 대한 전기 말 퇴직급여충당금 설정액이 ₩0인 경우도 마찬가지임)

(3) 퇴직급여 지급액의 손금인정 범위

법인이 임원 또는 직원에게 지급하는 퇴직급여는 임원 또는 직원이 현실적으로 퇴직하는 경우에 지급하는 것에 한하여 이를 손금에 산입한다.

현실적인 퇴직에 해당하는 경우	현실적인 퇴직에 해당하지 않는 경우
① 직원이 임원으로 취임한 경우 ② 상근임원이 비상근임원으로 된 경우 ③ 근로자퇴직급여 보장법에 의해 퇴직급여를 중간정산하여 지급한 경우* ④ 임원에게 정관 또는 정관에서 위임한 퇴직급여지급규정에 따라 주택구입, 장기요양, 재해 등 법정사유로 퇴직급여를 중간정산하여 지급한 경우* ⑤ 임원 또는 직원이 그 법인의 조직변경·합병·분할 또는 사업양도에 의하여 퇴직한 경우	① 임원이 연임된 경우 ② 법인의 대주주 변동으로 인하여 계산의 편의, 기타 사유로 전직원에게 퇴직급여를 지급한 경우 ③ 외국법인의 국내지점 종업원이 본점으로 전출하는 경우 ④ 정부투자기관 등이 민영화됨에 따라 전 종업원의 사표를 일단 수리한 후 재 채용한 경우 ⑤ 근로자퇴직급여 보장법에 의해 퇴직급여를 중간정산하기로 하였으나 이를 실제로 지급하지 않은 경우

* 종전에 퇴직급여를 중간정산하여 지급한 적이 있는 경우에는 직전 중간정산 대상기간이 종료한 다음 날부터 기산하여 퇴직급여를 중간정산한 것을 말한다.

(4) 기타 사항

① 관계사간 전출입

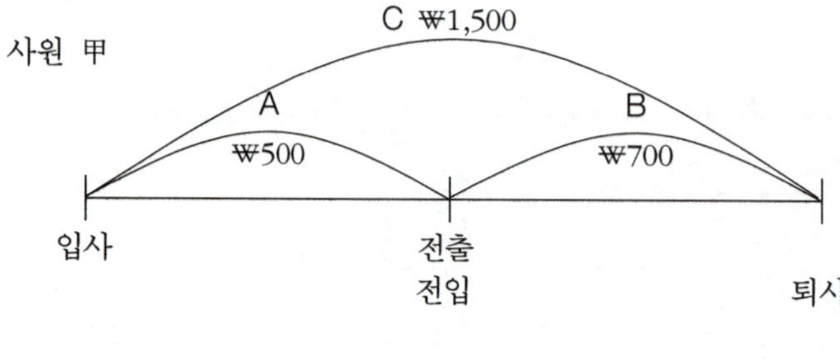

Memo

㉠ A 퇴사시 A로부터 ₩500 수령, B 퇴사시 B로부터 ₩700 수령

㉡ B 퇴사시 총 퇴직금 ₩1,500을 A와 B가 5 : 7로 甲에게 지급

㉢ A 퇴사시 A가 퇴직금 ₩500을 B에게 인계 → B 퇴사시점에서 B가 ₩1,500전부 지급

A: 퇴직급여충당금 500 / 현 금 500

B: 현 금 500 / 퇴직급여충당금 500 ⇒ 기초금액으로 간주

퇴직급여충당금(B)

감 소	3,500	기 초	10,000
기 말	8,000	설 정	1,500 (현금인계 ₩500, 설정 ₩1,000)

if Tax 설정한도 ₩400 ⇒ 〈손금불산입〉 퇴직급여충당금 ₩600(유보)(○)

〈손금불산입〉 퇴직급여충당금 ₩1,100(유보)(×)

② 합병 등으로 인한 퇴직급여충당금의 인계

퇴직급여충당금을 손금에 산입한 내국법인이 합병 또는 분할하는 경우 합병등기일 또는 분할등기일 현재의 퇴직급여충당금 중 합병법인·분할신설법인·분할합병의 상대방법인이 승계받은 금액은 그 합병법인 등이 합병등기일 또는 분할등기일에 가지고 있는 퇴직급여충당금으로 본다.

예 제

- 사업연도 종료일 현재 퇴직급여 지급대상 임직원 총급여 : ₩1,200,000,000
- 퇴직급여추계액 : ₩1,000,000,000
- 퇴직급여충당금에 대한 전기 말 유보 잔액 : ₩270,000,000

〈상황 1〉 퇴직금 지급은 모두 현실적 퇴사자에 대한 지급임

퇴직급여충당금

당 기 감 소	20,000,000	기 초 잔 액	300,000,000
기 말 잔 액	310,000,000	당 기 설 정	30,000,000
합 계	330,000,000	합 계	330,000,000

1. 퇴직금 지급시 세무조정 : 없음

2. 퇴직급여충당금

(1) 설정전잔액 : (₩300,000,000－₩20,000,000)－₩270,000,000＝₩10,000,000

(2) 당기 설정에 대한 세무조정

〈손금불산입〉 퇴직급여충당금 ₩30,000,000(유보)

(3) 기말 잔액 : ₩310,000,000－(₩270,000,000＋₩30,000,000)＝₩10,000,000

* 한도액이 ₩0이므로 퇴직급여충당금의 세무상 기말 잔액은 설정전잔액과 같다.

Memo

〈상황 2〉 퇴직금 지급은 모두 현실적 퇴사자에 대한 지급임

퇴직급여충당금

당 기 감 소	40,000,000	기 초 잔 액	300,000,000
기 말 잔 액	310,000,000	당 기 설 정	50,000,000
합 계	350,000,000	합 계	350,000,000

1. 퇴직금 지급시 세무조정 : 없음

2. 퇴직급여충당금

(1) 설정전잔액 : (₩300,000,000－₩40,000,000)－₩270,000,000＝△₩10,000,000

〈 손 금 산 입 〉 퇴직급여충당금 ₩10,000,000(△유보) (→ 설정전잔액 : ₩0)

(2) 당기 설정에 대한 세무조정

〈손금불산입〉 퇴직급여충당금 ₩50,000,000(유보)

(3) 기말 잔액 : ₩310,000,000－(₩270,000,000－₩10,000,000＋₩50,000,000)＝₩0

〈상황 3〉 甲임원 퇴사시(4년 6개월 13일 근속, 퇴사 전 1년간 총급여 ₩40,000,000) 이사회 결의에 의해 퇴직금 ₩20,000,000을 지급하고 퇴직급여 충당금과 상계함

퇴직급여충당금

당 기 감 소	20,000,000	기 초 잔 액	300,000,000
기 말 잔 액	310,000,000	당 기 설 정	30,000,000
합 계	330,000,000	합 계	330,000,000

1. 퇴직금 지급시 세무조정

〈 손 금 산 입 〉 퇴직급여충당금 ₩2,000,000(△유보)

〈손금불산입〉 임원퇴직금 ₩2,000,000(상여)

* 임원퇴직금 한도 : ₩40,000,000×1/10×(4＋6/12)＝₩18,000,000

2. 퇴직급여충당금

(1) 설정전잔액 : (₩300,000,000－₩20,000,000)－(₩270,000,000－₩2,000,000)＝₩12,000,000

(2) 당기 설정에 대한 세무조정

〈손금불산입〉 퇴직급여충당금 ₩30,000,000(유보)

(3) 기말 잔액 : ₩310,000,000－(₩270,000,000－₩2,000,000＋₩30,000,000)＝₩12,000,000

* 한도액이 ₩0이므로 퇴직급여충당금의 세무상 기말 잔액은 설정전잔액과 같다.

Memo

1. 퇴직부담금의 개요

구　분	확정급여형(DB : Defined Benefit)	확정기여형(DC : Defined Contribution)
개　념	근로자가 퇴직할 때 지급받는 연금급여액이 사전에 결정되어 있는 퇴직연금	연금급여의 지급을 위해 사용자가 부담할 연금분담금이 사전에 결정되어 있는 퇴직연금
적 립 금	적립원금의 60%이상 사외적립	적립원금 전액 사외적립
적립금 운용	적립금 운용에 따른 수익과 손실이 사용자에게 전가됨	적립금 운용에 따른 수익과 손실이 근로자에게 전가됨
수령 방법	일시금 또는 연금	일시금 또는 연금
회 계 처 리	연금분담금을 퇴직연금운용자산으로 계상하고 퇴직급여충당금의 차감항목으로 표시	연금분담금 불입액을 전액 당기 비용(퇴직급여)으로 처리
세 무 조 정	퇴직급여추계액에서 세무상 퇴직급여 충당금을 차감한 잔액에 대해서 연금분담금의 사외적립을 전제로 손금에 산입	전액 해당 사업연도 손금으로 인정

2. 퇴직연금충당금 : 신고조정 항목

※ 확정급여형 퇴직연금

〈Book〉

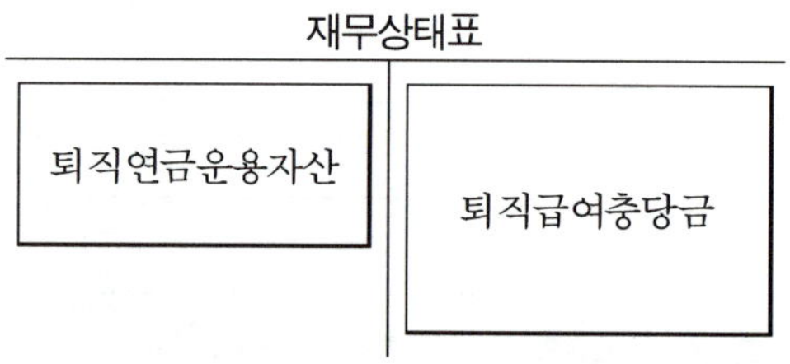

퇴직급여충당금 100 / 퇴직연금운용자산 60
/ 현　　　금 40

〈Tax〉

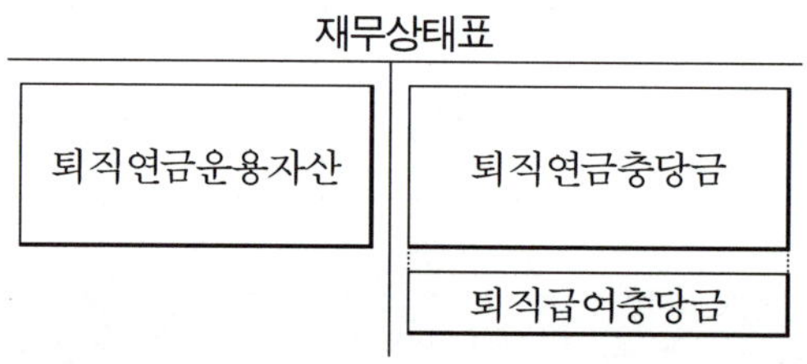

퇴직연금충당금 60 / 퇴직연금운용자산 60
퇴직급여충당금 40 / 현　　　금 40

〈손금산입〉 퇴직급여충당금 ₩60(△유보)
〈손금불산입〉 퇴직연금충당금 ₩60(유보)

* 퇴직연금충당금은 확정급여형 퇴직연금 제도에 있어서 퇴직급여추계액 중 퇴직급여충당금의 설정을 통해 이미 손금에 산입된 금액을 제외한 나머지 부분에 대하여 사외적립을 한도로 추가 손금산입을 허용하는 제도이다.

Memo

3. 세무조정의 방법과 손금산입 범위액

퇴직연금충당금 기말 잔액 : Min[①, ②]

① Max [일시퇴직기준 퇴직급여추계액, 보험수리기준 퇴직급여추계액] − 세무상 퇴직급여충당금 잔액*

* 세무상 퇴직급여충당금 잔액 : 장부상 퇴직급여충당금 잔액 − 퇴직급여충당금 유보 잔액

② 퇴직연금운용자산 잔액

① 일시퇴직기준 퇴직급여추계액 : 해당 사업연도 종료일 현재 재직하는 임원 또는 직원 전원이 퇴직할 경우에 퇴직급여로 지급되어야 할 금액의 추계액*. 정관 기타 퇴직급여지급에 관한 규정에 의하여 계산하며 해당 규정 등이 없는 경우 근로자퇴직급여보장법이 정하는 바에 따라 계산한 금액으로 한다.

* 손금불산입 항목에 해당하는 금액 및 확정기여형 퇴직연금 부담금의 손금산입액은 제외한다.

② 보험수리기준 퇴직급여추계액 : 다음 a와 b를 합한 금액*

a. 근로자퇴직급여 보장법에 따라 매 사업연도 말 현재 급여에 소요되는 비용예상액의 현재가치와 부담금 수입예상액의 현재가치를 고려하여 산정된 금액

b. 해당 사업연도 종료일 현재 재직하는 임원 또는 직원 중 확정급여형 퇴직연금 미가입자 및 가입되었으나 재직기간 중 미가입기간이 있는 자 전원이 퇴직할 경우에 그 미가입 부분에 대하여 퇴직급여로 지급되어야 할 금액의 추계액

* 손금불산입 항목에 해당하는 금액 및 확정기여형 퇴직연금 부담금의 손금산입액은 제외한다.

③ 세무상 퇴직급여충당금 잔액 : 장부상 퇴직급여충당금 잔액 − 퇴직급여충당금 유보잔액

※ 세무조정 방법

퇴직연금충당금은 신고조정 항목이다. 따라서 상기 퇴직연금충당금 기말 잔액을 먼저 산출한 후 퇴직연금충당금의 세무조정 전 잔액이 기말 잔액에 미달하면 그 부족분을 손금에 산입(△유보)하는 세무조정을 하고, 기말 잔액을 초과하면 그 초과분을 손금불산입(유보)하는 세무조정을 한다.

| 사례 |

퇴직연금충당금 세무조정

구분	세무조정 전			기말 잔액*	세 무 조 정	차기이월 유보금액
	장부상 잔액	유보 잔액	세무상 잔액			
I	₩0	△₩70	₩70	₩100	〈손금산입〉 ₩30(△유보)	△₩100
II	₩0	△₩120	₩120	₩100	〈손금불산입〉 ₩20(유보)	△₩100
III	₩90	₩10	₩80	₩100	〈손금산입〉 ₩20(△유보)	△₩10
IV	₩120	△₩10	₩130	₩100	〈손금불산입〉 ₩30(유보)	₩20

* 퇴직연금충당금 계산 산식에 의해 산출된 금액을 의미한다.

Memo

4. 퇴직급여지급시의 처리

확정급여형 퇴직연금에 가입되어 있는 임원 또는 직원이 퇴직한 경우 이들에게 지급해야 할 퇴직급여 중에서 퇴직연금 운용회사에서 지급하는 금액은 퇴직연금충당금과 상계하여야 한다. 결국 확정급여형 퇴직연금에 가입되어 있는 임원 또는 직원에게 퇴직급여를 지급하는 경우의 처리순서는 다음과 같다.

① 퇴직연금충당금과 상계(퇴직연금부분) → ② 퇴직급여충당금과 상계 → ③ 퇴직급여(비용)

예제

〈상황 1〉 다음은 (주)나무의 제15기 사업연도(1. 1. ~ 12. 31.) 확정급여형 퇴직연금에 관한 자료이다. 이를 토대로 제15기에 필요한 세무조정을 제시하시오.

1. (주)나무의 제15기 사업연도 퇴직연금운용자산 및 퇴직급여충당금의 계정명세는 다음과 같다.

퇴직연금운용자산

기 초 잔 액	350,000,000	당 기 감 소	30,000,000
당 기 증 가	200,000,000	기 말 잔 액	520,000,000
	550,000,000		550,000,000

퇴직급여충당금

당 기 감 소	48,000,000	기 초 잔 액	278,000,000
기 말 잔 액	240,000,000	당 기 증 가	10,000,000
	288,000,000		288,000,000

2. 퇴직급여충당금에 대한 전기이월 유보금액은 ₩241,000,000이며, 당기말 퇴직금전환금은 없다.
3. 당기 퇴직급여충당금 감소액 ₩48,000,000은 당기에 퇴직한 종업원에게 퇴직일시금으로 지급한 금액으로서 이 중 ₩30,000,000은 퇴직연금운용회사로부터 종업원에게 직접 지급되었다. 회사는 이를 다음과 같이 회계처리 하였다.

   (차) 퇴직급여충당금 48,000,000 (대) ┌현 금 18,000,000
   └퇴직연금운용자산 30,000,000

4. 기말 퇴직급여추계액은 일시퇴직기준 ₩970,000,000, 보험수리기준 ₩980,000,000이다.
5. 회사는 퇴직부담금을 신고조정으로 손금에 산입하고 있으며, 전기말까지 신고조정으로 손금산입된 퇴직부담금(△유보 잔액)은 ₩342,000,000이다.

Memo

〈상황 2〉 다음은 (주)나무의 제15기 사업연도(1. 1. ~ 12. 31.) 확정급여형 퇴직연금에 관한 자료이다. 이를 토대로 제15기에 필요한 세무조정을 제시하시오.

1. (주)나무의 제15기 사업연도 퇴직연금운용자산 및 퇴직급여충당금의 계정명세는 다음과 같다.

퇴직연금운용자산

기 초 잔 액	350,000,000	당 기 감 소	30,000,000
당 기 증 가	200,000,000	기 말 잔 액	520,000,000
	550,000,000		550,000,000

퇴직급여충당금

당 기 감 소	18,000,000	기 초 잔 액	278,000,000
기 말 잔 액	270,000,000	당 기 증 가	10,000,000
	288,000,000		288,000,000

퇴직연금충당금

당 기 감 소	30,000,000	기 초 잔 액	342,000,000
기 말 잔 액	512,000,000	당 기 증 가	200,000,000
	542,000,000		542,000,000

2. 퇴직급여충당금에 대한 전기이월 유보금액은 ₩241,000,000이며, 당기말 퇴직금전환금은 없다.

3. 당기 퇴직급여충당금 감소액 ₩18,000,000은 당기에 퇴직한 종업원에게 퇴직일시금으로 지급한 금액이며 퇴직연금충당금 감소액 ₩30,000,000은 당기에 퇴직한 종업원에게 퇴직연금운용회사가 직접 지급한 금액이다. 회사는 이를 다음과 같이 회계처리 하였다.

(차)	퇴직급여충당금	18,000,000	(대)	현　　　　금	18,000,000
	퇴직연금충당금	30,000,000		퇴직연금운용자산	30,000,000

4. 기말 퇴직급여추계액은 일시퇴직기준 ₩970,000,000, 보험수리기준 ₩980,000,000이다.

5. 회사는 퇴직연금충당금을 장부에 계상하고 있으며, 전기말까지 이에 대한 유보 잔액은 없다.

Memo

해 답

〈상황 1〉

1. 퇴직금지급시의 세무조정

〈 손 금 산 입 〉 퇴직급여충당금 ₩30,000,000(△유보)

〈손금불산입〉 퇴직연금충당금 ₩30,000,000(유보)

2. 퇴직급여충당금

(1) 설정전잔액 : (₩278,000,000－₩48,000,000)－(₩241,000,000－₩30,000,000)＝₩19,000,000

(2) 당기 설정 : 〈손금불산입〉 퇴직급여충당금 ₩10,000,000(유보)

(3) 기말잔액 : ₩19,000,000＋₩0＝₩240,000,000－₩221,000,000*＝₩19,000,000

* 기말 유보잔액 : ₩241,000,000－₩30,000,000＋₩10,000,000＝₩221,000,000

3. 퇴직연금충당금

(1) 세무상 기말잔액 : Min[①, ②]＝₩520,000,000

① 추계액기준 : Max[₩970,000,000, ₩980,000,000]－₩19,000,000＝₩961,000,000

② 운용자산 잔액기준 : ₩520,000,000

(2) 세무조정전 잔액 : ₩342,000,000－₩30,000,000＝₩312,000,000

(3) 세무조정 : 〈 손 금 산 입 〉 퇴직연금충당금 ₩208,000,000(△유보)

〈상황 2〉

1. 퇴직금지급시의 세무조정 : 없음

2. 퇴직급여충당금

(1) 설정전잔액 : (₩278,000,000－₩18,000,000)－₩241,000,000＝₩19,000,000

(2) 당기 설정 : 〈손금불산입〉 퇴직급여충당금 ₩10,000,000(유보)

(3) 기말잔액 : ₩19,000,000＋₩0＝₩270,000,000－₩251,000,000*＝₩19,000,000

* 기말 유보잔액 : ₩241,000,000＋₩10,000,000＝₩251,000,000

3. 퇴직연금충당금

(1) 세무상 기말잔액 : Min[①, ②]＝₩520,000,000

① 추계액기준 : Max[₩970,000,000, ₩980,000,000]－₩19,000,000＝₩961,000,000

② 운용자산 잔액기준 : ₩520,000,000

(2) 세무조정전 잔액 : ₩512,000,000

(3) 세무조정 : 〈 손 금 산 입 〉 퇴직연금충당금 ₩8,000,000(△유보)

Memo

7.2 대손금과 대손충당금

※ 회계처리 방식의 비교

내 용	보충법	총액법
대손충당금 기초잔액 ₩100	–	대손충당금 100 충당금환입액(수익) 100
당기 중 대손처리 ₩60	대손충당금 60 매출채권 60	대손금 60 매출채권 60
상각채권의 회수 ₩10	현금 10 대손충당금 10	현금 10 영업외수익 10
대손충당금 기말잔액 ₩120	대손상각비 70 대손충당금 70	충당금설정액(비용) 120 대손충당금 120
회계처리 결과	B/S : 대손충당금 ₩120 I/S : 비용 ₩70	B/S : 대손충당금 ₩120 I/S : 수익 ₩110, 비용 ₩180

1. 대손금(≒수취채권)

(1) 대손금의 범위(대손 요건)

- 신고조정항목 : 대손요건 충족 → 손금 인정
- 결산조정항목 : 대손요건 충족+결산반영 → 손금 인정

구 분		장부상 회계처리	
		대손처리 (○)	대손처리 (×)
세무상 대손요건 충족	결산조정 항목	–	–
	신고조정 항목	–	〈익금불산입〉 (△유보)
세무상 대손요건 불충족		〈익금산입〉 (유보)	–

Memo

※ 대손요건

구 분	내 용
신고조정항목	① 상법, 어음법, 수표법, 민법에 의해 소멸시효가 완성된 채권 ② 채무자 회생 및 파산에 관한 법률에 따른 회생계획인가의 결정 또는 법원의 면책결정에 따라 회수불능으로 확정된 채권 ③ 서민의 금융생활 지원에 관한 법률에 따른 채무조정을 받아 신용회복지원협약에 따라 면책으로 확정된 채권 ④ 민사집행법 규정에 의해 채무자의 재산에 대한 경매가 취소된 압류채권
결산조정항목	① 채무자의 파산, 강제집행, 형의 집행, 사업의 폐지, 사망, 실종, 행방불명으로 인하여 회수할 수 없는 채권 ② 부도발생일로부터 6월 이상 경과한 수표 또는 어음상의 채권 및 외상매출금(중소기업의 외상매출금으로 부도발생일 이전의 것에 한한다). 다만, 당해 법인이 채무자의 재산에 대하여 저당권을 설정하고 있는 경우를 제외한다. * 사업연도 종료일 현재 회수되지 아니한 채권 금액에서 1천원을 공제한 금액을 대손금으로 한다. ③ 중소기업의 외상매출금 및 미수금으로서 회수기일이 2년 이상 지난 채권(특수관계인과의 거래로 인한 채권은 제외) ④ 민사소송법에 따른 화해 및 화해권고결정, 민사조정법에 따른 조정 및 조정을 갈음하는 결정(강제조정결정)에 따라 회수불능으로 확정된 채권 ⑤ 회수기일이 6개월 이상 지난 채권 중 30만원 이하(채무자별 합계액 기준)인 채권 ⑥ 금융회사 등의 채권 중 다음에 해당하는 것 a. 금융감독원장으로부터 대손금으로 승인받은 것 b. 금융감독원장이 대손처리를 요구한 채권으로서 대손금으로 계상한 것 ⑦ 중소기업창업투자회사의 창업자에 대한 채권으로서 중소벤처기업부장관이 기획재정부장관과 협의하여 정한 기준에 해당한다고 인정한 것 ⑧ 물품의 수출·외국에서의 용역제공으로 발생한 채권으로서 법정 사유에 해당하여 한국무역보험공사로부터 회수불능으로 확인된 채권

신고조정항목은 대손사유가 발생한 날이 속하는 사업연도의 손금으로 하고, 결산조정항목은 대손사유가 발생하여 손비로 계상한 사업연도의 손금으로 한다.

예 어음 ₩1,000,000 1매가 부도처리된 경우

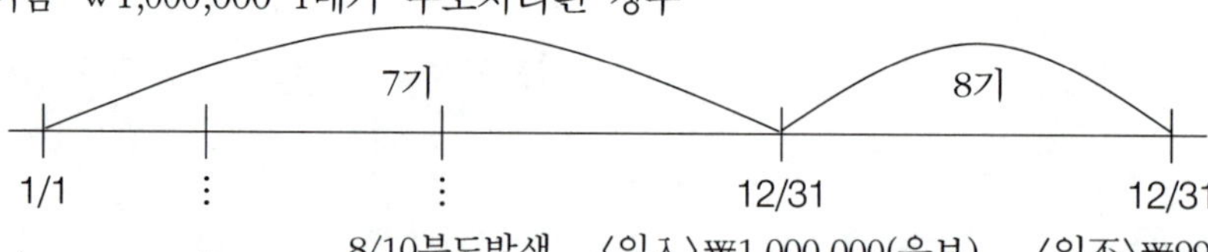

			12/31	12/31
i)	⋮	8/10부도발생 전액대손처리	〈익入〉₩1,000,000(유보) (부도 후 6개월 미경과)	〈익不〉₩999,000(△유보)
ii)	4/10부도발생 전액대손처리		〈익入〉 ₩1,000 (유보)	
iii)	4/10부도발생 대손처리×		×	

Memo

※ 중소기업과 비중소기업 대손요건 비교

구 분	부도일 + 6개월 경과		회수기일 + 2년 경과
	어음, 수표	외상매출금	외상매출금, 미수금
중소기업	○*	○*	○
비중소기업	○*	×	×

* 비망가액 ₩1,000 제외

(2) 대손금 부인 채권

① 특수관계인에 대한 업무무관 가지급금(특수관계인 판단은 대여시점을 기준으로 한다.)

② 채무보증으로 발생한 구상채권

* 대손세액공제를 받은 매출세액 미수금도 대손금으로 손금에 산입할 수 없음

구 분	장부상 대손처리 (○)	
	일반채권	대손금 부인 채권
세무상 대손요건 충족	–	〈손금불산입〉 (사외유출)
세무상 대손요건 불충족	〈익금산입〉 (유보)	〈익금산입〉 (유보)

(3) 대손금 회수액의 처리

전기 이전 대손처리 (차) 대손충당금 ×× (대) 수 취 채 권 ××	당기 회수 (차) 현 금 ×× (대) 대손충당금 ××
대손금 인정 : –	당기 익금(○) : –
대손금 부인 : 〈손금불산입〉(유보)	당기 익금(×) : 〈익금불산입〉(△유보)

2. 대손충당금 : 결산조정항목

구 분	세무조정 방법
기초 대손충당금 유보잔액	무조건 전액 추인(손금산입, △유보)
당기 대손충당금 설정한도	장부상 대손충당금 기말잔액과 비교하여 시부인 계산

대손충당금 설정한도액=대손충당금 설정대상채권×대손율

Memo

(1) 설정 대상채권 : 재무상태표상 채권 ± 유보 잔액

※ 설정 제외채권

① 가지급금

② 구상채권

③ 매각거래에 해당하는 할인어음, 배서양도어음

④ 부당행위계산부인에 해당하는 시가초과액

예 시가 10억원인 자산을 15억원에 외상판매한 경우

→ 미수금은 15억원 모두 인정. 하지만, 대손충당금 설정은 10억원에 대해서만 인정함

(2) 대손율 : Max[1%, 대손실적률*]

$$* \text{대손실적률} = \frac{\text{당해 사업연도의 세무상 대손금}}{\text{직전 사업연도 종료일 현재의 채권잔액}}$$

5기		6기
B. 대손처리		
T. 대손요건 불충족	→	T. 대손요건 충족
〈손不〉대손금 ₩100(유보)		〈손入〉전기대손금 ₩100(△유보)
5기 대손금 ×		6기 대손금 ○
5기 말 채권 ○		6기 말 채권 ×

예제 다음 자료를 이용하여 중소기업이 아닌 (주)나무의 제12기 사업연도(1. 1. ~ 12. 31.) 대손금 및 대손충당금에 대한 세무조정을 수행하시오. 전기까지의 세무조정은 적절히 수행되었다.

1. 전기말 자본금과 적립금조정명세서(을)상 기말잔액의 내역은 다음과 같다.

과 목	기말잔액
외상매출금 대손부인액	₩4,000,000
외상매출금 손금산입액	△1,000,000
대손충당금 한도초과액	1,200,000

* 외상매출금 대손부인액 중 ₩500,000은 당기에 현금으로 회수하였으며 ₩2,000,000은 당기에 민사소송법에 따른 화해권고결정으로 인해 회수불능으로 확정되었다. 외상매출금 손금산입액은 (주)종로에 대한 채권으로서 전기에 소멸시효가 완성된 채권이다.

2. 당기의 대손충당금계정은 다음과 같다.

대손충당금

당 기 상 계 액	₩5,700,000	기 초 잔 액	₩9,000,000
기 말 잔 액	8,300,000	당 기 증 가 액	5,000,000
계	₩14,000,000	계	₩14,000,000

* 당기상계액은 전기에 소멸시효가 완성된 (주)종로에 대한 외상매출금 ₩1,000,000과 당기 5월 20일에 부도가 발생한 거래처의 부도 전 외상매출금 ₩2,500,000 및 전기에 사망한 채무자에 대한 채권 ₩2,200,000으로 구성되어 있다.

Memo

3. 기초 및 기말 재무상태표상 수취채권내역은 다음과 같다.

구 분	기 초	기 말
매출채권	₩294,000,000	₩276,000,000
미 수 금	3,000,000	3,000,000
대 여 금	23,000,000	31,000,000
합 계	₩320,000,000	₩310,000,000

* 대여금은 모두 대주주에 대한 업무무관 가지급금이며 미수금은 당기에 회생계획인가 결정에 따라 회수불능으로 확정되었다. 매출채권 중 ₩4,000,000은 4월 15일에 부도발생한 받을어음이다.

해답

	기 초	대 손	기타 증감	기 말
B/S :	₩297,000,000	△₩5,700,000	~	₩279,000,000
유보	1,500,000	→	→	1,500,000
유보	500,000	→	△500,000 →	0
유보	2,000,000 →	△2,000,000	→	0
유보	△1,000,000 →	1,000,000	→	0
유보	0 →	2,500,000	→	2,500,000
유보	0 →	△3,000,000	→	△3,000,000
Tax :	₩300,000,000	△₩7,200,000	~	₩280,000,000

1. 대손금 세무조정

〈익금불산입〉 대손금 회수액 ₩500,000(△유보)
〈익금불산입〉 외상매출금(화해권고결정) ₩2,000,000(△유보)
〈손금불산입〉 전기 대손금((주)종로) ₩1,000,000(유보)
〈익금산입〉 외상매출금(부도 거래처) ₩2,500,000(유보)
〈익금불산입〉 미수금(회생계획인가결정) ₩3,000,000(△유보)

2. 대손충당금 세무조정

(1) 한도액 : ₩280,000,000×Max[1%, 2.4%*]=₩6,720,000

* 대손실적률 $= \frac{₩7,200,000}{₩300,000,000} = 2.4\%$

(2) 한도초과액 : ₩8,300,000−₩6,720,000=₩1,580,000

(3) 세무조정

〈손금불산입〉 당기 대손충당금 한도초과액 ₩1,580,000(유보)
〈익금불산입〉 전기 대손충당금 한도초과액 ₩1,200,000(△유보)

Memo

7.3 일시상각충당금과 압축기장충당금

1. 기본구조

• 결산조정을 원칙으로 하되 신고조정을 허용함

구 분	Book	Tax	세무조정
전 입	–	전 입 액 100 / 충 당 금 100	〈손入〉 충당금 100(△유보)
환 입	–	충 당 금 40 / 환 입 액 40	〈익入〉 충당금 40(유보)

※ 일시상각충당금과 압축기장충당금의 설정은 과세시점의 이연일 뿐, 법인세 면제의 효과는 없다.

2. 충당금의 설정

(1) 설정 대상

구 분	Book	Tax
국고보조금, 공사부담금	자산차감 또는 이연수익 항목	익금 항목
보험차익	수익 항목	익금 항목

※ 국고보조금, 공사부담금, 보험차익으로 자산 취득시 충당금 설정 허용 → 익금효과 상쇄

(2) 설정 방법

구 분	국고보조금	공사부담금	보험차익
요 건	국고보조금을 사업용자산(유형·무형자산과 석유류)의 취득·개량에 사용	공사부담금을 해당 시설을 구성하는 사업용자산 취득에 사용	보험차익을 멸실된 유형자산과 동일한 종류의 유형자산의 취득·개량에 사용
사 용 기 한	다음 사업연도 개시일부터 1년 이내		2년 이내
손 금 산 입 액	국고보조금으로 취득한 사업용자산가액	공사부담금으로 취득한 유형자산가액	보험차익으로 취득한 유형자산가액
손금산입시기	지급받은 사업연도(자산을 취득한 사업연도(×))		

Memo

예

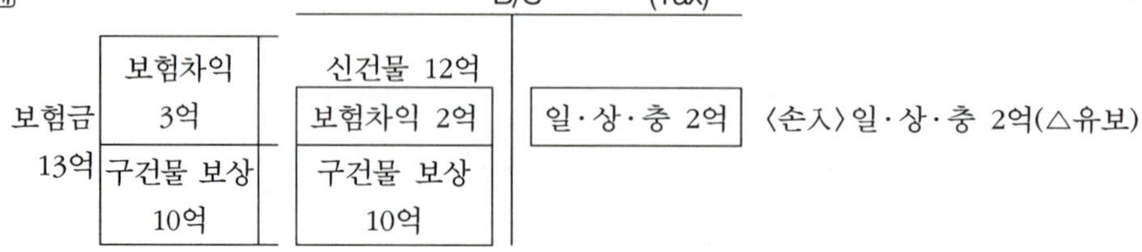

3. 충당금의 환입

(1) 감가상각비와 상계(손금산입된 감가상각비 비율만큼 환입)

예 건물 12억, 감가상각비 계상 1.3억, 상각범위액 1.2억, 일시상각충당금 2억인 경우
일시상각충당금 환입액 : 2억×1.2억/12억=0.2억

(2) 자산 처분시 미상계 잔액 전액 환입

(3) 1년(2년) 이내 자산 미취득시 전액 환입

※ 충당금 설정 대상 자산이 감가상각대상 자산인 경우에는 일시상각충당금을, 이외의 자산인 경우에는 압축기장충당금을 설정한다.

7.4 준비금

1. 기본구조

- 원칙 : 결산조정
- 예외 : 잉여금처분에 의한 신고조정 허용

〈잉여금처분에 의한 신고조정〉

구 분	법인세법	장부상 분개*	세무조정
준비금 설정	(차) 준비금 전입액(비용) ×× (대) 준비금(부채) ××	(차) 미처분이익잉여금 ×× (대) 준비금(임의적립금) ××	〈손入〉 ×× (△유보)
준비금 환입	(차) 준비금(부채) ×× (대) 준비금 환입액(수익) ××	(차) 준비금(임의적립금) ×× (대) 미처분이익잉여금 ××	〈익入〉 ×× (유보)

* 준비금 설정 및 환입에 대한 장부상 분개
① 설정 : 준비금을 신고조정으로 손금산입하려면 미처분이익잉여금을 처분하여 임의적립금으로 적립해야 한다.
② 환입 : 세법규정에 따라 준비금이 환입되어 과세되고 나면 임의적립금을 미처분이익잉여금으로 이입할 수 있다.

결산조정하지 않고 신고조정을 통하여 손금에 산입하려면 미처분이익잉여금의 적립이 필요하므로 결국 준비금의 설정 가능금액은 다음과 같다.

설정가능금액=Min[준비금의 세법상한도액, 임의적립금 적립액]

※ 준비금의 설정은 과세시점의 이연일 뿐, 법인세 면제의 효과는 없다.

Memo

2. 종류 및 성격

<table>
<tr><th>대상법인</th><th>종 류</th><th>신고조정 허용여부</th></tr>
<tr><td rowspan="3">보험업 법인</td><td>책임준비금</td><td>결산조정만 인정</td></tr>
<tr><td>해약환급준비금</td><td rowspan="3">결산조정을 원칙으로 하되 잉여금처분에 의한 신고조정 허용</td></tr>
<tr><td>비상위험준비금</td></tr>
<tr><td>비영리 법인</td><td>고유목적사업준비금</td></tr>
</table>

* 고유목적사업준비금은 외부감사를 받는 비영리법인에 한하여, 비상위험준비금은 한국채택국제회계기준을 적용하는 보험사업 법인에 한하여 잉여금처분에 의한 신고조정을 허용한다.

3. 고유목적사업준비금

(1) 설정

비영리내국법인이 그 법인의 고유목적사업이나 일반기부금에 지출하기 위하여 고유목적사업준비금을 손비로 계상한 경우(이익처분에 의해 적립되어 있는 경우 포함)에는 다음에 제시한 한도 내에서 이를 손금에 산입한다.

> 설정한도 : (A+B)[*1]
> A. (이자소득금액+배당소득금액)[*2]×100%
> B. (수익사업소득금액[*3]−이자·배당소득금액−이월결손금[*4]−특례기부금 손금산입액)×50%[*5]

*1. B의 수익사업에서 결손금이 발생한 경우에는 A에서 그 결손금을 차감한 금액을 설정한도로 한다.
2. 이자소득금액에서 비영업대금의 이익은 제외하고, 배당소득금액에서 상속세·증여세 과세가액에 산입되거나 증여세가 부과되는 주식 등으로부터 발생한 배당소득은 제외한다.
3. 수익사업소득금액은 고유목적사업준비금과 특례기부금을 손금에 산입하기 전의 소득금액을 말하며, 경정으로 증가된 소득금액 중 특수관계인에게 상여 및 기타소득으로 처분된 금액은 제외한다.
4. 이월결손금은 과세표준 계산시 공제가능한 이월결손금을 말한다.
5. 특정 비영리법인의 경우에는 수익사업소득에 대한 설정 한도율을 다음과 같이 달리 적용한다.

대 상 법 인	한도율
공익법인의 설립·운영에 관한 법률에 의해 설립된 법인으로서 고유목적사업 등에 대한 지출액 중 50% 이상을 장학금으로 지출하는 법인	80%
① 사립학교법인, 산학협력단, 평생교육시설 운영법인, 국립대학법인 ② 사회복지법인 ③ 국립대학병원, 국립대학치과병원, 서울대학교 병원, 서울대학교치과병원, 국립암센터, 지방의료원, 대한적십자사 운영병원, 국립중앙의료원 ④ 도서관, 박물관, 미술관 운영법인 ⑤ 정부로부터 인·허가를 받은 문화예술단체 및 체육단체(국가대표 활동 관련 수익사업) ⑥ 공익법인의 설립·운영에 관한 법률에 의해 설립된 법인으로서 고유목적사업이나 일반기부금에 대한 지출액 중 80% 이상을 장학금으로 지출한 법인 ⑦ 공무원연금공단, 사립학교교직원연금공단	100%

Memo

(2) 상계과 환입

구 분	내 용
사 용	고유목적사업준비금을 손금에 산입한 사업연도 종료일 이후 5년이 되는 날까지 고유목적사업이나 일반기부금 지출에 사용
환 입	① 5년 이내에 사용한 경우 : 사용시점에 먼저 계상한 준비금부터 차례로 상계(환입) * 고유목적사업등에 지출한 금액이 직전기 말 고유목적사업준비금 잔액을 초과한 경우 초과하는 금액은 그 사업연도에 계상할 고유목적사업준비금에서 지출한 것으로 본다. ② 5년 이내에 사용하지 않은 경우 : 남은 금액을 전액 환입(미사용분 일시환입) ③ 5년 이내에 잔액 중 일부를 감소시켜 익금에 산입한 경우 : 해당 금액을 먼저 계상한 준비금부터 차례로 환입(중도 임의환입) ④ 고유목적사업 등이 아닌 용도에 사용한 경우 : 해당 금액을 전액 환입 ⑤ 기타의 경우 : 남은 금액을 전액 환입 a. 해산한 경우(고유목적사업준비금을 다른 비영리법인에 승계한 경우는 제외) b. 고유목적사업을 전부 폐지한 경우 c. 법인으로 보는 단체가 국세기본법에 따라 승인취소되거나 거주자로 변경된 경우

(3) 미사용분 이자추징

상기 환입사유 ②~④의 경우에는 해당 금액의 당초 손금산입으로 인하여 감소한 법인세의 이자상당액을 환입하는 사업연도의 법인세에 더하여 납부하여야 한다.

$$\text{이자상당액} = \text{감소한 법인세}^{*1} \times \text{기간}^{*2} \times \frac{2.2}{10,000}$$

* 1. 감소한 법인세 : (설정연도 과세표준+미사용준비금)×설정연도 법인세율－설정연도 산출세액
  2. 기간 : 준비금을 손금산입한 사업연도의 다음 사업연도 개시일부터 미사용분을 익금산입하는 사업연도 종료일까지의 일수

Memo

합병 및 분할 등에 대한 특례

8.1 합병에 대한 특례

1. 합병에 대한 기본적인 과세체계

구 분	납세의무자	과 세 대 상
합병시 과세문제	피합병법인	양도손익
	합병법인	합병매수차익(차손)
	피합병법인의 주주	합병시 의제배당

(1) 피합병법인의 양도손익

피합병법인이 합병으로 해산하는 경우 그 법인의 자산을 합병법인에 양도한 것으로 본다.

> 양도손익=합병법인으로부터 받은 양도가액*−피합병법인의 순자산 장부가액

* 합병법인으로부터 받은 양도가액은 다음 금액의 합계액으로 한다.
  1. 합병법인 또는 합병법인의 완전모회사의 주식 및 금전(합병교부금)이나 그 밖의 재산가액. 단, 포합주식(합병법인이 합병등기일 전 취득한 피합병법인의 주식)이 있는 경우 그 포합주식에 대해 합병법인 또는 합병법인의 완전모회사의 주식을 교부하지 않더라도 그 지분비율에 따라 주식을 교부한 것으로 보아 양도가액을 계산한다.
  2. 합병법인이 납부하는 피합병법인의 법인세(법인세에 부가되는 국세포함)와 법인지방소득세

(2) 합병법인의 합병매수차익(차손)

합병법인은 피합병법인의 자산을 합병등기일 현재의 시가로 양도받은 것으로 본다.

① 합병매수차익 : 합병등기일부터 5년간 균등하게 나누어(월할계산) 익금에 산입

> '피합병법인의 순자산 시가 > 피합병법인에 지급한 양도가액'인 경우 그 차액

② 합병매수차손 : 합병법인이 피합병법인의 상호·거래관계, 그 밖의 영업상의 비밀 등에 의하여 사업상 가치가 있다고 보아 대가를 지급한 경우에 한하여 합병등기일부터 5년간 균등하게 나누어(월할계산) 손금에 산입

> '피합병법인의 순자산 시가 < 피합병법인에 지급한 양도가액'인 경우 그 차액

Memo

(3) 피합병법인 주주의 합병시 의제배당

의제배당=합병법인으로부터 받은 합병대가(시가)*－피합병법인 주식 취득에 소요된 금액

* 합병으로 인하여 취득하는 합병법인 또는 합병법인의 완전모회사 의 주식 등의 가액과 금전이나 그 밖의 재산가액의 합계액

2. 합병에 대한 과세이연

구 분	과세이연요건
① 사업목적의 합병	합병등기일 현재 1년 이상 사업을 계속하던 내국법인 간의 합병일 것
② 지분의 연속성	피합병법인의 주주 등이 합병으로 인하여 받은 합병대가의 총 합계액 중 합병법인의 주식가액이 80% 이상이거나 합병법인의 완전모회사의 주식가액이 80% 이상인 경우로서 다음 요건을 충족할 것 a. 지배주주등에게 다음 가액 이상의 주식을 각각 배정할 것 [합병교부주식등의 총합계액* ×지분비율] * 합병포합주식등에 대한 간주 교부분을 포함한다. b. 지배주주등이 합병등기일이 속하는 사업연도 종료일까지 그들이 교부받은 전체 주식의 50%를 초과하여 보유할 것 * 합병으로 교부받은 주식을 지배주주 서로 간에 처분하는 것은 그 주식을 처분한 것으로 보지 아니하고, 해당 주주등이 합병법인 주식을 처분하는 경우 각 주식의 실제 처분시기와 관계없이 합병법인이 선택한 주식을 처분한 것으로 본다.
③ 사업의 계속성	합병법인이 합병등기일이 속하는 사업연도의 종료일까지 피합병법인으로부터 승계받은 사업을 계속할 것
④ 고용승계	합병등기일 1개월 전 당시 피합병법인에 종사하는 근로자 중 합병법인이 승계한 근로자의 비율이 80% 이상이고 합병등기일이 속하는 사업연도 종료일까지 그 비율을 유지할 것

* 1. 상기 요건 중 ① 항목과 ②.a 항목은 합병시점에 충족해야 할 요건이다, 그러나 ②.b 항목, ③ 항목, ④항목은 합병등기일이 속하는 사업연도의 종료일까지 지속적으로 충족하여야 하며, 일단 충족한 이후라도 다음 사업연도 개시일부터 2년(④의 경우는 3년) 이내에 요건에 흠결이 발생하면 과세이연이 중단된다.
  2. 합병법인이 합병등기일이 속하는 사업연도의 종료일 이전에 피합병법인으로부터 승계한 자산가액(유형·무형자산 및 투자자산의 가액)의 50% 이상을 처분하거나 사업에 사용하지 않는 경우에는 '사업의 계속성' 요건에 해당하지 않는 것으로 한다.
  3. 고용승계 대상 근로자는 근로기준법에 따라 근로계약을 체결한 내국인 근로자를 말하며, ① 임원, ② 합병등기 사업연도 말 이전에 정년이 도래하여 퇴직이 예정된 근로자, ③ 합병등기 사업연도 말 이전에 사망한 근로자 또는 질병, 부상 등의 사유로 퇴직한 근로자, ④ 일용근로자, ⑤ 계약기간 6개월 미만인 근로자(근로계약 연속 갱신으로 근로계약의 총 기간이 1년 이상인 자는 제외), ⑥ 금고 이상의 형을 받는 등 본인의 중대한 귀책사유로 퇴직한 근로자는 제외한다.
  4. 내국법인이 발행주식총수 또는 출자총액을 소유하고 있는 다른 법인을 합병하거나 그 다른 법인에 합병되는 경우(완전지배관계에 있는 법인간 합병) 또는 동일 내국법인이 발행주식총수 또는 출자총액을 소유하고 있는 서로 다른 법인 간에 합병하는 경우(완전자법인간 합병)에는 별도의 조건 없이 과세이연요건을 충족한 것으로 본다.

참고 자본시장과 금융투자업에 관한 법률에 의한 기업인수목적회사와의 합병에 있어서 과세이연요건 적용

1. 기업인수목적회사는 '사업목적의 합병' 요건(① 항목)을 갖춘 것으로 본다.
2. 기업인수목적회사와의 합병에서는 피합병법인의 지배주주에 대한 요건을 배제한다.
3. 기업인수목적회사가 피합병법인인 경우 합병법인은 '사업의 계속성' 요건(③ 항목)을 갖춘 것으로 본다.

Memo

3. 과세이연요건 충족의 효과

(1) 피합병법인의 양도손익

피합병법인이 합병법인으로부터 받은 양도가액을 피합병법인의 합병등기일 현재의 순자산 장부가액으로 보아 양도손익이 없는 것으로 할 수 있다.

(2) 합병법인의 합병매수차익(차손)

합병법인은 피합병법인의 자산을 장부가액으로 양도받은 것으로 한다. 이 경우 양도받은 자산 및 부채의 가액을 합병등기일 현재의 시가로 계상하되 시가에서 피합병법인의 장부가액을 뺀 금액이 0보다 큰 경우 그 차액을 익금에 산입하고 이에 상당하는 금액을 자산조정계정으로 손금에 산입하며, 0보다 작은 경우에는 이와 반대로 처리한다. 따라서 합병시점에 합병매수차익(차손)은 과세되지 아니하며 자산조정계정은 각 자산의 상각이나 처분시 익금(또는 손금)에 산입된다.

자산조정계정=자산의 시가−피합병법인의 장부가액

① 감가상각자산에 설정된 자산조정계정 : 자산조정계정이 0보다 큰 경우에는 해당 자산의 감가상각비와 상계하고 0보다 작은 경우에는 감가상각비에 가산. 해당 자산의 처분시에는 남은 금액을 전액 익금 또는 손금에 산입

② 이외의 자산에 설정된 자산조정계정 : 해당 자산의 처분시 전액 익금 또는 손금에 산입

(3) 피합병법인 주주의 합병시 의제배당

합병법인으로부터 받은 합병대가 중 주식의 가액은 종전의 장부가액(합병대가 중 일부를 금전이나 그 밖의 재산으로 받은 경우에는 종전의 장부가액과 시가 중 작은 금액)으로 평가한다.

구 분	합병대가 중 주식가액의 평가(적격합병)
주식만을 수령한 경우	종전의 장부가액
주식 외의 재산 수령액이 있는 경우	Min[종전의 장부가액, 시가]

∴ 과세소득=Min[실현된 이익, 금전 등 수령액]

* 피합병법인 주주의 합병시 의제배당 귀속시기는 합병등기일이므로 '지분의 연속성' 중 주식 의무보유 요건(②.b 항목)과 '사업의 계속성' 요건(③ 항목) 및 '고용승계' 요건(④항목)은 제외하고 과세이연요건 충족 여부를 판단한다.

Memo

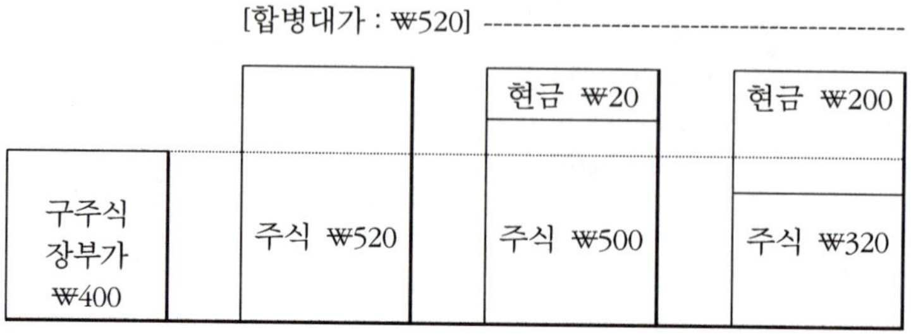

[비적격]	신주식 취득가액 :	₩520	₩500	₩320
	합병시 의제배당 :	₩120	₩120	₩120
[적　격]	신주식 취득가액 :	₩400	₩400	₩320
	합병시 의제배당 :	₩0	₩20	₩120

(4) 합병 이후 합병차익의 자본전입으로 수령한 무상주의 의제배당 해당 여부

적격합병 이후 합병법인이 합병차익을 자본전입하고 무상주를 교부하는 경우 다음 항목의 합계액에 해당하는 금액(합병차익을 한도로 함)은 의제배당 대상인 잉여금으로 본다.

* 합병차익의 일부를 자본전입하는 경우에는 의제배당 대상이 아닌 부분을 먼저 전입한 것으로 본다.

① 합병으로 인한 자산평가증액(자산조정계정 합계액)

② 피합병법인의 의제배당대상 자본잉여금 상당액

③ 피합병법인의 이익잉여금 상당액

4. 과세이연 중단

(1) 과세이연 중단 사유

합병등기일이 속하는 사업연도의 다음 사업연도 개시일부터 다음에 제시된 기간 이내에 각 해당 사유가 발생하는 경우에는 합병법인에 대한 과세이연이 중단된다.

중　　단　　사　　유	기간
① 피합병법인 지배주주등이 합병대가로 받은 전체 주식의 50% 이상을 처분하는 경우	2년
② 합병법인이 피합병법인으로부터 승계받은 사업을 폐지하는 경우	
③ 각 사업연도 종료일 현재 합병법인 근로자 수가 합병등기일 1개월 전 당시 피합병법인과 합병법인에 각각 종사하는 근로자 수의 합의 80% 미만으로 하락하는 경우	3년

* 1. 합병법인이 합병등기일이 속하는 사업연도의 다음 사업연도 개시일부터 2년 이내에 피합병법인으로부터 승계한 자산가액(유형·무형자산 및 투자자산의 가액)의 50% 이상을 처분하거나 사업에 사용하지 않는 경우에는 피합병법인으로부터 승계받은 사업을 폐지한 것으로 본다.

2. 완전지배관계에 있는 법인간 합병 또는 완전자법인간 합병에 해당하여 합병법인에 대한 과세가 이연되는 경우에는 과세이연 중단을 적용하지 아니한다.

Memo

(2) 과세이연 중단의 효과

① 자산조정계정 소멸 및 각종 승계분의 효과 취소

a. 자산조정계정 잔액의 총합계액(총합계액이 0보다 큰 경우에 한정하며, 총합계액이 0보다 작은 경우에는 없는 것으로 본다)을 전액 익금에 산입한다. 이 경우 자산조정계정은 소멸하는 것으로 한다.

b. 피합병법인으로부터 승계받은 결손금 중 공제한 금액 전액을 익금에 산입한다.

c. 피합병법인으로부터 승계한 세무조정사항 중 익금불산입액은 더하고 손금불산입액은 뺀다.

d. 피합병법인으로부터 승계받아 공제한 감면·세액공제액 등을 해당 사업연도의 법인세에 더하여 납부한 후 해당 사업연도부터 감면·세액공제를 적용하지 아니한다.

② 합병매수차익 및 합병매수차손의 인식

a. 합병매수차익 : 합병 당시 합병법인이 피합병법인에 지급한 양도가액이 피합병법인의 합병등기일 현재의 순자산시가에 미달하는 경우 합병매수차익에 상당하는 금액을 과세이연 중단 사유가 발생한 날이 속하는 사업연도에 손금에 산입하고, 이를 합병등기일부터 5년이 되는 날까지 다음 구분에 따라 분할하여 익금에 산입한다.

구 분	익금산입액
(1) 과세이연 중단 사유가 발생한 날이 속하는 사업연도	합병매수차익× $\frac{\text{합병등기일부터 해당 사업연도 종료일까지의 월수}}{\text{60월}}$ * 월수는 역에 따라 계산하되 1월 미만의 일수는 1월로 한다.
(2) 이후의 사업연도부터 합병등기일부터 5년이 되는 날이 속하는 사업연도	합병매수차익× $\frac{\text{해당 사업연도의 월수}}{\text{60월}}$ * 합병등기일이 속하는 월의 일수가 1월 미만인 경우 합병등기일부터 5년이 되는 날이 속하는 월은 없는 것으로 한다.

b. 합병매수차손 : 합병 당시 합병법인이 피합병법인에 지급한 양도가액이 피합병법인의 합병등기일 현재의 순자산시가를 초과하는 경우 합병매수차손에 상당하는 금액을 과세이연 중단 사유가 발생한 날이 속하는 사업연도에 익금에 산입하되, 합병법인이 피합병법인의 상호·거래관계, 그 밖의 영업상의 비밀 등에 의하여 사업상 가치가 있다고 보아 대가를 지급한 경우에 한하여 그 금액을 합병매수차익의 경우와 같은 방법으로 손금에 산입한다.

Memo

5. 합병에 대한 과세체계 비교

구 분	기본적인 과세체계	과세이연요건을 충족한 경우
(1) 피합병법인	양도손익=합병대가*－자기자본 * 교부받은 재산의 시가로 평가함	양도손익=합병대가*－자기자본 * 피합병법인의 순자산 장부가액으로 평가함 (양도손익 : ₩0)
(2) 합병법인	피합병법인의 자산 : 시가 승계 * 피합병법인의 순자산 시가와 피합병법인에게 지급한 양도가액의 차액을 합병매수차익(차손)으로 계상하고 5년간 익금(손금)에 산입	피합병법인의 자산 : 장부가 승계 * 피합병법인의 자산을 시가로 계상하되 시가와 장부가액의 차액을 자산조정계정으로 계상하여 관련 자산의 상각이나 처분시 익금(또는 손금)에 산입
(3) 피합병법인의 주주	합병으로 인한 의제배당소득 =합병대가*－소멸주식 취득가액 * 교부받은 주식은 시가로 평가함	합병으로 인한 의제배당소득 = 합병대가*－소멸주식 취득가액 * 교부받은 주식은 종전 장부가액으로 평가함 (의제배당소득 : ₩0)

예제 제7기 4월 1일 A회사가 B회사를 흡수합병

Ⅰ. 양도손익 B

재고자산	100	부채	500
기계장치	200	자본금	250
토지	300	주식발행초과금	100
건물	400	자기주식처분익	50
		이익잉여금	100
	1,000		1,000

자산·부채 승계 ⟷

합병대가(A주식)
(액면가 ₩200,
시가 ₩520)

A Ⅱ. 합병매수차익

재고자산	100	부채	500
기계장치	230	자본금	200
토지	350	주식발행초과금	320
건물	420	염가매수차익 (수익)	80

B주식 소각 ↑ (취득가 ₩400)
A주식 수령 ↓ (시가 ₩520)

Ⅲ. 의제배당 甲(주주)

Memo

〈상황 Ⅰ〉 과세이연요건을 충족하지 못한 경우

1. 피합병법인 B
   - 양도손익 : ₩520－₩500＝₩20 ⇨ 각사업연도소득금액에 포함하여 과세

2. 합병법인 A
   - 피합병법인의 자산을 시가로 승계
   - 합병매수차익 : ₩600－₩520＝₩80 ⇨ 합병등기일부터 5년간 월할계산하여 익금에 산입

   〈익금불산입〉 합병매수차익 ₩80(△유보)
   〈 익 금 산 입 〉 합병매수차익 ₩12(유보) … ₩80×9/60＝₩12

3. 피합병법인의 주주 甲
   - 합병시 의제배당 : ₩520－₩400＝₩120 ⇨ 배당금수익으로 과세

〈상황 Ⅱ〉 과세이연요건을 충족한 경우

1. 피합병법인 B
   - 양도손익 : ₩500－₩500＝₩0 ⇨ 양도가액을 순자산 장부가액으로 평가

2. 합병법인 A
   - 피합병법인의 자산을 장부가로 승계(시가로 계상하되 자산조정계정 설정)

구 분	장부가	시가	자산조정
재고자산	₩100	₩100	－
기계장치	200	230	₩30
토 지	300	350	50
건 물	400	420	20
합 계	₩1,000	₩1,100	₩100

   〈익금산입〉 주식발행초과금 ₩20(기타) ⇨ 장부상 염가매수차익과 함께 익금 ₩100 구성
   〈손금산입〉 자산조정계정(기계장치) ₩30(△유보)
   〈손금산입〉 자산조정계정(토지) ₩50(△유보) ⇨ 손금 ₩100 구성
   〈손금산입〉 자산조정계정(건물) ₩20(△유보) (이후 상각·처분시 추인)

3. 피합병법인의 주주 甲
   - 합병시 의제배당 : ₩400－₩400＝₩0 ⇨ 합병법인의 주식을 종전의 장부가액으로 평가

4. 제9기에 A가 주식발행초과금 중 ₩350을 자본전입하는 경우 주주의 의제배당
   단, 합병시 A의 회계처리는 다음과 같다고 가정한다.

(차)	재고자산	100	(대)	부채	500
	기계장치	230		자본금	200
	토지	350		주식발행초과금	400
	건물	420			

Memo

(1) 합병차익 중 의제배당 대상인 잉여금

① 자산평가증액(자산조정계정 해당금액)	₩100
② 자기주식처분이익 상당액(의제배당 대상인 자본잉여금)	50
③ 이익잉여금 상당액	100
합 계	₩250

(2) 합병차익 중 의제배당 대상이 아닌 잉여금 : ₩400－₩250＝₩150

(3) 무상주 의제배당 : ₩350－₩150＝₩200

* 의제배당 대상이 아닌 잉여금을 먼저 전입한 것으로 본다.

5. 제9기에 과세이연이 중단되는 경우 A의 세무조정

(1) 자산조정계정 소멸

〈 익 금 산 입 〉 자산조정계정(기계장치) ₩18(유보)

〈 익 금 산 입 〉 자산조정계정(토지) ₩50(유보)

〈 익 금 산 입 〉 자산조정계정(건물) ₩16(유보)

* 위 금액은 자산조정계정 잔여분의 가정치임

(2) 합병매수차익 인식

〈익금불산입〉 합병매수차익 ₩80(△유보)

〈 익 금 산 입 〉 합병매수차익 ₩44(유보) … ₩80×(9＋12＋12)/60＝₩44

8.2 인적분할에 대한 특례

1. 분할의 유형

(1) 단순분할과 분할합병

① 단순분할 : 분할된 사업부가 독립된 회사로 신설되는 유형

② 분할합병 : 분할된 사업부가 다른 회사에 흡수합병(흡수분할합병)되거나 다른 회사와 합하여 새로운 회사를 신설하는 유형(신설분할합병)

(2) 완전분할과 불완전분할

① 완전분할 : 분할법인이 분할에 의해 소멸하는 유형

② 불완전분할 : 분할법인이 분할에 의해 소멸하지 않고 존속하는 유형

(3) 인적분할과 물적분할

① 인적분할 : 분할대가를 분할법인의 주주에게 교부하는 유형(합병의 경우와 동일)

② 물적분할 : 분할대가를 분할법인에게 교부하는 유형(현물출자의 경우와 동일)

Memo

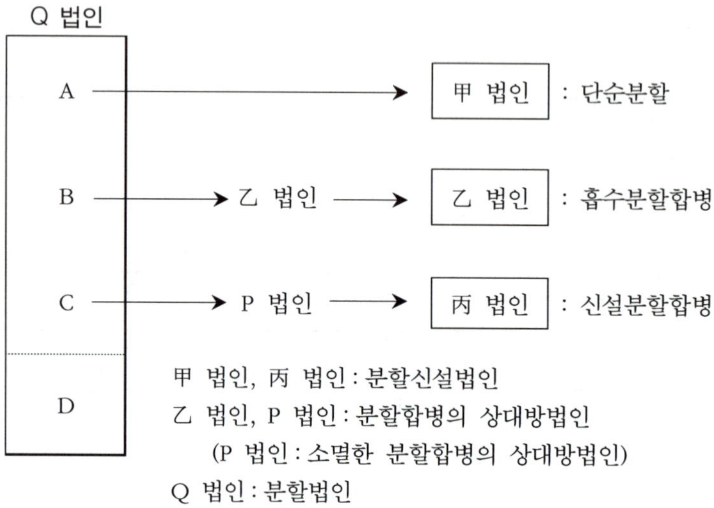

2. 인적분할에 대한 기본적인 과세체계

구　　분	납세의무자	과 세 대 상
인적분할시 과세문제	분할법인등	양도손익
	분할신설법인등	분할매수차익(차손)
	분할법인등의 주주	분할시 의제배당

* 인적분할 과세체계의 기본구조 및 세부적인 내용은 합병의 경우와 같다.

3. 적격분할에 대한 과세이연

(1) 과세이연요건

구　　분	과세이연요건
① 사업목적의 분할	분할등기일 현재 5년 이상 사업을 계속하던 내국법인이 다음의 요건을 모두 갖추어 분할하는 것일 것 * 분할합병의 경우에는 소멸한 분할합병의 상대방법인 및 분할합병의 상대방법인이 분할등기일 현재 1년 이상 사업을 계속하던 내국법인일 것 a. 분리하여 사업이 가능한 독립된 사업부문을 분할하는 것일 것 b. 분할하는 사업부문의 자산과 부채가 포괄적으로 승계될 것 (다만, 공동으로 사용하던 자산, 채무자의 변경이 불가능한 부채 등 분할하기 어려운 법 소정 자산과 부채 등은 제외함) c. 분할법인 등만의 출자에 의하여 분할하는 것일 것

Memo

② 지분의 연속성	분할법인등의 주주가 분할신설법인등으로부터 받은 분할대가의 전액이 주식인 경우(분할합병의 경우에는 80% 이상이 분할신설법인등의 주식인 경우 또는 80% 이상이 분할합병의 상대방 법인의 완전모회사의 주식인 경우)로서 다음 요건을 충족할 것 a. 분할법인등의 주주가 소유하던 주식의 비율에 따라 배정할 것 * 분할합병의 경우에는 합병의 경우와 동일하게 판단한다(지배주주등에게 '분할합병 교부주식등의 총합계액×지분비율' 이상의 주식을 각각 배정할 것). b. 지배주주등이 분할등기일이 속하는 사업연도 종료일까지 그들이 교부받은 전체 주식의 50%를 초과하여 보유할 것 * 주식처분과 관련된 예외사항은 합병의 경우와 같다.
③ 사업의 계속성	분할신설법인등이 분할등기일이 속하는 사업연도의 종료일까지 분할법인등으로부터 승계받은 사업을 계속할 것
④ 고용승계	분할등기일 1개월 전 당시 분할하는 사업부문에 종사하는 근로자 중 분할신설법인 등이 승계한 근로자의 비율이 80% 이상이고, 분할등기일이 속하는 사업연도 종료일까지 그 비율을 유지할 것

* 1. 상기 요건 중 ① 항목과 ② a. 항목은 분할시점에 충족해야 할 요건이다, 그러나 ② b. 항목, ③ 항목, ④ 항목은 분할등기일이 속하는 사업연도의 종료일까지 지속적으로 충족하여야 하며, 일단 충족한 이후라도 다음 사업연도 개시일부터 2년(④의 경우는 3년) 이내에 요건에 흠결이 발생하면 과세이연이 중단된다.
  2. 부득이한 사유에 대한 예외 등 과세이연요건 충족과 관련된 세부적인 내용은 합병의 경우와 같다.
  3. 부동산임대업을 주업으로 하고, 분할법인으로부터 승계한 자산 중 토지·건물 및 부동산에 관한 권리가 80% 이상인 사업부문을 분할하는 경우에는 적격분할로 보지 아니한다.

(2) 과세이연요건 충족에 따른 효과

① 분할법인등의 양도손익

분할법인등이 분할신설법인등으로부터 받은 양도가액을 분할법인등의 분할등기일 현재의 순자산 장부가액으로 보아 양도손익이 없는 것으로 할 수 있다.

② 분할신설법인등의 분할매수차익(차손)

분할신설법인등은 분할법인등의 자산을 장부가액으로 양도받은 것으로 한다(양도받은 자산 및 부채의 가액을 시가로 계상하되 장부가액과의 차액을 자산조정계정으로 계상).

③ 분할법인등 주주의 분할시 의제배당

분할신설법인등으로부터 받은 분할대가 중 주식의 가액은 종전의 장부가액(분할대가 중 일부를 금전이나 그 밖의 재산으로 받은 경우에는 종전의 장부가액과 시가 중 작은 금액)으로 평가한다.

구 분	분할대가 중 주식가액의 평가(적격인적분할)
주식만을 수령한 경우	종전의 장부가액
주식 외의 재산 수령액이 있는 경우	Min[종전의 장부가액, 시가]

∴ 과세소득=Min[실현된 이익, 금전 등 수령액]

* 적격인적분할 과세이연 방식의 기본구조 및 세부적인 내용은 합병의 경우와 같다.

Memo

④ 분할 이후 분할차익의 자본전입으로 수령한 무상주의 의제배당 해당 여부 : 다음 항목의 합계액에 해당하는 금액(분할차익을 한도로 함)은 의제배당 대상인 잉여금으로 본다.

* 분할차익의 일부를 자본전입하는 경우에는 의제배당 대상이 아닌 부분을 먼저 전입한 것으로 본다.

a. 분할로 인한 자산평가증액(자산조정계정 합계액)

b. 분할법인의 자본금 및 의제배당 대상이 아닌 자본잉여금의 감소액이 분할한 사업부문의 분할등기일 현재 순자산 장부가액에 미달하는 경우 그 미달액(분할법인의 분할 전 의제배당대상 자본잉여금 및 이익잉여금에 상당하는 금액의 합계액을 한도로 함)

4. 과세이연 중단

(1) 과세이연 중단 사유

분할등기일이 속하는 사업연도의 다음 사업연도 개시일부터 다음에 제시된 기간 이내에 각 해당 사유가 발생하는 경우에는 분할신설법인등에 대한 과세이연이 중단된다.

중 단 사 유	기간
① 분할법인등의 지배주주등이 분할대가로 받은 전체 주식의 50% 이상을 처분하는 경우	2년
② 분할신설법인등이 분할법인등으로부터 승계받은 사업을 폐지하는 경우	
③ 각 사업연도 종료일 현재 분할신설법인 근로자 수가 분할등기일 1개월 전 당시 분할하는 사업부문에 종사하는 근로자 수의 합의 80% 미만으로 하락하는 경우	3년

* 부득이한 사유에 대한 예외 등 과세이연 중단과 관련된 세부적인 내용은 합병의 경우와 같다.

참고 분할합병의 경우 위 ③항목은 다음 중 어느 하나에 해당하는 경우를 말한다.

a. 각 사업연도 종료일 현재 분할합병의 상대방법인에 종사하는 근로자 수가 분할등기일 1개월 전 당시 분할하는 사업부문과 분할합병의 상대방법인에 각각 종사하는 근로자 수의 합의 80% 미만으로 하락하는 경우

b. 각 사업연도 종료일 현재 분할신설법인에 종사하는 근로자 수가 분할등기일 1개월 전 당시 분할하는 사업부문과 소멸한 분할합병의 상대방법인에 각각 종사하는 근로자 수의 합의 80% 미만으로 하락하는 경우

(2) 과세이연 중단의 효과

① 자산조정계정 소멸 및 각종 승계분의 효과 취소

a. 자산조정계정 잔액의 총합계액(총합계액이 0보다 큰 경우에 한정하며, 총합계액이 0보다 작은 경우에는 없는 것으로 본다)을 전액 익금에 산입한다. 이 경우 자산조정계정은 소멸하는 것으로 한다.

b. 분할법인등으로부터 승계받은 결손금 중 공제한 금액 전액을 익금에 산입한다.

c. 분할법인으로부터 승계한 세무조정사항 중 익금불산입액은 더하고 손금불산입은 뺀다.

d. 분할법인등으로부터 승계받아 공제한 감면·세액공제액 등을 해당 사업연도의 법인세에 더하여 납부한 후 해당 사업연도부터 감면·세액공제를 적용하지 아니한다.

② 분할매수차익 및 분할매수차손의 인식

a. 분할매수차익 : 당초 분할매수차익에 상당하는 금액을 과세이연 중단 사유가 발생한 날이 속하는 사업연도에 손금에 산입하고, 이를 분할등기일부터 5년이 되는 날까지 합병의 경우와 동일한 방법으로 익금에 산입한다.

Memo

b. 분할매수차손 : 당초 분할매수차손에 상당하는 금액을 과세이연 중단 사유가 발생한 날이 속하는 사업연도에 익금에 산입하되, 분할신설법인등이 분할법인등의 상호·거래관계, 그 밖의 영업상의 비밀 등에 의하여 사업상 가치가 있다고 보아 대가를 지급한 경우에 한하여 그 금액을 합병의 경우와 동일한 방법으로 손금에 산입한다.

5. 인적분할에 대한 과세체계 비교

구 분	기본적인 과세체계	과세이연요건을 충족한 경우
(1) 분할법인등	양도손익=분할대가*−자기자본 * 교부받은 재산의 시가로 평가함	양도손익=분할대가*−자기자본 * 분할법인등의 순자산 장부가액으로 평가함(양도손익 : ₩0)
(2) 분할신설법인등	분할법인등의 자산 : 시가 승계 * 분할법인등의 순자산 시가와 에게 지급한 양도가액의 차액을 분할매수차익(차손)으로 계상하고 5년간 익금(손금)에 산입	분할법인등의 자산 : 장부가 승계 * 분할법인등의 자산을 시가로 계상하되 시가와 장부가액의 차액을 자산조정계정으로 계상하여 관련 자산의 상각이나 처분시 익금(또는 손금)에 산입
(3) 피합병법인의 주주	분할로 인한 의제배당소득 = 분할대가*−소멸주식 취득가액 * 교부받은 주식은 시가로 평가함	분할로 인한 의제배당소득 = 분할대가*−소멸주식 취득가액 * 교부받은 주식은 종전의 장부가액으로 평가함(의제배당소득 : ₩0)

8.3 물적분할 및 현물출자에 대한 과세특례

1. 물적분할에 대한 과세체계

(1) 물적분할에 대한 기본적인 과세체계

분할은 인적분할의 형태로 이루어지는 것이 일반적이지만 현행 상법은 분할법인이 분할신설법인의 주식총수를 취득하는 물적분할도 인정하고 있다. 물적분할은 분할법인이 자산과 부채를 분할신설법인에게 이전하고, 분할신설법인의 주식을 분할법인의 주주가 아닌 분할법인이 수령하므로 현물출자와 기본 구조가 동일하며, 분할법인은 일반 자산처분과 동일하게 사업부문 처분손익을 인식한다.

Memo

(2) 과세이연요건

구　　분	과세이연요건
① 사업목적의 분할	인적분할의 과세이연요건과 동일함
② 지분의 연속성	분할법인이 분할신설법인으로부터 받은 분할대가의 전액이 주식으로서 분할등기일이 속하는 사업연도 종료일까지 그 주식의 50%를 초과하여 보유할 것 * 인적분할과 비교하여 물적분할의 경우 분할대가를 분할법인의 주주가 아닌 분할법인이 취득하므로 분할법인의 지배주주 등에 대한 주식배정요건은 적용될 여지가 없으며 해당 주식의 의무보유요건은 분할법인의 주주가 아닌 분할법인에게 적용된다.
③ 사업의 계속성	인적분할의 과세이연요건과 동일함
④ 고용승계	인적분할의 과세이연요건과 동일함

* 부동산임대업을 주업으로 하고, 분할법인으로부터 승계한 자산 중 토지·건물 및 부동산에 관한 권리가 80% 이상인 사업부문을 분할하는 경우에는 적격분할로 보지 아니한다.

(3) 과세이연요건 충족의 효과 : 압축기장충당금의 설정

분할법인은 분할신설법인으로부터 취득한 주식의 가액 중 물적분할로 인하여 발생한 자산의 양도차익에 상당하는 금액에 대하여 압축기장충당금을 설정할 수 있다.

* 분할신설법인은 승계받은 자산을 시가로 계상하며 자산조정계정을 인식하지 않는다.

Q(분할법인)

A	B (차)		B (대)	
	재고자산	100	부　　채	500
	기계장치	200	자 본 금	250
	토　　지	300	주식발행초과금	100
C	건　　물	400	자기주식처분익	50
			이익잉여금	100
		1,000		1,000

승계 ⇄ 분할대가(B주식)

B(분할신설법인)

차변		대변	
재고자산	100	부　　채	500
기계장치	230	자 본 금	200
토　　지	350	주식발행초과금	400
건　　물	420		

* 자산조정계정 계상(×)

(차) 부　　채 500　　(대) 자　　산 1,000
　　B 주식 600　　　　처분이익 100 ← 〈손入〉 압축기장충당금 100(△유보)

(4) 압축기장충당금의 일반적 환입

① 설정된 충당금은 다음 중 어느 하나의 사유가 발생하는 사업연도에 해당 주식과 자산의 처분비율 상당액만큼 환입한다.

a. 분할법인이 분할신설법인으로부터 받은 주식을 처분하는 경우

b. 분할신설법인이 분할법인으로부터 승계받은 감가상각자산, 토지 및 주식을 처분하는 경우

* 분할신설법인은 자산의 처분사실을 처분일부터 1개월 이내에 분할법인에 알려야 한다.

Memo

② 압축기장충당금 환입액 계산

> 환입액 : 압축기장충당금 잔액×(주식처분비율+ 자산처분비율−주식처분비율×자산처분비율)

* 1. 압축기장충당금 잔액 : 직전 사업연도 종료일(분할등기한 사업연도의 경우는 분할등기일) 현재의 잔액
2. 분할법인의 주식처분비율 $= \dfrac{\text{당기에 처분한 분할교부주식의 장부가액}}{\text{전기 말(분할등기일) 현재 분할교부주식의 장부가액}}$
3. 분할신설법인의 자산처분비율 $= \dfrac{\text{당기에 처분한 승계자산의 양도차익}}{\text{전기 말(분할등기일) 현재 승계자산의 양도차익}}$
   - 승계자산 : 분할신설법인이 분할법인으로부터 승계한 감가상각자산, 토지 및 주식등
   - 양도차익 : 승계자산의 분할등기일 현재 시가에서 분할등기일 전날의 장부가액을 차감한 금액

| 사례 |

주식처분비율 20%, 자산처분비율 30%인 경우 압축기장충당금 환입비율

환입비율 : 20%+30%−20%×30%=44%

→ 20%+(1−20%)×30%=44%

→ 30%+(1−30%)×20%=44%

| 사례 |

분할신설법인 A가 분할로 승계받은 자산 중 기계장치를 처분한 경우

구 분	장부가	시가	양도차익
기계장치	200	230	30
토　　지	300	350	50
건　　물	400	420	20
합　　계	900	1,000	100

※ 자산처분비율 : 30/100=30%

200/900 (×), 230/1,000 (×)

(5) 압축기장충당금의 과세이연 중단에 따른 환입

분할법인은 분할등기일이 속하는 사업연도의 다음 사업연도 개시일부터 다음에 제시된 기간 이내에 각 해당 사유가 발생하는 경우에는 압축기장충당금의 남은 금액을 그 사유가 발생한 사업연도에 전액 익금에 산입한다.

중　단　사　유	기간
① 분할법인이 분할신설법인의 발행주식총수 또는 출자총액의 50% 미만으로 주식등을 보유하게 되는 경우	2년
② 분할신설법인이 분할법인으로부터 승계받은 사업을 폐지하는 경우	
③ 각 사업연도 종료일 현재 분할신설법인에 종사하는 근로자 수가 분할등기일 1개월 전 당시 분할하는 사업부문에 종사하는 근로자 수의 80% 미만으로 하락하는 경우	3년

* 부득이한 사유에 대한 예외 등 과세이연 중단과 관련된 세부적인 내용은 합병의 경우와 같다.

Memo

(6) 압축기장충당금 환입의 예외

다음에 해당하는 경우에는 압축기장충당금을 곧바로 환입하지 않고 이를 승계하는 방법으로 과세이연을 유지한다.

① 분할법인 또는 분할신설법인이 최초로 적격구조조정*을 통해 주식 및 자산을 처분하는 경우

* 적격구조조정은 적격합병, 적격분할, 적격물적분할, 적격현물출자, 과세이연주식의 포괄적 교환 및 현물출자를 말한다.

② 분할신설법인의 발행주식 또는 출자액 전부를 분할법인이 소유하고 있는 경우로서 다음 중 어느 하나에 해당하는 경우

a. 분할법인과 분할신설법인이 적격합병하여 주식 및 자산을 처분하는 경우

b. 분할법인 또는 분할신설법인이 적격구조조정으로 주식 및 자산을 처분하는 경우

③ 분할법인 또는 분할신설법인이 지배목적 보유 주식등과 그와 관련된 자산·부채만으로 구성된 사업부문 및 지주회사를 설립하는 사업부문의 적격분할 또는 적격물적분할로 주식 및 자산을 처분하는 경우

2. 현물출자에 대한 과세체계

(1) 현물출자에 대한 기본적인 과세체계

현물출자와 물적분할은 기본 구조가 동일하므로 과세체계 또한 같다. 피출자법인은 출자법인의 자산을 시가로 취득하고, 출자법인은 출자한 자산에 대하여 처분손익을 인식한다.

(2) 과세이연요건

① 출자법인이 현물출자일 현재 5년 이상 사업을 계속한 법인일 것

② 다른 내국인 또는 외국인과 공동으로 출자하는 경우 공동으로 출자한 자가 출자법인의 특수관계인이 아닐 것

③ 출자법인(공동으로 출자한 자 포함)이 현물출자일 다음 날 현재 피출자법인의 발행주식총수 또는 출자총액의 80% 이상의 주식을 보유하고, 현물출자일이 속하는 사업연도의 종료일까지 그 주식의 50%를 초과하여 보유할 것

④ 피출자법인이 그 현물출자일이 속하는 사업연도 종료일까지 출자법인이 현물출자한 자산으로 영위하던 사업을 계속할 것

* 부득이한 사유에 대한 예외 등 과세이연요건 충족과 관련된 세부적인 내용은 합병의 경우와 같다.

(3) 과세이연요건 충족의 효과 : 압축기장충당금의 설정

적격현물출자의 경우 그 현물출자로 취득한 피출자법인의 주식가액 중 현물출자로 발생한 자산의 양도차익에 상당하는 금액은 현물출자일이 속하는 사업연도의 소득금액을 계산할 때 압축기장충당금을 설정하여 이를 손금에 산입할 수 있다.

Memo

(4) 압축기장충당금의 환입

① 일반적 환입 : 물적분할의 경우와 같다.

② 과세이연 중단에 따른 환입 : 출자법인은 현물출자일이 속하는 사업연도의 다음 사업연도 개시일부터 2년 이내에 다음 중 어느 하나에 해당하는 사유가 발생하는 경우에는 압축기장충당금의 남은 금액을 그 사유가 발생한 사업연도에 전액 익금에 산입한다.

a. 출자법인이 피출자법인의 발행주식총수 또는 출자총액의 50% 미만으로 주식 등을 보유하게 되는 경우

b. 피출자법인이 출자법인이 현물출자한 자산으로 영위하던 사업을 폐지하는 경우

* 부득이한 사유에 대한 예외 등 과세이연 중단과 관련된 세부적인 내용은 합병의 경우와 같다.

(5) 압축기장충당금 환입의 예외

적격현물출자에 있어서 압축기장충당금 환입의 예외사항은 물적분할의 경우와 같다.

8.4 합병 및 분할에 대한 기타문제

1. 합병 및 인적분할에 따른 이월결손금 승계

(1) 이월결손금의 승계

① 승계요건 : 피합병법인(분할법인등)의 세무상 이월결손금은 합병법인(분할신설법인등)에 승계되지 않고 소멸한다. 그러나 적격합병의 경우는 이월결손금을 합병법인(분할신설법인등)이 승계하여 각 사업연도의 과세표준을 계산할 때 공제한다. 단, 분할의 경우 이월결손금의 승계는 인적분할로서 분할법인이 소멸하는 경우에 한한다.

* 합병·분할에 의해 승계한 이월결손금은 자산수증이익이나 채무면제이익의 보전대상이 아니다.

② 승계결손금의 범위액 : 승계 결손금은 피합병법인(분할법인등)의 합병등기일(분할등기일) 현재 세무상 결손금으로 하되, 합병등기일(분할등기일)이 속하는 사업연도의 다음 사업연도부터는 매년 순차적으로 1년이 지난 것으로 보아 계산한 금액으로 한다.

(2) 이월결손금 공제의 범위

합병법인(분할합병의 상대방법인)의 합병등기일(분할등기일) 현재 이월결손금 중 합병법인(분할신설법인등)이 승계한 부문을 제외한 금액은 피합병법인(분할법인)으로부터 승계받은 사업에서 발생한 소득금액의 범위에서는 공제하지 않으며, 합병법인(분할신설법인등)이 승계한 피합병법인(분할법인등)의 이월결손금은 피합병법인(분할법인등)으로부터 승계받은 사업에서 발생한 소득금액의 범위에서 공제한다. 각각의 경우 이월결손금 공제 한도액은 다음과 같다.

Memo

합병법인(분할합병의 상대방법인)의 합병등기일(분할등기일) 현재 이월결손금 중 승계한 부분을 제외한 금액	합병법인(분할신설법인등)이 승계한 피합병법인(분할법인등)의 이월결손금
(합병법인(분할합병의 상대방법인) 소득금액 − 승계받은 사업에서 발생한 소득금액)×80%*	승계받은 사업에서 발생한 소득금액×80%*

* 중소기업 및 특정법인(회생계획을 이행중인 법인 등 법인세 과세표준 계산시 각 사업연도 소득금액의 100%를 한도로 이월결손금을 공제하는 법인)은 공제 한도비율을 100%로 한다.

(3) 구분경리

① 구분경리 기간 : 합병(분할합병)을 한 합병법인(분할신설법인등)은 다음에 제시한 기간 동안 자산, 부채 및 손익을 피합병법인(분할법인등)으로부터 승계받은 사업에 속하는 것과 그 밖의 사업에 속하는 것을 각각 다른 회계로 구분하여 기록하여야 한다.

a. 합병등기일 현재 이월결손금이 있는 경우 또는 피합병법인(분할법인등)으로부터 승계한 이월결손금을 공제받으려는 경우 : 이를 공제받는 기간

b. 그 밖의 경우 : 합병(분할) 후 5년간

② 구분경리의 예외 : 중소기업간 또는 동일사업을 하는 법인 간에 합병(분할합병)하는 경우에는 회계를 구분하여 기록하지 아니할 수 있으며 이 경우에는 그 소득금액을 자산가액비율*로 안분계산한 금액을 각 사업별 소득금액으로 한다.

* 합병등기일(분할합병등기일) 현재 합병법인(분할합병의 상대방법인)과 피합병법인(분할법인)의 사업용 자산가액(유형·무형자산 및 투자자산의 가액) 비율을 말한다. 이 경우 승계한 사업용 자산가액은 승계결손금을 공제하는 각 사업연도의 종료일 현재 계속 보유(처분 후 대체하는 경우 포함)·사용하는 자산에 한정하여 그 자산의 합병등기일(분할등기일) 현재 가액에 따른다.

(4) 과세이연 중단에 따른 이월결손금의 익금산입

과세이연 중단사유가 발생한 경우 피합병법인(분할법인등)으로부터 승계받은 결손금 중 공제한 금액 전액을 익금에 산입한다.

(5) 합병(분할합병) 전 보유 자산의 처분손실

적격합병(적격분할합병)을 한 합병법인(분할신설법인등)은 피합병법인(분할법인)과 합병법인(분할합병의 상대방법인)이 합병(분할합병)전 보유하던 자산의 처분손실을 각각 합병(분할합병) 전 해당 법인의 사업에서 발생한 소득금액(해당 처분손실을 공제하기 전 소득금액을 말한다)의 범위에서 손금에 산입한다*. 이 경우 손금에 산입하지 아니한 처분손실은 자산 처분시 각각 합병(분할합병) 전 해당법인의 사업에서 발생한 결손금으로 본다.

* 합병(분할합병) 후 손비처리가 제한되는 처분손실은 합병등기일(분할등기일) 현재 해당 자산의 시가가 장부가액보다 낮은 경우로서 그 차액을 한도로 하며, 합병등기일(분할등기일) 이후 5년 이내에 끝나는 사업연도에 발생한 것만 해당한다.

Memo

2. 합병 및 분할에 따른 자산·부채의 승계

(1) 세무조정사항(익금 또는 손금에 산입하거나 산입하지 아니한 금액)의 승계

구 분	승계여부
① 적격합병 및 적격인적분할	세무조정사항은 모두 합병법인·분할신설법인등에 승계 * 분할의 경우 분할하는 사업부문의 세무조정사항에 한정한다.
② 이외의 경우	세무조정사항은 모두 미승계 * 단, 퇴직급여충당금, 대손충당금을 승계한 경우에는 관련 세무조정사항을 승계한다.

(2) 기부금 한도초과액의 승계

① 합병법인(분할합병의 상대방 법인)의 합병등기일(분할등기일) 현재 기부금 한도초과액 중 합병법인(분할신설법인등)이 승계한 부분을 제외한 금액은 합병(분할합병) 전 합병법인(분할합병의 상대방 법인)의 사업에서 발생한 소득금액을 기준으로 계산한 기부금 한도액의 범위에서 손금에 산입한다.

② 합병법인(분할신설법인등)이 승계한 피합병법인(분할법인등)의 기부금 한도초과액은 피합병법인(분할법인등)으로부터 승계받은 사업에서 발생한 소득금액을 기준으로 계산한 기부금 한도액의 범위에서 손금에 산입한다.

* 분할의 경우 승계받은 사업에 속하는 기부금 한도초과액은 분할등기일 현재 분할법인등의 기부금 한도초과액을 분할법인등의 사업용 자산가액 중 분할신설법인등이 승계한 사업용 자산가액 비율로 안분계산한 금액으로 한다.

(3) 감면 및 세액공제액의 승계

과세이연요건을 충족한 합병 또는 분할(인적분할 및 물적분할)의 경우 합병법인 또는 분할신설법인등이 다음과 같이 감면 또는 세액공제의 적용을 받을 수 있다.

* 승계 이후 과세이연 중단사유가 발생한 경우에는 승계하여 공제한 세액공제액 상당액을 해당 사유가 발생한 사업연도의 법인세에 더하여 납부하고, 해당 사유가 발생한 사업연도부터 적용하지 아니한다.

① 세액감면(기간감면에 한함) : 합병법인·분할신설법인등이 승계받은 사업에서 발생한 소득에 대해 합병 또는 분할당시 잔존감면기간 내에 종료하는 각 사업연도분까지 그 감면 적용

② 이월공제가 허용되는 세액공제로서 이월된 미공제액 : 합병법인 또는 분할신설법인등이 다음 구분에 따라 이월공제잔여기간 내에 종료하는 각 사업연도분까지 공제한다.

a. 이월된 외국납부세액공제 미공제액 : 다음의 범위에서 공제

$$\text{공제액 범위 : 해당 사업연도의 세액} \times \frac{\text{승계받은 사업에서 발생한 국외원천소득}}{\text{해당 사업연도의 과세표준}}$$

b. 법인세 최저한세액에 미달하여 공제받지 못한 금액으로서 이월된 미공제액 : 승계받은 사업부문에 대하여 계산한 법인세 최저한세액의 범위에서 공제

* 이 경우 공제하는 금액은 합병법인의 법인세 최저한세액을 초과할 수 없다.

c. 이외에 납부할 세액이 없어 공제받지 못한 금액으로서 이월된 미공제액 : 승계받은 사업부문에 대하여 계산한 법인세 산출세액의 범위에서 공제

Memo

부당행위계산의 부인

9.1 부당행위계산의 부인 일반

1. 의의

법인의 행위 또는 소득금액의 계산이 특수관계인과의 거래로 인하여 그 법인의 소득에 대한 조세의 부담을 부당히 감소시킨 것으로 인정되는 경우에는 그 법인의 행위 또는 소득금액의 계산(부당행위계산)과 관계없이 그 법인의 각 사업연도의 소득금액을 계산할 수 있다.

※ 유의 사항

① 법률적 하자가 있는 거래이어야 하는 것은 아님

② 특수관계인에 대한 판단 : 쌍방 기준

③ 부당행위의 성립 여부 : 행위당시 기준

④ 조세회피의 의도가 있었는지 여부와 무관

2. 부인의 요건

부당행위계산부인의 요건 : (1) 특수관계인과의 거래
(2) 조세부담의 부당한 감소
(3) 현저한 이익의 분여(특정거래에 한함)

(1) 특수관계인의 범위

특수관계인이란 법인과 경제적 연관관계 또는 경영지배관계 등에 있는 자를 말하며, 그 범위는 다음과 같다. 이 경우 본인도 그 특수관계인의 특수관계인으로 본다. 특수관계인과의 거래로서 조세를 부당히 감소하였는지의 여부는 행위 당시를 기준으로 판단한다.

① 임원의 임면권의 행사, 사업방침의 결정 등 당해 법인의 경영에 대하여 사실상 영향력을 행사하고 있다고 인정되는 자(상법상 이사로 보는 자를 포함)와 그 친족

② 비소액주주등(소액주주등이 아닌 주주 또는 출자자)과 그 친족

* 소액주주 : 발행주식총수 또는 출자총액의 1%에 미달하는 주식등을 소유한 주주등을 말하며, 해당 법인의 지배주주등의 특수관계인인 자는 제외한다.

③ 다음 중 어느 하나에 해당하는 자 및 이들과 생계를 함께하는 친족

Memo

a. 법인의 임원·직원 또는 비소액주주등의 직원(비소액주주등이 영리법인인 경우에는 그 임원을, 비영리법인인 경우에는 그 이사 및 설립자를 말한다)

b. 법인 또는 비소액주주등의 금전이나 그 밖의 자산에 의하여 생계를 유지하는 자

④ 해당 법인이 직접 또는 그와 ① ~ ③의 관계에 있는 자를 통하여 어느 법인의 경영에 대하여 지배적인 영향력*을 행사하고 있는 경우 그 법인

⑤ 해당 법인이 직접 또는 그와 ① ~ ④의 관계에 있는 자를 통하여 어느 법인의 경영에 대하여 지배적인 영향력*을 행사하고 있는 경우 그 법인

⑥ 해당 법인에 30% 이상을 출자하고 있는 법인에 30% 이상을 출자하고 있는 법인이나 개인

⑦ 해당 법인이 독점규제 및 공정거래에 관한 법률에 따른 기업집단에 속하는 법인인 경우 그 기업집단에 소속된 다른 계열회사 및 그 계열회사의 임원

* 법인의 경영에 대한 지배적 영향력

1. 영리법인 : 발행주식총수·출자총액의 30% 이상을 출자한 경우 또는 임원 임면권 행사·사업방침 결정 등 경영에 대한 사실상 영향력을 행사하고 있다고 인정되는 경우
2. 비영리법인 : 이사의 과반수를 차지하는 경우 또는 설립을 위한 출연재산의 30% 이상을 출연하고 그 중 1인이 설립자인 경우

(2) 부당행위계산의 유형

구 분	내 용
자산의 고가매입·저가양도	① 자산을 시가보다 높은 가액으로 매입 또는 현물출자받았거나 그 자산을 과대상각한 경우 ② 자산을 무상 또는 시가보다 낮은 가액으로 양도 또는 현물출자한 경우
금전대차·자산임대차·용역제공의 부당거래	③ 금전, 그 밖의 자산 또는 용역을 무상 또는 시가보다 낮은 이율·요율이나 임대료로 대부하거나 제공한 경우 ④ 금전, 그 밖의 자산 또는 용역을 시가보다 높은 이율·요율이나 임차료로 차용하거나 제공받은 경우 * 1. 비출자임원(소액주주 임원 포함) 및 직원에게 사택을 제공하는 경우는 제외한다. 2. 연결법인간 연결법인세액의 변동이 없는 등 법정 요건을 갖추어 용역을 제공하거나 제공받은 경우는 제외한다.
불공정 자본거래	⑤ 다음의 자본거래로 인하여 주주 등인 법인이 특수관계인인 다른 주주 등에게 이익을 분여한 경우 a. 불공정합병 : 특수관계인인 법인간의 합병·분할합병에 있어서 주식 등을 시가보다 높거나 낮게 평가하여 불공정한 비율로 합병한 경우 b. 불공정증자 : 법인의 자본을 증가시키는 거래에 있어서 신주(전환사채·신주인수권부사채 또는 교환사채 등을 포함)를 배정·인수받을 수 있는 권리의 전부 또는 일부를 포기하거나 신주를 시가보다 높은 가액으로 인수하는 경우 c. 불공정감자 : 법인의 감자에 있어서 주주 등의 소유주식 등의 비율에 의하지 아니하고 일부 주주 등의 주식 등을 소각하는 경우 d. 기타 증자·감자·합병·분할, 전환사채등에 의한 주식의 전환·인수·교환 등 자본거래를 통해 법인의 이익을 분여하였다고 인정되는 경우

Memo

기타의 거래	⑥ 특수관계인인 법인간 합병(분할합병 포함)·분할에 있어서 불공정한 비율로 합병·분할하여 합병·분할에 따른 양도손익을 감소시킨 경우 ⑦ 무수익 자산을 매입 또는 현물출자받았거나 그 자산에 대한 비용을 부담한 경우 ⑧ 불량자산을 차환하거나 불량채권을 양수한 경우 ⑨ 출연금을 대신 부담한 경우 ⑩ 파생상품에 근거한 권리를 행사하지 아니하거나 그 행사기간을 조정하는 등의 방법으로 이익을 분여하는 경우 ⑪ 기타 ① ~ ⑩에 준하는 행위 또는 계산 및 그 외에 법인의 이익을 분여하였다고 인정되는 경우

(3) 현저한 이익의 분여

구 분	현 저 한 이 익
① 고가매입·저가양도	(시가－거래가액) ≧ Min[시가×5%, 3억원]
② 금전대차·자산임대차·용역제공 부당거래	
③ 불공정 자본거래	30% 요건, 또는 3억원 요건

※ 부당행위계산부인의 예외

① 법소정 주식매수선택권의 행사 또는 주식기준보상에 따라 주식을 양도하는 경우·금전을 제공하는 경우·주식을 발행하는 경우는 각각 자산거래·금전대차거래·자본거래에 있어서 부당행위로 보지 아니한다.

② 비출자임원(소액주주 임원 포함) 및 직원에게 사택(소정 임차사택 포함)을 제공하는 경우는 부당행위로 보지 아니한다.

③ 주권상장법인이 발행한 주식을 거래한 경우에는 현저한 이익 여부를 따지지 아니한다.

3. 부인의 기준

(1) 원칙 : 시가

> 시가 → 감정가액 → 상증세법상 보충적 평가방법

① 시가 : 당해 거래와 유사한 상황에서 당해 법인이 특수관계인 외의 불특정다수인과 계속적으로 거래한 가격 또는 특수관계인이 아닌 제3자간에 일반적으로 거래된 가격

* 주권상장법인이 발행한 주식을 다음의 방법으로 거래하는 경우 해당 주식의 시가는 그 거래일의 거래소 최종시세가액으로 하되, 경영권 이전이 수반되는 경우 상속세 및 증여세법을 준용하여 20%를 할증한다.
1. 자본시장과 금융투자업에 관한 법률에 따른 증권시장 외에서 거래하는 방법
2. 대량매매 등 기획재정부령으로 정하는 방법

② 감정가액 : 감정평가법인등의 감정가액(감정가액이 둘 이상인 경우에는 그 평균액)

* 주식 및 가상자산에 대하여는 감정가액을 적용하지 아니한다.

Memo

(2) 자산 또는 용역의 제공시 일반적인 시가 산정기준을 적용할 수 없는 경우의 시가 산정

구 분	내 용
유형·무형 자산을 제공하거나 제공받는 경우	(해당 자산의 시가×50%－보증금수령액)×정기예금이자율× $\frac{일수}{365}$
건설, 기타 용역을 제공하거나 제공받는 경우	용역의 원가×(1＋유사 용역의 원가이익률*) * 특수관계인 외의 자에게 제공한 유사한 용역제공거래 또는 특수관계인이 아닌 제3자간의 일반적인 용역제공거래의 원가 대비 수익률을 말한다. (매출액－원가)/원가

(3) 금전대차거래의 시가

① 원칙 : 가중평균차입이자율

② 예외 : 당좌대출이자율

4. 부인의 효과

시가와의 차액을 익금에 산입하고 그 부인금액은 특수관계인에게 이익을 분여한 것으로 보아 배당, 상여, 기타사외유출, 기타소득으로 소득처분한다.

5. 고가매입 및 저가양도

(1) 고가매입

① 대금을 전액 지급한 경우 : 매입가액과 시가와의 차액은 부당행위계산의 부인에 해당한다.

② 대금을 일부 지급한 경우 : 시가까지의 금액을 먼저 지급한 것으로 보며, 시가를 초과하여 지급한 금액으로서 매입가액과의 차액은 부당행위계산 부인에 해당한다.

(2) 저가양도

양도가액과 시가와의 차액은 부당행위계산의 부인에 해당한다.

※ 자산의 고가매입·저가양도에 대한 부당행위계산부인 규정은 시가와 거래가액의 차액이 3억원 이상이거나 시가의 5% 이상인 경우에 한하여 적용한다(상장주식을 거래소에서 거래한 경우는 제외).

Memo

예제 제11기에 대표이사로부터 시가 ₩250,000,000의 토지를 ₩300,000,000에 매입하고 매입가액을 취득원가로 계상함.

1. 대금을 전액 지급한 경우

구분	회계처리	세무조정
11기	토 지 300,000,000 / 현 금 300,000,000	〈익不〉토지 ₩50,000,000(△유보) 〈익入〉부당행위계산부인 ₩50,000,000(상여)

* (₩300,000,000−₩250,000,000) ≧ Min(₩250,000,000×5%, ₩300,000,000) ⇨ 현저한 이익

2. 대금을 11기에 ₩270,000,000, 12기에 ₩30,000,000 지급한 경우

구분	회계처리	세무조정
11기	토 지 300,000,000 / 현 금 270,000,000 / 미지급금 30,000,000	〈익不〉토지 ₩50,000,000(△유보) 〈익入〉부당행위계산부인 ₩20,000,000(상여) 〈손不〉미지급금 ₩30,000,000(유보)
12기	미지급금 30,000,000 / 현 금 30,000,000	〈손入〉미지급금 ₩30,000,000(△유보) 〈익入〉부당행위계산부인 ₩30,000,000(상여)

3. 대금을 11기에 ₩240,000,000, 12기에 ₩60,000,000 지급한 경우

구분	회계처리	세무조정
11기	토 지 300,000,000 / 현 금 240,000,000 / 미지급금 60,000,000	〈익不〉토지 ₩50,000,000(△유보) 〈손不〉미지급금 ₩50,000,000(유보)
12기	미지급금 60,000,000 / 현 금 60,000,000	〈손入〉미지급금 ₩50,000,000(△유보) 〈익入〉부당행위계산부인 ₩50,000,000(상여)

9.2 가지급금 인정이자

1. 세무조정 구조

구 분	내 용
(1) 인정이자(시가)의 계산	가지급금적수×인정이자율× $\frac{1}{365}$
(2) 익금산입액의 계산	인정이자(시가)−이자수령 약정액
(3) 소득처분	사외유출

Memo

2. 가지급금

가지급금의 범위는 업무무관자산 등 관련 지급이자 손금불산입 규정의 가지급금과 동일하다. 다만, 적정한 이자를 수령하는 가지급금의 경우 부당행위계산에 해당하지 않으므로 인정이자를 계산할 필요가 없지만 적정한 이자를 수령하더라도 지급이자 손금불산입 규정은 적용된다.

3. 인정이자율(금전대차거래의 시가)

구 분	인 정 이 자 율
(1) 원 칙	• 가중평균차입이자율 가중평균차입이자율* $= \dfrac{\Sigma(\text{개별차입금잔액}\times\text{해당 차입금이자율})}{\text{차입금잔액의 총액}}$ * 1. 차입금 잔액은 자금대여시점 현재의 차입금 잔액으로 한다. 2. 특수관계인으로부터의 차입금과 채권자불분명사채 및 매입자가 불분명한 채권·증권은 대상에서 제외한다. 3. 자금을 대여한 법인의 가중평균차입이자율 또는 대여금리가 해당 대여시점 현재 자금을 차입한 법인의 가중평균차입이자율보다 높은 경우에는 해당 사업연도의 가중평균차입이자율이 없는 것으로 본다.
(2) 예 외	• 기획재정부령으로 정하는 당좌대출이자율 ① 가중평균차입이자율 적용이 불가능한 경우* : 해당 대여금 또는 차입금에 한하여 당좌대출이자율 적용 * 1. 특수관계인이 아닌 자로부터 차입한 금액이 없는 경우 및 차입금 전액이 채권자가 불분명한 사채 또는 매입자가 불분명한 채권·증권의 발행으로 조달된 경우 2. 대여법인의 가중평균차입이자율 또는 대여금리가 차입법인의 가중평균차입이자율보다 높아서 해당 사업연도에 가중평균차입이자율이 없는 것으로 보는 경우 ② 대여한 날(갱신한 경우는 갱신일)부터 해당 사업연도 종료일(해당 사업연도에 상환한 경우는 상환일)까지의 기간이 5년을 초과하는 대여금이 있는 경우 : 해당 대여금에 한정하여 당좌대출이자율 적용 ③ 법인이 과세표준 신고시 당좌대출이자율을 선택하는 경우 : 선택한 사업연도 포함 3개 사업연도간 당좌대출이자율 적용

Memo

보론 정당한 사유 없이 회수하지 않은 가지급금 및 미수이자

1. 미수이자에 대한 세무조정

(1) 이자율 및 상환기간에 관한 약정이 없는 경우

미수이자는 가공자산에 해당하므로 익금불산입하고 △유보로 소득처분한다. 또한 이자수령 약정액이 없으므로 인정이자를 전액 익금산입하여 사외유출로 소득처분한다.

(2) 이자율 및 상환기간에 관한 약정이 있는 경우

① 미수이자의 계상이 원칙적으로 인정되지만 해당 연도에 손익의 귀속시기가 도래하지 않은 미수이자 계상액에 대하여는 익금불산입하고 △유보로 소득처분하여야 한다. 그러나 해당 연도에 손익의 귀속시기가 도래하지 않은 이자수령 약정액이라고 하더라도 이후 연도에 과세될 것이므로 부당한 소득의 감소액은 인정이자에서 이자수령 약정액을 차감한 금액이다. 따라서 인정이자에서 이자수령약정액을 차감한 금액을 익금산입하고 사외유출로 소득처분하여야 한다.

② 해당 연도에 손익의 귀속시기가 도래하여 법인세법상 인정되는 미수이자라고 하더라도 정당한 사유 없이 발생일이 속하는 사업년도 종료일로부터 1년이 되는 날까지 회수하지 아니한 경우에는 약정이 없는 것으로 간주하여 1년이 되는 날에 미수이자를 익금불산입하여 △유보로 소득처분하고 동액을 다시 익금산입하여 사외유출로 소득처분하여야 한다.

2. 가지급금의 세무조정

특수관계가 소멸되는 시점까지 회수되지 않은 가지급금은 전액 익금불산입하여 △유보로 소득처분하고 동액을 다시 익금산입하여 사외유출로 소득처분한다.

| 사례 |

대표이사에 대한 대여금 인정이자 ₩500

결산서상 회계처리 : (차) 미 수 이 자 200 (대) 이 자 수 익 200

1. 자금대여와 관련한 약정이 없는 경우

- 미수이자 : 〈익금불산입〉 미수이자 ₩200(△유보) … 가공자산 부인
- 인정이자 : 〈익금산입〉 인정이자 ₩500(상여)

2. 자금대여와 관련한 약정이 있는 경우(약정이자 ₩200)

- 미수이자 : 세무조정 없음(비영업대금이익의 귀속시기는 약정일임)
- 인정이자 : 〈익금산입〉 인정이자 ₩300(상여)

* 이자발생일이 속하는 사업연도 종료일부터 1년이 되는 날까지 회수하지 않은 경우 :

〈익금불산입〉 미수이자 ₩200(△유보) … 가공자산 부인

〈익금산입〉 인정이자 ₩200(상여)

Memo

예제 다음 자료를 이용하여 (주)나무의 제13기 사업연도(2023. 1. 1. ~ 12. 31.) 지급이자 및 가지급금 인정이자에 대한 세무조정을 수행하고 소득처분을 제시하시오.

1. 손익계산서상 지급이자와 차입금적수는 다음과 같다.

구분	이자율	지급이자	차입금	차입일자	상환일자
A	20%	₩1,000,000	₩5,000,000	2022. 09. 30.	2024. 09. 30.
B	4%	4,000,000	100,000,000	2022. 08. 20.	2024. 08. 20.
C	8%	9,600,000	300,000,000	2022. 05. 27.	2023. 05. 27.
D	6%	5,400,000	150,000,000	2023. 05. 27.	2024. 05. 27.

2. A 차입금은 채권자 불분명 사채로서 해당 이자에 대하여 ₩495,000을 원천징수하여 납부하였다.
3. B 차입금은 당기 초에 착공하여 당기 말 현재 공사가 진행 중인 공장신축을 위한 차입금이다. 회사는 소득금액 계산시 일반차입금 이자는 자본화하지 않기로 하였다.
4. C 차입금은 은행차입금이고 D 차입금은 자회사로부터의 차입금으로서 모두 운영자금 차입금이다.
5. 업무무관 대여금 내역은 다음과 같다.

대여자	대여금	대여일자	약정이자	비 고
대표이사 김유용	₩30,000,000	2023. 03. 15.	₩1,560,000	업무무관 대여금
경리과장 이수학	10,000,000	2022. 07. 01.	500,000	본인 학자금 대여금
대주주 박지분	20,000,000	2023. 10. 20.	–	업무무관 대여금

6. 회사는 금전대차거래의 시가에 대하여 신고한 바 없으며, 기획재정부령으로 정하는 당좌대출이자율은 6%인 것으로 가정한다.

해답

1. 지급이자

(1) 채권자불분명사채이자

〈손금불산입〉 채권자불분명사채이자 ₩505,000(상여)
〈손금불산입〉 채권자불분명사채이자 ₩495,000(기타사외유출)

(2) 건설자금이자

〈손금불산입〉 건설자금이자 ₩4,000,000(유보)

(3) 가지급금 관련 지급이자

〈손금불산입〉 가지급금 관련 지급이자 ₩2,000,000(기타사외유출)

*1. 가지급금 적수

대여자	대여금	대여일자	가지급금 적수
대표이사 김유용	₩30,000,000	2023. 03. 15.	₩8,760,000,000
대주주 박지분	20,000,000	2023. 10. 20.	1,460,000,000
합 계	₩50,000,000		₩10,220,000,000

Memo

2. 차입금 적수

구분	이자율	지급이자	차입금	차입일자	상환일자	차입금 적수
C	8%	₩9,600,000	₩300,000,000	2022. 05. 27.	2023. 05. 27.	₩43,800,000,000
D	6%	5,400,000	150,000,000	2023. 05. 27.	2024. 05. 27.	32,850,000,000
합 계		₩15,000,000				₩76,650,000,000

3. 손금불산입액

$$₩15{,}000{,}000 \times \frac{₩10{,}220{,}000{,}000}{₩76{,}650{,}000{,}000} = ₩2{,}000{,}000$$

2. 가지급금 인정이자

(1) 가중평균차입이자율

① 대표이사(B 차입금 및 C 차입금) : 4%×100/400＋8%×300/400＝7%

② 대주주(B 차입금) : 4%

(2) 가지급금 인정이자

구 분	인정이자	약정이자
대표이사	₩8,760,000,000×7%×1/365＝₩1,680,000	₩1,560,000
대주주	₩1,460,000,000×4%×1/365＝₩160,000	–

(3) 세무조정

〈익금산입〉 가지급금 인정이자(대표이사)* ₩120,000(상여)

〈익금산입〉 가지급금 인정이자(대주주) ₩160,000(배당)

* (₩1,680,000－₩1,560,000) ＞ Min[₩1,680,000×5%, ₩300,000,000]이므로 현저한 이익에 해당한다.

9.3 불공정자본거래로 인한 이익의 무상이전

※ 불공정자본거래의 유형

구 분			현저한 이익판단
불공정 합병			○
불균등 증자	저가발행	재배정	×
		실 권	○
	고가발행	재배정	×
		실 권	○
불균등 감자			○

Memo

※ 세무처리

구 분	손실을 입은 주주	이익을 얻은 주주
법 인	특수관계인에게 분여한 이익 〈익금산입〉 기타사외유출	특수관계인으로부터 분여받은 이익 〈익금산입〉 유보
개 인	과세문제 없음	불공정합병·불균등증자(저가발행, 재배정) : 모든 이익 이외의 경우 : 특수관계인으로부터 분여받은 이익 → 증여세 과세*

* 증여세 과세에 있어서 불공정 합병과 불균등 증자 중 저가발행 재배정의 경우는 특수관계인이 아닌 자로부터 분여받은 이익에 대해서도 증여세를 과세하며 나머지의 경우는 특수관계인으로부터 분여받은 이익에 대해서만 증여세를 과세한다.

해설

1. 상속세 및 증여세법

상속세 및 증여세법은 불공정합병이나 불균등증자 및 불균등감자를 통하여 주주간에 변칙적 증여가 이루어지는 경우 그 이익을 받은 자에 대하여 증여세를 부과하는 규정을 두고 있다. 따라서 이익을 분여받은 주주 중에서 개인주주는 증여세 납세의무가 있다.

* 증여세 납세의무자는 수증자이므로 이익을 분여한 개인주주(증여자)는 납세의무가 없다.

2. 법인세법

법인세법은 상속세 및 증여세법의 해당 조항을 차용하여 부당행위계산부인의 적용대상으로 규정하고 있다. 따라서 특수관계 주주에게 이익을 분여한 법인주주와 특수관계 주주로부터 이익을 분여받은 법인주주는 해당 금액을 익금에 산입하는 세무조정을 하여야 한다.

* 법인주주가 특수관계에 있는 개인주주에게 불공정자본거래를 통하여 이익을 분여한 경우, 해당 금액을 익금에 산입하고 상대방 개인주주의 지위에 관계없이 기타사외유출로 소득처분한다. 그 개인주주에게는 증여세가 과세되므로 배당처분이나 상여처분 등을 통한 추가적 소득귀속이 불필요하기 때문이다.

1. 불공정 합병

예제

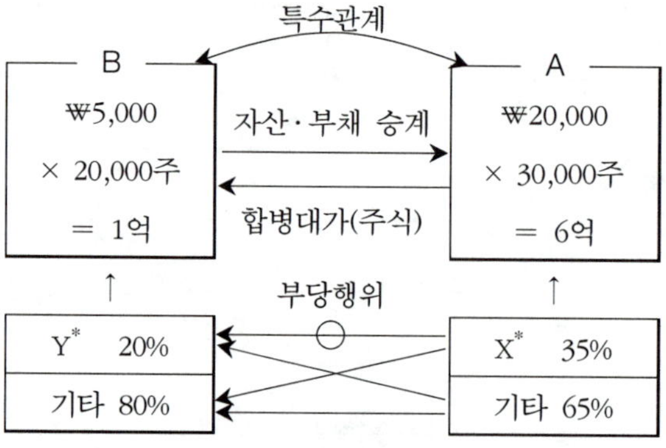

* X주주와 Y주주는 특수관계인에 해당함

Memo

• 정상적 합병 … A : B = 1 : 4

합병 후 주가 : $\dfrac{6억+1억}{30,000주+5,000주}$ = ₩20,000 ⇒ 손실 · 이득(×)

• 불공정 합병 … A : B = 1 : 2

합병 후 주가 : $\dfrac{6억+1억}{30,000주+10,000주}$ = ₩17,500

현저한 이익 : $\dfrac{₩17,500-₩5,000×2}{₩17,500}$ = 42.85% ≧ 30%, 또는 총평가차액 ≧ 3억원

A 주주의 손실 : 30,000주×(₩20,000－₩17,500) =	₩75,000,000
B 주주의 이득 : 10,000주×(₩17,500－₩5,000×2) =	75,000,000
	₩0

X* → Y* : ₩75,000,000×35%×20% = ₩5,250,000
또는 10,500주×(₩20,000－₩17,500)×20% = ₩5,250,000

기타 → Y : ₩75,000,000×65%×20% = ₩9,750,000
또는 19,500주×(₩20,000－₩17,500)×20% = ₩9,750,000

※ 조세문제 요약

구 분	X(이익을 분여한 자)	Y(이익을 분여받은 자)
법인인 경우	〈익入〉 부당행위계산부인 ₩5,250,000 (기타사외유출)	〈익入〉 주식 ₩5,250,000 (유보)
개인인 경우	조세문제 없음	₩15,000,000에 대해 증여세 부과

2. 불균등 증자

예제

주주	증자 전	유상 증자	증자 후	부의 변화
A*	12,000주 (40%)	4,000주 +4,000주	20,000주	₩60,000,000
B*	9,000주 (30%)	~~3,000주~~	9,000주	△45,000,000
C	6,000주 (20%)	~~2,000주~~	6,000주	△30,000,000
D	3,000주 (10%)	1,000주 +1,000주	5,000주	15,000,000
	30,000주(100%)	10,000주	40,000주	₩0
	₩50,000	₩30,000	₩45,000	

* A주주와 B주주는 특수관계인에 해당함

Memo

증자 후 주가 : $\dfrac{₩50{,}000 \times 30{,}000주 + ₩30{,}000 \times 10{,}000주}{30{,}000주 + 10{,}000주} = ₩45{,}000$

$B^{*} \rightarrow A^{*}$: $(@45{,}000 - @30{,}000) \times 3{,}000주 \times \dfrac{4{,}000주}{5{,}000주} = ₩36{,}000{,}000$

별해

$B^{*} \rightarrow A^{*}$: $9{,}000주 \times (₩50{,}000 - ₩45{,}000) \times \dfrac{4{,}000주}{5{,}000주} = ₩36{,}000{,}000$

$B \rightarrow D$: $9{,}000주 \times (₩50{,}000 - ₩45{,}000) \times \dfrac{1{,}000주}{5{,}000주} = ₩9{,}000{,}000$

$C \rightarrow A$: $6{,}000주 \times (₩50{,}000 - ₩45{,}000) \times \dfrac{4{,}000주}{5{,}000주} = ₩24{,}000{,}000$

$C \rightarrow D$: $6{,}000주 \times (₩50{,}000 - ₩45{,}000) \times \dfrac{1{,}000주}{5{,}000주} = ₩6{,}000{,}000$

※ 조세문제 요약

구 분	B(이익을 분여한 자)	A(이익을 분여받은 자)
법인인 경우	〈익入〉 부당행위계산부인 ₩36,000,000 (기타사외유출)	〈익入〉 주식 ₩36,000,000 (유보)
개인인 경우	조세문제 없음	₩60,000,000에 대해 증여세 부과

Memo

과세표준과 세액계산

10.1 과세표준의 계산

1. 이월결손금의 공제

특정 사업연도에 결손금이 발생한 경우 그 결손금은 소멸되지 않고 차기이후로 이월되어 이월된 사업연도의 각사업연도소득금액에서 공제된다.

<table>
<tr><th>구 분</th><th colspan="2">내 용</th></tr>
<tr><td>공제대상</td><td colspan="2">당해 사업연도 개시일 전 15년(2019. 12. 31. 이전 개시 사업연도 발생분은 10년) 이내에 개시한 사업연도에서 발생한 세법상 결손금으로서 과세표준 신고, 결정·경정 및 수정신고한 과세표준에 포함된 결손금(결손금 소급공제 또는 이월결손금 공제를 받았거나 자산수증이익·채무면제이익으로 충당된 결손금은 제외)</td></tr>
<tr><td>공제순서</td><td colspan="2">먼저 발생한 이월결손금부터 순차적으로 공제</td></tr>
<tr><td>공제배제</td><td colspan="2">추계결정·경정의 경우(천재지변 등으로 인하여 추계하는 경우 제외)</td></tr>
<tr><td rowspan="3">공제범위</td><td>구 분</td><td>공 제 범 위</td></tr>
<tr><td>중소기업 및 특정법인*</td><td>각 사업연도 소득금액 × 100%</td></tr>
<tr><td>이외의 법인</td><td>각 사업연도 소득금액 × 80%</td></tr>
</table>

* 특정법인은 다음 중 어느 하나에 해당하는 법인을 말한다.
  1. 채무자 회생 및 파산에 관한 법률에 따라 법원이 인가결정한 회생계획을 이행중인 법인
  2. 기업구조조정 촉진법에 따라 기업개선계획의 이행을 위한 약정을 체결하고 기업개선계획을 이행중인 법인
  3. 금융회사등이나 금융업무 또는 기업 구조조정 업무를 하는 공공기관 등과 경영정상화계획의 이행을 위한 협약을 체결하고 경영정상화계획을 이행중인 법인
  4. 유동화자산(채권, 부동산 또는 그 밖의 재산권)을 기초로 증권을 발행하거나 자금을 차입할 목적으로 설립된 법인으로서 2015년 12월 31일까지 유동화자산의 취득을 완료하는 등의 법소정 요건을 갖춘 법인
  5. 유동화전문회사 등에 대한 소득공제 및 프로젝트금융투자회사에 대한 소득공제 대상 법인
  6. 기업 활력 제고를 위한 특별법에 따른 사업재편계획 승인을 받은 법인

Memo

세부사항 사업양수 시 이월결손금 공제 제한

1. 내국법인간 사업양수도로서 다음에 해당하는 경우 사업을 양수한 내국법인의 사업양수일 현재 이월결손금은 양수한 사업부문에서 발생한 소득금액의 범위에서는 공제하지 아니한다.
   ① 사업양수일 현재 양도법인 자산 총액의 70% 이상이면서 순자산가액의 90% 이상인 자산의 양수
   ② 사업 양도·양수 계약일 현재 특수관계인인 법인 간에 이뤄진 사업의 양수
2. 사업양수 시 이월결손금 공제 제한 규정을 적용받는 양수법인은 그 이월결손금을 공제받는 기간 동안 자산·부채 및 손익을 양수한 사업에 속하는 것과 그 밖의 사업에 속하는 것을 각각 다른 회계로 구분하여 기록하여야 한다. 다만, 중소기업 간 또는 동일사업을 하는 법인 간에 사업을 양수하는 경우에는 회계를 구분하여 기록하지 아니할 수 있으며 이 경우에는 그 소득금액을 사업용 자산가액 비율로 안분계산한 금액을 각 사업별 소득금액으로 한다.

2. 결손금 소급공제에 따른 환급

(1) 중소기업의 결손금 소급공제에 따른 환급

중소기업은 당해 사업연도에 결손금이 발생한 경우 그 결손금을 직전 사업연도의 과세표준에 소급공제하여 감소되는 직전 사업연도의 법인세액을 환급신청할 수 있다.

구 분	내 용
소급공제의 요건	① 중소기업의 결손금 ② 결손금 발생 사업연도와 직전 사업연도의 소득에 대한 법인세 신고기한 준수 ③ 결손금 발생 사업연도 과세표준신고기한 내에 납세지관할세무서장에게 신청
소급공제 대상기간	결손금이 발생한 사업연도의 직전 사업연도
환급세액 : Min[①, ②]	① 환급대상액 $=$ 직전 사업연도 법인세산출세액* $-$ (직전 사업연도 과세표준 $-$ 소급공제 결손금) $\times$ 직전 사업연도 법인세율 ② 한도액 $=$ 직전 사업연도 법인세산출세액* $-$ 직전 사업연도 공제·감면세액 * 직전 사업연도 법인세산출세액에는 토지등 양도소득에 대한 법인세는 제외한다.

(2) 환급세액의 추징

결손금을 소급공제하여 환급받은 법인이 다음에 해당할 때에는 과다환급세액에 이에 대한 이자상당액을 가산한 금액을 결손금이 발생한 사업연도 법인세로서 징수한다.

구 분	내 용
과다환급세액을 징수하는 경우	① 결손금이 발생한 사업연도에 대한 법인세 과세표준과 세액을 경정함으로써 결손금이 감소된 경우 ② 결손금이 발생한 사업연도의 직전 사업연도에 대한 법인세 과세표준과 세액을 경정함으로써 환급세액이 감소된 경우 ③ 중소기업에 해당하지 않는 내국법인이 법인세를 환급받은 경우

Memo

징수할 금액	환급취소세액[*1]＋이자상당액(환급취소세액×기간[*2]×이자율[*3]) * 1. 환급취소세액＝당초 환급세액× $\frac{\text{감소된 결손금}-\text{소급공제받지 아니한 결손금}}{\text{소급공제 결손금}}$ 2. 기간 : 당초 환급세액의 통지일의 다음날부터 추징세액의 고지일까지 일수 3. 이자율 (1) 일반적인 경우 : 1일 2.2/10,000 (2) 납세자가 법인세액을 과다하게 환급받은데 정당한 사유가 있는 경우 : 국세환급가산금 이자율

예 제 중소기업인 (주)중앙(사업연도 : 1. 1. ~ 12. 31.)의 2022년과 2023년 사업연도에 관한 다음 자료에 따라 요구사항에 답하시오.

1. 2022 사업연도는 과세표준 ₩400,000,000, 산출세액 ₩56,000,000, 공제감면세액 ₩33,200,000, 가산세 ₩2,000,000, 기납부세액 ₩9,000,000으로 신고되었다.
2. 2023 사업연도에 세무상 결손금 ₩150,000,000이 발생하여 소급공제를 신청하고자 한다.
3. 2022 사업연도의 법인세율은 2023 사업연도의 법인세율과 같다고 가정한다.

〈요구사항〉

1. (주)중앙이 2022년 법인세를 최대한 환급받기 위하여 소급공제를 신청할 결손금과 이에 따른 환급세액을 계산하시오.
2. 추후에 2023년 결손금이 ₩100,000,000으로 경정된 경우 추정세액을 계산하시오. 단, 당초 환급세액 통지일의 다음날부터 추징세액 고지일까지의 기간은 500일이며 회사가 법인세를 과다하게 환급받은데 정당한 사유는 없다.

해 답

2022 사업연도

과세표준	₩400,000,000
산출세액	56,000,000
공제감면	(33,200,000)
소계	22,800,000
가산세	2,000,000
총부담세액	₩24,800,000

2023 사업연도

결손금 △₩150,000,000
이월 △₩30,000,000
소급 x ＝△₩120,000,000

1. 환급세액 : Min[①, ②]
   ① 환급대상금액 : ₩56,000,000－(₩400,000,000－x)×전기세율
   ② 최대환급세액(한도액) : ₩56,000,000－₩33,200,000
   ①=② 인 x를 구하면,
   (₩400,000,000－x)×전기세율 ＝ ₩33,200,000
   → ₩18,000,000＋(₩200,000,000－x)×19%＝₩33,200,000

Memo

- 소급공제액(x) : ₩120,000,000
- 환급세액 : ₩22,800,000

2. 추징세액(①+②) : ₩4,218,000

① 환급취소세액 : $₩22,800,000 \times \frac{₩50,000,000 - ₩30,000,000}{₩120,000,000} = ₩3,800,000$

② 이자상당액 : ₩3,800,000×500일×2.2/10,000=₩418,000

3. 비과세소득

구 분	내 용
법인세법	공익신탁의 신탁재산에서 생기는 소득
조세특례제한법	중소기업창업투자회사 등의 주식양도차익 등에 대한 비과세
	중소기업창업투자회사 등의 소재·부품·장비전문기업 주식양도차익 등에 대한 비과세

4. 소득공제

구 분	내 용
법인세법	유동화전문회사 등에 대한 소득공제
조세특례제한법	프로젝트금융투자회사에 대한 소득공제
	자기관리부동산투자회사에 대한 소득공제

(1) 유동화전문회사 등에 대한 소득공제

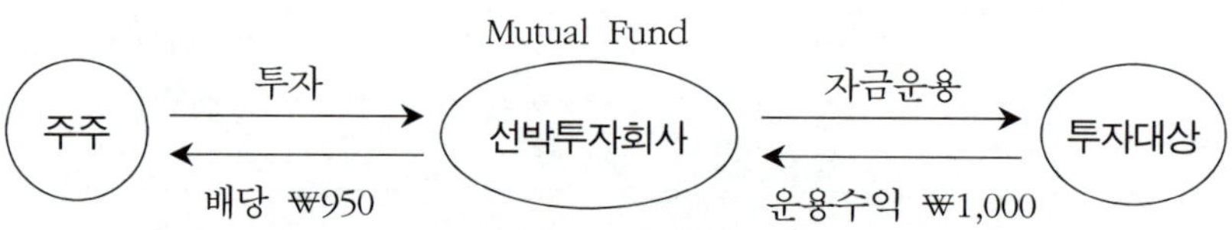

소득금액	₩1,000
소득공제	(−)950
과세표준	₩50

① 대상법인 : 유동화전문회사·투자회사·투자목적회사·투자유한회사·투자합자회사(기관전용 사모집합투자기구 제외)·투자유한책임회사·기업구조조정투자회사·기업구조조정 부동산투자회사·위탁관리 부동산투자회사·선박투자회사·문화산업전문회사·해외자원개발투자회사 등

Memo

② 소득공제액 : 배당가능이익의 90% 이상을 배당한 경우 그 금액을 잉여금처분 대상 사업연도의 소득금액에서 공제한다.

* 배당가능이익 : 기업회계기준에 의한 당기순이익에 이월이익잉여금을 가산하거나 이월결손금을 공제하고 상법에 따라 적립한 이익준비금을 차감한 금액을 말한다.

③ 이월공제 : 배당금액이 해당 사업연도의 소득금액을 초과하는 경우 그 초과배당금액은 다음 사업연도 개시일부터 5년 이내에 끝나는 각 사업연도로 이월하여 공제할 수 있다. 다만, 이월된 사업연도에 배당가능이익의 90% 이상을 배당하지 않는 경우에는 그 초과배당금액을 공제하지 아니한다.

* 초과배당금액을 이월하여 공제하는 경우 이월된 초과배당금액을 해당 사업연도의 배당금액보다 먼저 공제하고 이월된 초과배당금액이 둘 이상인 경우에는 먼저 발생한 초과배당금액부터 공제한다.

(2) 프로젝트금융투자회사에 대한 소득공제

유동화전문회사 등에 대한 소득공제 대상 법인과 유사한 투자회사로서 법정 요건을 갖춘 법인이 배당가능이익의 90% 이상을 배당한 경우 그 금액을 잉여금처분 대상 사업연도의 소득금액에서 공제한다. 초과배당금액의 이월공제 방법은 유동화전문회사 등에 대한 소득공제의 경우와 같다.

(3) 주주에 대한 과세

배당금 지급액에 대한 소득공제 대상 법인으로부터 수령한 배당금에 대한 과세는 해당 배당금이 배당금 지급법인의 소득에서 공제되므로 이중과세의 소지가 없다.
→ 수입배당금 익금불산입(법인주주) 및 배당세액공제(개인주주)의 대상에서 배제

※ 비과세소득 및 소득공제 항목은 이월규정이 없다. 따라서 당기에 적용받지 못한 금액은 차기로 이월되지 않고 소멸한다.

각사업연도소득금액	₩1,000	
이월결손금	(−)600	
비과세소득	(−)300	
소득공제	(−)150	
과세표준	₩0	← △₩50(×)

→ 당기에 소득공제는 ₩100만 적용되며 ₩50은 소멸된다.

Memo

10.2 산출세액의 계산

1. 일반적인 산출세액

(1) 법인세의 세율

과세표준 구간	세 율
2억원 이하	9%
2억원 초과 200억원 이하	19%
200억원 초과 3,000억원 이하	21%
3,000억 초과	24%

(2) 사업연도가 1년 미만인 경우

$$\text{법인세 산출세액} = \left(\text{과세표준} \times \frac{12}{\text{사업연도 월수}} \times \text{세율}\right) \times \frac{\text{사업연도 월수}}{12}$$

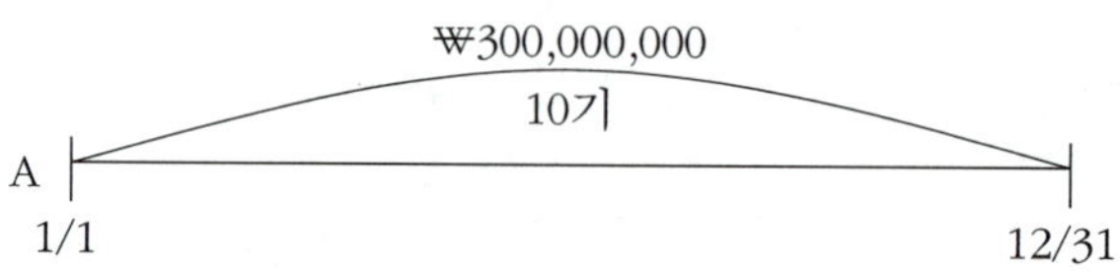

과세표준 : ₩300,000,000

산출세액 : ₩200,000,000×9%+₩100,000,000×19%

=₩300,000,000×19%−₩20,000,000=₩37,000,000

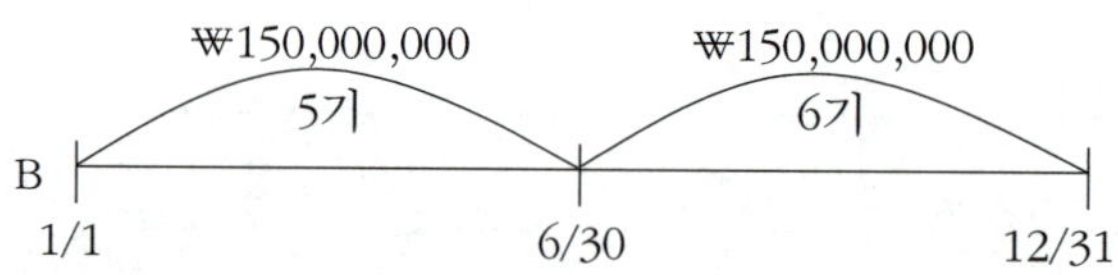

5기 과세표준 : ₩150,000,000

5기 산출세액 : ₩150,000,000×9%=₩13,500,000 (×)

→ (₩150,000,000×12/6)×세율×6/12=₩18,500,000 (○)

2. 토지등 양도소득에 대한 법인세

(1) 개요

법인이 다음 중 어느 하나에 해당하는 자산을 양도한 경우에는 토지등 양도소득에 대한 법인세를 각 사업연도 소득에 대한 법인세에 추가하여 납부하여야 한다.

Memo

과 세 대 상	토지등 양도소득에 대한 법인세액
법 소정 주택(부수토지 포함)	양도소득×20%(미등기인 경우 40%)
법 소정 비사업용 토지	양도소득×10%(미등기인 경우 40%)
조합원입주권 및 분양권	양도소득×20%

(2) 과세대상

1) **법 소정 주택** : 국내에 소재하는 주택으로서 다음 각 항목에 해당하지 않는 주택

① 임대주택법에 따른 매입임대주택·일정 면적 이하의 건설임대주택으로서 5년 이상 임대한 기준시가 6억원 이하의 주택

② 비출자임원(소액주주임원 포함) 및 직원에게 제공하는 사택 및 그 밖에 무상으로 제공하는 주택으로서 사택제공기간 또는 무상제공기간이 10년 이상인 주택

③ 저당권 실행 또는 채권변제를 대신하여 취득한 주택으로서 취득일부터 3년이 경과하지 아니한 주택

④ 기타 부득이한 사유로 보유하는 주택으로서 기획재정부령으로 정하는 주택

2) **주택을 취득하기 위한 권리로써 조합원입주권과 분양권**

① 조합원입주권 : 재건축사업 또는 재개발사업을 시행하는 정비사업조합의 조합원으로서 취득한 입주자로 선정된 지위

② 분양권 : 주택에 대한 공급계약을 통해 주택을 공급받는 자로 선정된 지위

3) **법 소정 비사업용 토지** : 주업과 관계없이 소유하는 농지·임야·목장용지, 재산세 별도합산 또는 분리과세 대상 토지, 휴양 등의 용도로 사용하는 별장과 부속토지 등 법인의 업무와 직접적인 관련이 없다고 인정할 만한 상당한 이유가 있는 토지

(3) 비과세

① 파산선고에 의한 토지등의 처분으로 인하여 발생하는 소득

② 자경 농지로서 양도소득세의 비과세요건을 충족하는 농지의 교환·분합으로 인한 소득

③ 도시개발법 이외의 법률에 의한 환지처분으로 지목 또는 지번이 변경되거나 체비지로 충당됨으로써 발생하는 소득

④ 적격분할·적격합병·적격물적분할·적격현물출자·조직변경 및 법 소정 교환으로 인하여 발생하는 소득

⑤ 주택을 신축하여 판매(임대주택법에 의한 건설임대주택을 분양하거나 다른 임대사업자에게 매각하는 경우 포함)하는 법인이 그 주택에 부수되는 토지로서 건물정착면적의 5배(도시지역 밖의 토지는 10배) 이내의 토지를 양도함으로써 발생하는 소득

Memo

(4) 양도소득금액의 계산

> 토지등 양도소득 = 토지등의 양도금액 − 양도 당시의 장부가액

① 과세대상 자산을 2 이상 양도한 경우에는 양도한 자산별로 계산한 금액을 합산한다.

② 양도자산 중 양도차손이 있는 경우 그 양도차손을 다른 자산의 양도소득에서 차감한다.

* 양도차손이 발생한 자산과 같은 세율을 적용받는 자산의 양도소득에서 먼저 차감하고, 남은 금액을 다른 세율을 적용받는 자산에서 차감한다.

③ 소득세법상 양도소득과 달리 양도과정에서 발생한 양도비용은 차감하지 아니한다.

(5) 양도소득의 귀속시기

① 원칙 : 각 사업연도 소득에 대한 법인세의 자산 판매손익 귀속시기를 준용한다(대금청산일, 소유권이전등기·등록일, 인도일·사용수익일 중 빠른 날).

② 예외 : 장기할부판매에 대해서 회사가 회수기일도래기준에 의해 회계처리한 경우, 각 사업연도 소득의 규정과는 달리 이를 인정하지 아니하고 위의 원칙을 적용한다.

③ 예약매출 : 예약매출의 경우에는 그 계약일에 토지등이 양도된 것으로 본다.

10.3 투자·상생협력 촉진을 위한 조세특례

1. 납세의무자 및 과세대상

(1) 납세의무자

각 사업연도 종료일 현재 독점규제 및 공정거래에 관한 법률에 따른 상호출자제한기업집단에 속하는 내국법인이 2025년 12월 31일이 속하는 사업연도까지 미환류소득이 있는 경우에는 미환류소득에 대한 법인세액을 각 사업연도 소득에 대한 법인세액에 추가하여 납부하여야 한다.

(2) 과세대상

미 환 류 소 득	세 율
A 방법 : 기업소득×70%[*1] − 환류액(투자금액, 임금증가액, 상생협력금액)	20%
B 방법 : 기업소득×15%[*2] −환류액(임금증가액, 상생협력금액)	

* 1. 60%~80% 범위에서 대통령령으로 정할 수 있으며 현재는 70%를 적용한다.
2. 10%~20% 범위에서 대통령령으로 정할 수 있으며 현재는 15%를 적용한다.

Memo

① 납세의무자인 법인은 위 두 가지 방법 중 하나를 선택하여 산정한 금액을 각 사업연도 소득에 대한 법인세 과세표준 신고와 함께 관할 세무서장에게 신고하여야 한다. 이 때 해당 사업연도의 개시일부터 A 방법을 선택한 경우는 3년, B 방법을 선택한 경우는 1년이 되는 날이 속하는 사업연도까지는 그 선택한 방법을 계속 적용하여야 한다.

② 미환류소득 계산방식을 선택하지 아니한 경우에는 해당 법인이 최초로 미환류소득에 대한 법인세 납세의무자에 해당하게 되는 사업연도에 미환류소득이 적게 산정되거나 초과환류액이 많게 산정되는 방법을 선택하여 신고한 것으로 본다.

2. 미환류소득 구성 항목

(1) 기업소득

기업소득 = 각 사업연도 소득금액 + 가산 항목 − 차감 항목

* 기업소득이 음수인 경우 0으로 보고, 3천억원을 초과하는 경우 3천억원으로 본다.

① 가산 항목

a. 국세·지방세의 과오납금 환급금 이자

b. 기부금 한도초과 이월 손금산입액

c. 환류액 중 투자액 해당 자산의 당기 감가상각비 손금산입액(A 방법에 한함)

② 차감 항목

a. 해당 사업연도 법인세액(외국납부세액, 법인지방소득세, 농어촌특별세 포함)

b. 상법상 이익준비금 및 기타 의무적으로 적립하는 적립금

c. 이월결손금(해당 사업연도 과세표준 계산시 공제가능한 금액으로서 비중소기업의 공제한도율 60%는 적용하지 않은 금액임)

d. 합병·분할시 의제배당금액(합병·분할대가 중 주식등으로 받은 부분만 해당하며, 수입배당금 익금불산입 규정을 적용하기 전 금액을 말한다)

e. 기부금 한도초과 손금불산입액

f. 합병 및 인적분할에 따른 양도손익으로서 익금에 산입한 금액

g. 유동화전문회사 등에 대한 소득공제 및 프로젝트금융투자회사에 대한 소득공제 규정에 따라 배당한 금액

(2) 환류액

① 투자금액 : 사업용 유형·무형자산에 대한 투자 합계액(투자가 2개 이상 사업연도에 걸쳐서 이루어지는 경우에는 해당 사업연도에 실제 지출한 금액)

* 1. 중고품 및 금융리스 외의 리스자산은 제외한다.
  2. 유형자산은 기계 및 장치, 공구, 기구 및 비품, 차량 및 운반구, 선박 및 항공기 등과 신축·증축하는 업무용 건축물을 말하며, 자본적지출을 포함한다.
  3. 무형자산 중 영업권과 사용수익기부자산은 제외한다.
  4. 벤처기업에 설립시 자본금 납입 및 유상증자시 증자대금 납입의 방법으로 출자(창업·벤처전문 사모집합투자기구 또는 창투조합 등을 통한 출자 포함)하여 취득한 주식을 포함한다.

Memo

② 임금증가액 : 다음의 금액을 합한 금액

a. 상시근로자의 해당 사업연도 임금이 증가한 경우 : 상시근로자 임금증가금액
   단, 당기 상시근로자 수가 전기 대비 증가한 경우에는 다음의 금액 :
   기존 상시근로자 임금증가금액×150%+신규 상시근로자 임금증가금액×200%

b. 청년정규직근로자 수가 직전 사업연도 대비 증가한 경우 : 해당 사업연도의 청년정규직근로자에 대한 임금증가금액

c. 정규직 전환 근로자가 있는 경우 : 정규직 전환 근로자(청년정규직근로자는 제외)에 대한 임금증가금액

* 1. 임금증가금액은 소득세법상 근로소득(일반급여 및 잉여금처분에 의한 상여를 말하며, 해당 법인이 손금에 산입한 금액에 한한다)으로서 전기 대비 증가액이다.
  2. 신규 상시근로자 임금증가액 : (당기 상시근로자 수－전기 상시근로자 수)×당기 신규 상시근로자 임금지급 평균액
     기존 상시근로자 임금증가액 : 당기 상시근로자 임금증가액－신규 상시근로자 임금증가액
  3. 상시근로자에 임원, 근로소득이 8천만원(12개월 환산 기준) 이상인 자, 최대주주·최대출자자 및 그와 친족관계인 자, 근로소득원천징수내역이 확인되지 않는 자, 근로계약기간이 1년 미만인 자 등은 제외된다.

③ 상생협력금액 : 다음에 해당하는 금액×300%

a. 대·중소기업 상생협력 촉진에 관한 법률에 따른 상생협력을 위하여 출연하는 금액
b. 협력중소기업의 사내근로복지기금에 출연하는 경우 그 출연금
c. 근로복지기본법에 따른 공동근로복지기금에 출연하는 경우 그 출연금
d. 금융회사 등이 중소기업에 대한 보증 또는 대출지원을 목적으로 신용보증기금, 기술보증기금 또는 신용보증재단 및 신용보증재단중앙회에 출연하는 경우 그 출연금

3. 미환류소득 계산의 운용

(1) 초과환류액

해당 사업연도에 초과환류액((－)의 미환류소득)이 있는 경우 그 초과환류액을 그 다음 2개 사업연도까지 이월하여 그 다음 2개 사업연도 동안 미환류소득에서 공제할 수 있다.

(2) 차기환류적립금

① 미환류소득 계산방법을 선택하여 신고한 내국법인은 해당 사업연도 미환류소득의 전부 또는 일부를 다음 2개 사업연도의 투자, 임금 등으로 환류하기 위하여 차기환류적립금으로 적립할 수 있다. 이 경우 차기환류적립금은 해당 사업연도 미환류소득에서 공제한다.

* 미환류소득 계산방법을 선택·신고하지 않은 내국법인은 차기환류적립금을 적립할 수 없다.

② 직전 2개 사업연도에 적립한 차기환류적립금은 해당 사업연도의 초과환류액을 차감한 후 과세하며 해당 사업연도의 초과환류액이 더 큰 경우 그 차액은 다음 사업연도로 이월한다.

* 차기환류적립금을 적립한 법인이 다음 2개 사업연도 내에 미환류소득에 대한 법인세 납세의무자의 범위에서 제외된 경우에도 위와 같은 방식으로 미환류소득에 대한 법인세를 납부하여야 한다.

Memo

4. 기타 사항

(1) 투자액 등의 사후관리

미환류소득에 대한 법인세를 납부한 내국법인이 미환류소득 계산시 투자금액으로 공제한 자산을 투자완료일 또는 매입일·취득일로부터 2년이 지나기 전에 양도하거나 대여한 경우(부동산은 업무용에 해당하지 않게 된 경우)에는 그 자산에 대한 투자금액의 공제로 인하여 납부하지 아니한 세액에 이자 상당액을 가산하여 과세표준 신고시 납부하여야 한다.

* 이자상당액은 투자금액을 공제받은 사업연도 과세표준 신고일 다음날부터 이자상당액 납부일까지의 기간에 대하여 1일 1만분의 2.2의 율을 곱하여 계산한 금액으로 한다.

(2) 합병 등의 경우

① 미환류소득 계산방법을 선택하여 계속 적용하여야 하는 법인이 합병을 하거나 사업을 양수하는 등 법 소정의 경우에는 그 선택한 방법을 변경할 수 있다.

② 합병·분할에 따라 피합병법인·분할법인이 소멸하는 경우 합병법인·분할신설법인은 미환류소득 및 초과환류액을 승계할 수 있다.

10.4 세액감면

$$감면세액=법인세산출세액\times\frac{감면소득}{과세표준}\times감면비율$$

※ 산출세액의 구분

과세표준 ₩500,000,000

제조업 과표 ₩300,000,000	유통업 과표 ₩200,000,000

제조업 세액 ₩45,000,000	유통업 세액 ₩30,000,000

산출세액 ₩75,000,000

$$제조업\ 세액 : ₩75,000,000\times\frac{₩300,000,000}{₩500,000,000}$$

$$=₩45,000,000$$

구 분	제 조	유 통	합 계
소득금액	₩400	₩250	₩650
이월결손금	(−)60	(−)10	(−)70
비과세소득	−	(−)15	(−)15
소득공제	(−)40	(−)25	(−)65
과세표준	₩300	₩200	₩500

* 이월결손금과 비과세소득은 실지귀속이 확인되고 소득공제는 실지귀속이 확인되지 않은 경우를 가정함

Memo

10.5 세액공제

구 분	종 류	비 고
법인세법	① 외국납부세액공제 ② 재해손실세액공제 ③ 사실과 다른 회계처리로 인한 경정에 따른 세액공제	10년간 이월공제 – 이월공제
조세특례제한법	① 연구·인력개발비 세액공제 ② 통합투자세액공제 ③ 기타의 세액공제	10년간 이월공제 10년간 이월공제 10년간 이월공제

1. 외국납부세액공제

(1) 외국법인세액의 범위

구 분	내 용	세무조정
직접외국납부세액	당해 법인이 외국에서 국외원천소득에 대하여 납부하였거나 납부할 것으로 확정된 세액(가산세는 제외)	손금불산입 (기타사외유출)
의제외국납부세액	내국법인이 조세조약의 상대국에서 당해 국외원천소득에 대하여 법인세를 감면받은 세액상당액	–

*1. 외국납부세액공제를 적용받지 않는다면 상기 세무조정은 불필요하다. 이 경우 직접 외국납부세액은 결과적으로 손금에 산입된다.

2. 외국자회사로부터 수령한 수입배당금액은 익금불산입 규정을 적용하므로 외국납부세액공제의 대상에서 제외하며, 해당 수입배당금액에 대하여 외국에 납부한 세액은 손금에 산입하지 아니한다.

※ 세액공제 구조

국 내	세액공제 적용(×)	세액공제 적용(○)
국내소득	₩300.0	₩300.0
지점소득	50.0	50.0
〈손금불산입〉	–	12.5
과세표준	350.0	362.5
세율(가정)	20%	20%
산출세액	70.0	72.5
세액공제	–	(–)12.5
부담세액	₩70.0	₩60.0

국 외	
지점소득	₩62.5
Tax	(–)12.5
세후이익	₩50.0

① 직접외국납부세액 : 국외 납부세액 비용계상 → 〈손금불산입〉세무조정 후 세액공제

② 의제외국납부세액 : 국외에서 감면받은 세액 → 세무조정 없이 세액공제

Memo

(2) 외국납부세액공제

1) 개요

> 외국납부세액공제액 : Min[①, ②]
>
> ① 외국납부세액=직접외국납부세액+의제외국납부세액
>
> ② 한도액=법인세산출세액 × $\frac{\text{국외원천소득의 과세표준}}{\text{과세표준}}$

① 국외원천소득금액 : 해외지점의 당기순이익+직접외국납부세액

② 이월결손금·비과세소득·소득공제

이월결손금 등이 국외에서 발생한 때에는 전액을 차감하며, 국외에서 발생한 것인지의 여부가 불분명한 경우에는 소득금액에 비례하여 안분계산한 금액으로 한다.

2) 국외사업장이 2 이상인 경우 한도계산방식 : 국별한도제

① 국외사업장이 2 이상의 국가에 있는 경우 외국납부세액공제액의 한도액은 국가별로 구분하여 계산한다.

② 2 이상의 국가에 있는 사업장 중 소득금액이 결손인 사업장이 있는 경우, 그 결손금액을 총소득금액(국내소득금액 포함)에 대한 국가별 소득금액 비율로 안분한 후 이를 각 국가별 소득금액에서 차감한 금액을 기준으로 한도액을 계산한다.

3) 이월공제

① 외국납부세액이 공제한도를 초과하는 경우 해당 사업연도의 다음 사업연도 개시일부터 10년 이내에 끝나는 각 사업연도로 이월하여 그 이월된 사업연도의 공제한도 내에서 공제받을 수 있다.

* 해당 사업연도 중에 발생한 세액공제액과 이전 사업연도에서 이월된 미공제액이 함께 있는 때에는 이월된 미공제액을 먼저 공제한다.

② 이월공제 후의 손금산입

외국납부세액을 10년의 이월공제기간 내에 공제받지 못한 경우 그 금액은 이월공제기간 종료일 다음 날이 속하는 사업연도의 소득금액을 계산할 때 손금에 산입할 수 있다.

(3) 세액공제의 시기 및 서류제출

외국납부세액은 해당 국외원천소득이 과세표준에 산입되어 있는 사업연도의 산출세액에서 공제한다. 이를 적용받으려는 법인은 과세표준신고와 함께 외국납부세액공제세액계산서를 관할 세무서장에게 제출해야 한다.

(4) 외국납부세액공제의 배제

법인세과세표준과 세액을 추계결정 또는 경정하는 경우에는 외국납부세액공제 규정을 적용하지 아니한다. 다만, 천재지변 등으로 장부나 그 밖의 증명서류가 멸실되어 그 과세표준을 추계하는 경우에는 그러하지 아니하다.

Memo

예제 다음은 (주)나무의 제20기 사업연도(1. 1. ~ 12. 31.) 외국납부세액공제와 관련된 자료이다. 다음 자료를 참고로 (주)나무의 총부담세액을 계산하시오.

1. (주)나무의 각 나라별 소득 및 외국납부세액 관련 내역

구 분	국 내	A국 지점	B국 지점	합 계
당기순이익	₩254,000,000	₩64,000,000	₩48,000,000	₩366,000,000

(1) A국 지점의 당기순이익은 A국에 납부한 외국법인세 ₩8,000,000이 차감(비용처리)된 후의 금액이다. A국 지점에는 제18기에 한도초과로 공제되지 못한 외국법인세 ₩3,500,000이 있다.

(2) B국 지점의 당기순이익은 B국에 납부한 외국법인세 ₩6,000,000이 차감(비용처리)된 후의 금액이다. B국 지점에 부과된 B국 법인세는 ₩8,000,000이었으나 ₩2,000,000을 감면받았으며 이는 조세조약에 따라 법인세법상 세액공제 대상에 해당한다.

2. (주)나무에게는 제19기에 발생한 세무상 결손금 ₩20,000,000이 있으며, 이는 전부 국내 사업에서 발생한 것이다. 비과세소득 및 소득공제는 없다.

해답

1. 과세표준

구 분	국 내	A국 지점	B국 지점	합 계
당기순이익	₩254,000,000	₩64,000,000	₩48,000,000	₩366,000,000
직접외국납부세액	–	8,000,000	6,000,000	14,000,000
각사업연도소득금액	₩254,000,000	₩72,000,000	₩54,000,000	₩380,000,000
이월결손금	(20,000,000)	–	–	(20,000,000)
과세표준	₩234,000,000	₩72,000,000	₩54,000,000	₩360,000,000

2. 산출세액 : ₩200,000,000×9%+₩160,000,000×19%=₩48,400,000

3. 외국납부세액공제 : (1)+(2)=₩16,940,000

(1) A국 : Min[①, ②]=₩9,680,000

① 외국납부세액 : ₩8,000,000+₩3,500,000(전기이월분)=₩11,500,000

② 한도액 : $₩48,400,000 \times \frac{₩72,000,000}{₩360,000,000} = ₩9,680,000$

(2) B국 : Min[①, ②]=₩7,260,000

① 외국납부세액 : ₩6,000,000+₩2,000,000(의제외국납부세액)=₩8,000,000

② 한도액 : $₩48,400,000 \times \frac{₩54,000,000}{₩360,000,000} = ₩7,260,000$

4. 차감납부세액 : ₩48,400,000−₩16,940,000=₩31,460,000

Memo

2. 재해손실세액공제

재해손실세액공제액 : Min[①, ②]
① 공제대상 법인세×재해상실비율
② 한도액 : 상실된 자산가액

(1) 공제대상 법인세

공제대상 법인세	범 위
재해발생일 현재 부과되지 아니한 법인세와 부과된 법인세로서 미납된 법인세	해당 법인세(가산세* 포함)
재해발생일이 속하는 사업연도의 소득에 대한 법인세	법인세 산출세액+가산세* − 다른 법률에 의한 공제감면세액

* 무기장가산세, 무신고·과소신고가산세, 납부지연가산세 및 원천징수 등 납부지연가산세

(2) 재해상실비율

$$\text{재해상실비율} = \frac{\text{상실된 자산가액}}{\text{상실전의 사업용자산총액}} (\geq 20\% \text{ 이어야 공제가능})$$

* 1. 재해상실비율은 재해발생일 현재 장부가액에 의하여 계산하되, 장부가 소실·분실되어 장부가액을 알 수 없는 경우에는 납세지 관할세무서장이 조사하여 확인한 가액에 의한다.
2. 상실전의 사업용자산총액에서 토지는 제외한다.
3. 타인 소유의 자산으로서 상실로 인한 변상책임이 해당 법인에게 있는 경우 타인 소유의 자산가액을 상실된 자산가액과 상실전의 사업용자산총액에 각각 합산한다.
4. 재해자산에 대한 보험금을 수령한 경우에도 상실된 자산가액에서 보험금을 차감하지 아니한다.

(3) 재해손실세액공제의 신청

재해손실세액공제를 받고자 하는 법인은 다음 기한 내에 재해손실세액공제신청서를 납세지 관할세무서장에게 제출하여야 한다.

① 재해발생일 현재 과세표준 신고기한이 지나지 않은 법인세 : 그 신고기한. 다만, 재해발생일부터 신고기한까지의 기한이 3개월 미만인 경우는 재해발생일로부터 3개월

② 재해발생일 현재 미납된 법인세·납부해야 할 법인세 : 재해발생일부터 3개월

(4) 납부기한등의 연장과 납부고지의 유예

납세지 관할세무서장은 법인이 재해손실세액공제를 받을 법인세에 대하여 당해 세액공제가 확인될 때까지 국세징수법에 따라 그 법인세의 징수를 유예할 수 있다.

Memo

3. 사실과 다른 회계처리로 인한 경정에 따른 세액공제

(1) 개요

내국법인이 사실과 다른 회계처리를 하여 과세표준 및 세액을 과다계상함으로써 국세기본법에 따라 경정을 청구하여 경정을 받은 경우에는 과다 납부한 세액을 환급하지 않고 그 경정일이 속하는 사업연도부터 각 사업연도의 법인세액에서 과다 납부한 세액을 공제한다.

(2) 환급제한 대상법인

① 다음 요건에 해당하는 '사실과 다른 회계처리'를 하였을 것

a. 자본시장과 금융투자업에 관한 법률에 따른 사업보고서 및 주식회사의 외부감사에 관한 법률에 따른 감사보고서를 제출할 때 수익 또는 자산을 과다계상하거나 손비 또는 부채를 과소 계상할 것

b. 내국법인, 감사인 또는 그에 소속된 공인회계사가 경고·주의 등의 조치를 받을 것

② 위의 사실과 다른 회계처리를 하여 과세표준 및 세액을 과다하게 계상함으로써 국세기본법에 따라 경정청구하여 감액경정을 받을 것

(3) 환급제한 방법

사실과 다른 회계처리로 과다 납부한 세액을 환급하지 않고 그 경정일이 속하는 사업연도부터 각 사업연도의 법인세액에서 과다 납부한 세액을 공제한다. 이 경우 그 공제하는 금액은 과다 납부한 세액의 20%를 한도로 하고, 공제 후 남아 있는 과다 납부한 세액은 이후 사업연도에 이월하여 공제한다.

4. 조세특례제한법상의 세액공제

(1) 연구·인력개발비에 대한 세액공제

Ⅰ. 일반연구·인력개발비(아래 Ⅱ,Ⅲ에 해당하지 않거나 이를 선택하지 않은 경우) : Max[A, B]

	일반기업	중견기업	중소기업
A. (당기 발생액－전기 발생액)[*1] ×	25%	40%	50%
B. 당기 발생액 ×	(0% ~ 2%)[*2]	8%	25%[*3]

	일반기업	중소기업
Ⅱ. 신성장·원천기술 연구개발비[*4] : 당기 발생액 ×	20%＋α[*5]	30%＋α[*5]
Ⅲ. 국가전략기술 연구개발비[*4] : 당기 발생액 ×	30%＋α[*5]	40%＋α[*5]

*1. 사업연도 개시일부터 소급하여 4년간 일반연구·인력개발비가 발생하지 아니하거나 전기 발생액이 소급 4년간 연평균발생액보다 적은 경우에는 A항목을 적용하지 아니한다

$$\text{소급 4년간 연평균발생액} = \frac{\text{소급 4년간 발생한 일반연구·인력개발비의 합계액}}{\text{소급 4년간 일반연구·인력개발비가 발생한 사업연도 수}} \times \frac{\text{해당 사업연도 월수}}{12}$$

(그 수가 4 이상인 경우 4로 한다)

Memo

2. 0% ~ 2% : $\text{Min}\left[\frac{\text{당기 발생액}}{\text{당기 수입금액}} \times \frac{1}{2},\ 2\%\right]$(수입금액 : 기업회계기준에 따라 계산한 매출액)

3. 중소기업이 중소기업에 해당하지 않게 된 경우 중소기업 유예기간(중소기업에 해당하지 않게 된 사유가 발생한 날이 속하는 사업연도와 그 다음 3개 사업연도) 경과 후 처음 3년간은 15%, 그 다음 2년간은 10%를 적용한다.

4. 신성장·원천기술 연구개발비와 국가전략기술 연구개발비는 2024. 12. 31.이전 발생분에 한하여 적용하며, 두 가지를 동시에 적용받을 수 있는 경우에는 납세의무자의 선택에 따라 하나만을 적용한다.

5. α : $\text{Min}\left[\frac{\text{당기 발생액}}{\text{당기 수입금액}} \times 3,\ 10\%\right]$(수입금액 : 기업회계기준에 따라 계산한 매출액)

   신성장·원천기술 연구개발비의 경우 코스닥상장 중견기업은 공제율을 '25%+α'로 한다(이 경우 α는 최대 15%).

(2) 통합투자세액공제

① 내국법인이 기계장치 등 사업용 유형자산 및 법 소정 유형·무형자산에 투자한 경우 다음의 금액을 해당 투자가 이루어진 사업연도의 법인세에서 공제한다. 단, 소비성 서비스업·부동산임대 및 공급업의 경우와 중고품 및 리스에 의한 투자는 대상에서 제외한다.

> 통합투자세액공제액 : A+B
>
> A. 기본공제 : 해당 과세연도에 투자한 금액 × 1% (중견기업 5%, 중소기업 10%)
>
> B. 추가공제 : (당기 투자액 – 직전 3년 연평균 투자액) × 3%

② 투자가 2개 이상의 과세연도에 걸쳐서 이루어지는 경우에는 그 투자가 이루어지는 과세연도마다 해당 과세연도에 투자한 금액에 대하여 세액공제를 적용한다.

③ 통합투자세액공제를 적용받은 법인이 투자완료일부터 2년(건축물·구축물은 5년) 이내에 그 자산을 다른 목적으로 전용하는 경우에는 공제받은 세액에 이자 상당액을 가산하여 납부하여야 한다.

* 이자상당액은 세액공제받은 사업연도 과세표준 신고일 다음날부터 추징사유가 발생한 사업연도 과세표준 신고일까지의 기간에 대하여 1일 1만분의 2.2의 율을 곱하여 계산한 금액으로 한다.

(3) 기타의 세액공제

전자신고에 대한 세액공제 : 신고 건당 2만원

(4) 세액공제액의 이월공제

① 당해 과세연도에 납부할 세액이 없거나 최저한세의 적용으로 인하여 공제받지 못한 금액은 당해 과세연도의 다음 과세연도 개시일부터 10년 이내에 종료하는 각 사업연도의 법인세에서 이를 공제한다.

② 각 과세연도에 공제할 금액과 이월된 미공제액이 중복되는 경우에는 이월된 미공제 금액을 먼저 공제하고 이월된 미공제액이 중복되는 경우에는 먼저 발생한 것부터 순차로 공제한다.

Memo

5. 세액감면 · 세액공제 적용순서

① 세액감면
② 이월공제가 인정되지 않는 세액공제
③ 이월공제가 인정되는 세액공제(이월된 미공제액 우선)
④ 사실과 다른 회계처리로 인한 경정에 따른 세액공제

10.6 최저한세

1. 최저한세의 적용방법

(1) 감면후세액 ≥ 최저한세 : 조세특례를 배제하지 않음
(2) 감면후세액 < 최저한세 : 최저한세에 미달하는 부분만큼 최저한세 대상 조세특례를 배제함

'감면후세액 ≥ 최저한세'의 경우	'감면후세액 < 최저한세'의 경우
감면후 과세표준	
× 세 율	
산 출 세 액	
(−) 최저한세 적용 대상 세액감면·공제	
감 면 후 세 액 →	최 저 한 세
(−) 최저한세 적용제외 세액감면·공제	(−) 최저한세 적용제외 세액감면·공제
(+) 가산세 및 감면분추가납부세액	(+) 가산세 및 감면분추가납부세액
총 부 담 세 액	총 부 담 세 액

(1) 감면후세액

감면후세액=감면후 과세표준*×세율(9%, 19%, 21%, 24%)−최저한세 대상 세액공제·감면

* 감면후 과세표준 : 최저한세 대상 조세특례(손금산입 및 익금불산입·비과세·소득공제)를 적용받아 계산한 과세표준

(2) 최저한세

최저한세=감면전 과세표준×최저한세율

① 감면전 과세표준 : 최저한세 대상 조세특례(손금산입 및 익금불산입·비과세·소득공제)를 적용하지 않은 경우의 과세표준
(감면후 과세표준+과세표준 단계의 최저한세 대상 조세특례)

Memo

② 최저한세율

감면 전 과세표준	비중소기업	중소기업
100억원 이하	10%	7%
100억원 초과 1,000억원 이하	12%	
1,000억원 초과	17%	

단, 중소기업 유예기간(중소기업에 해당하지 않게 된 사유가 발생한 날이 속하는 사업연도와 그 다음 3개 사업연도) 경과 후 처음 3년간 8%, 그 다음 2년간은 9% 적용

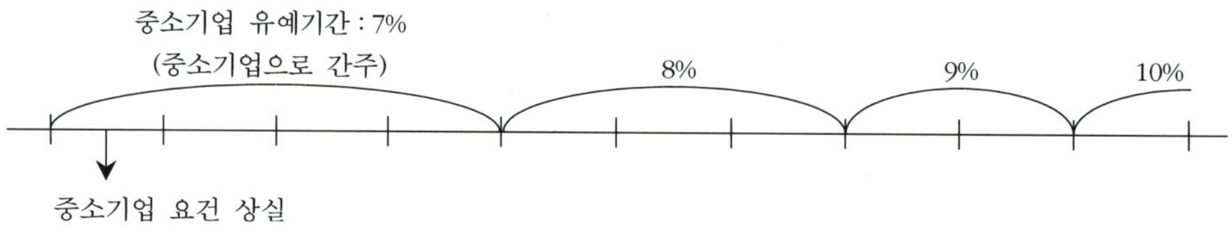

2. 최저한세 적용대상이 되는 조세감면 등의 범위

구 분	조세특례제한법상 조세특례	
	최저한세 대상	최저한세 적용 제외
과세표준 단계	손금산입 및 익금불산입	회생계획인가 등의 결정을 받은 법인의 채무면제익 익금불산입 등
	비 과 세	중소기업창업투자회사 등의 소재·부품·장비전문기업 주식양도차익 비과세
	소득공제	프로젝트금융투자회사에 대한 소득공제 자기관리부동산투자회사에 대한 소득공제 중 일부
세액계산 단계	세액공제	중소기업이 적용받는 연구·인력개발비에 대한 세액공제 * 비중소기업은 연구·인력개발비에 대한 세액공제 전액이 최저한세 대상임
	세액감면	① 창업중소기업 등에 대한 세액감면 중 고용증가분 추가감면 ② 공공차관도입에 따른 과세특례 ③ 수도권 밖으로 공장을 이전하는 기업에 대한 세액감면 ④ 수도권 밖으로 본사를 이전하는 법인에 대한 세액감면 ⑤ 영농조합법인에 대한 감면 및 영어조합법인에 대한 감면 ⑥ 농업회사법인에 대한 세액감면(작물재배업소득에 한함) ⑦ 사회적기업 및 장애인 표준사업장에 대한 세액감면 ⑧ 해외진출기업의 국내복귀에 대한 세액감면 ⑨ 외국인투자기업에 대한 세액감면

Memo

		⑩ 창업중소기업 등에 대한 세액감면 중 일반감면 ⑪ 연구개발특구에 입주하는 첨단기술기업 등에 대한 감면 ⑫ 위기지역 창업기업에 대한 세액감면 ⑬ 제주첨단과학기술단지 입주기업에 대한 세액감면 ⑭ 제주투자진흥지구·제주자유무역지역 입주기업에 대한 세액감면 ⑮ 기업도시개발구역 입주기업 등에 대한 세액감면 ⑯ 아시아문화중심도시 입주기업에 대한 세액감면 ⑰ 금융중심지 창업기업 등에 대한 세액감면 ⑱ 첨단의료복합단지 입주기업에 대한 감면 * 위 ⑩~⑱ 항목은 감면율이 100%인 과세연도에 한하여 최저한세를 배제한다.

3. 조세특례의 배제

감면후세액이 최저한세에 미달하는 경우에는 감면후세액이 최저한세의 금액이 되도록 최저한세 적용대상 조세특례를 배제하여야 한다.

구 분	배제순위
납세의무자가 신고(수정신고 포함)하는 경우	납세의무자가 임의로 선택
과세관청이 경정하는 경우	① 손금산입 및 익금불산입 ② 세액공제 ③ 세액감면 ④ 소득공제·비과세

예제 다음은 중소기업인 (주)중앙의 2023년(사업연도 : 1. 1. ~ 12. 31.) 법인세 신고자료이다. 최저한세를 계산하고 이를 고려하여 법인세 총부담세액을 산출하시오.

1. 과세표준 및 세액조정계산서 일부

(1) 각사업연도소득금액		₩360,000,000
(2) 이월결손금		(50,000,00)
(3) 과세표준		310,000,000
(4) 산출세액		38,900,000
(5) 세액공제		
① 외국납부세액공제	₩6,000,000	
② 연구·인력개발비 세액공제	5,000,000	
③ 중소기업투자세액공제	20,000,000	(31,000,000)
(6) 총부담세액		₩7,900,000

2. 2023년 소득금액 계산시 조세특례제한법에 따라 손금산입된 ₩10,000,000이 있는데, 이는 최저한세 적용대상인 항목이다.

Memo

해답

	최저한세 조정 전		최저한세 조정 후
각사업연도소득금액	₩360,000,000		₩370,000,000
이월결손금	(50,000,000)		(50,000,000)
과세표준	310,000,000		320,000,000
산출세액	38,900,000		40,800,000
세액감면·공제(최저한세 대상)			
• 투자세액공제	(20,000,000)		(18,400,000)
감면후세액	₩18,900,000	→	22,400,000
세액감면·공제(최저한세 제외)			
• 연구·인력개발비 세액공제			(5,000,000)
• 외국납부세액공제			(6,000,000)
총부담세액			₩11,400,000

* 최저한세 : 감면배제 과세표준×7%(중소기업)
=(₩310,000,000+₩10,000,000)×7%=₩22,400,000

* 배제내역	감면배제	효과	증가세액
(1) 최저한세 대상 손금산입액	₩10,000,000	19%	₩1,900,000
(2) 투자세액공제	1,600,000	100%	1,600,000
			₩3,500,000

보론 농어촌 특별세

농어촌특별세는 농어업의 경쟁력 강화와 농어촌산업기반시설의 확충 및 농어촌 지역개발사업을 위하여 필요한 재원을 확보하기 위하여 2024년 6월 30일까지 과세되는 목적세로서 다른 조세에 부가하여 과세되는 부가세의 일종이다.

구 분	내 용
(1) 법인세에 대한 농어촌특별세	조세특례제한법에 의한 법인세 감면세액*×20% * 조세특례제한법에 의한 감면세액이란 비과세·소득공제·세액감면·세액공제로 인하여 감면된 세액을 말하며, 손금산입·익금불산입과 같이 과세이연제도를 통하여 감면된 세액은 농어촌특별세의 과세대상이 되지 않는다.
(2) 비과세(주요 항목)	① 연구·인력개발비에 대한 세액공제 ② 중소기업에 대한 특별세액감면 ③ 기간제한이 있는 세액감면 a. 창업중소기업 등에 대한 세액감면 b. 수도권 밖으로 공장을 이전하는 기업에 대한 세액감면

Memo

(2) 비과세(주요 항목)	c. 수도권 밖으로 본사를 이전하는 법인에 대한 세액감면 d. 농공단지 입주기업 등에 대한 세액감면 e. 농업회사법인에 대한 세액감면 f. 외국인투자에 대한 세액감면 ④ 전자신고세액공제
(3) 신고·납부절차 및 회계처리	당해 본세를 신고·납부(중간예납 제외)하는 때에 그에 대한 농어촌특별세도 함께 신고·납부하여야 하며, 본세와 동일한 방법으로 회계처리하여야 한다.

Memo

법인세의 납세절차

11.1 사업연도 중도의 신고·납부와 결정·징수

1. 중간예납

사업연도 개시일로부터 6개월간의 기간에 대한 법인세를 미리 납부하는 규정

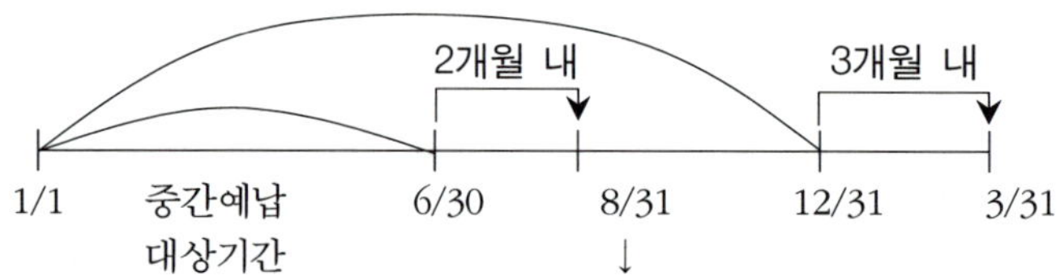

선택 ┌ ① 직전 사업연도 법인세실적기준
└ ② 중간예납기간 가결산기준

* 사업연도가 1/1~10/31인 경우 중간예납 대상기간 : 1/1 ~ 6/30

(1) 중간예납의무자

구 분	내 용
대상 법인	각사업연도의 기간이 6개월을 초과하는 법인
대상 기간	당해 사업연도 개시일부터 6개월간
대상 제외	① 합병이나 분할에 의하지 않고 새로 설립된 법인의 최초사업연도 ② 청산법인과 국내사업장이 없는 외국법인 ③ 학교법인, 산학협력단, 국립대학법인 ④ 직전 사업연도의 중소기업으로서 '직전 사업연도의 산출세액을 기준으로 하는 방법'에 따라 계산한 중간예납세액이 50만원 미만인 내국법인 ⑤ 중간예납기간 중 휴업 등의 사유로 수입금액이 없는 법인에 대하여 납세지 관할 세무서장이 이를 확인한 경우

(2) 중간예납세액의 계산방법

중간예납세액의 계산은 다음 두 가지 방법 중 하나를 선택하여 적용할 수 있다.

Memo

① 직전 사업연도의 산출세액을 기준으로 하는 방법

$$\left(\text{직전 사업연도의 법인세산출세액}^{*} - \text{직전 사업연도의 공제·감면세액} - \text{직전 사업연도의 원천징수·수시부과세액}\right) \times \frac{6}{\text{직전 사업연도 개월 수}}$$

* 직전 사업연도의 법인세 산출세액은 가산세를 포함하고 토지등 양도소득에 대한 법인세와 미환류소득에 대한 법인세는 제외한다.

② 해당 중간예납기간의 법인세액을 기준으로 하는 방법

$$\left(\text{중간예납기간의 과세표준} \times \frac{12}{6} \times \text{세율}\right) \times \frac{6}{12} - \text{중간예납기간의 공제·감면세액} - \text{중간예납기간의 원천징수·수시부과세액}$$

* 중간예납기간 동안의 가산세는 고려하지 아니한다.

참고 1. 다음의 경우는 ①의 방법을 적용해야 한다.
- 중간예납의 납부기한까지 중간예납세액을 납부하지 않은 경우(아래 2에 해당하는 경우는 제외)

2. 다음의 경우는 ②의 방법을 적용해야 한다.
- 직전 사업연도의 법인세로서 확정된 산출세액(가산세는 제외)이 없는 경우(유동화전문회사 등에 대한 소득공제 및 프로젝트금융투자회사에 대한 소득공제 대상 법인은 제외)
- 해당 중간예납기간 만료일까지 직전 사업연도의 법인세액이 확정되지 아니한 경우
- 분할신설법인 및 분할합병의 상대방법인의 분할 후 최초의 사업연도인 경우

(3) 중간예납세액의 납부 및 징수

구 분	내 용
신고·납부 기한	중간예납기간이 지난 날부터 2개월 이내
분 납	중간예납세액이 1,000만원을 초과하는 경우 정규법인세와 마찬가지로 분납할 수 있다.
수정신고 및 경정청구	중간예납은 국세기본법상 수정신고와 경정청구의 대상이 될 수 없다.
가 산 세	중간예납세액의 전부나 일부를 납부하지 아니한 경우 정규법인세와 같이 납부지연가산세를 징수한다.

* 납세지 관할 세무서장은 내국법인이 중간예납세액의 전부나 일부를 납부하지 아니하면 그 미납된 세액을 국세징수법에 따라 징수해야 한다. 다만, 그 법인이 직전 사업연도 법인세 실적기준을 적용할 수 없는 법인인 경우에는 가결산 기준에 따른 세액을 결정하여 국세징수법에 따라 징수하여야 한다.

2. 원천징수

(1) 원천징수 대상소득

내국법인에 다음 소득을 지급하는 자는 법인세를 원천징수하여야 한다(1천원 미만 제외).

구 분	원천징수세율
이자소득금액	14% (비영업대금의 이익은 25%*) * 금융위원회에 등록한 온라인투자연계금융업자를 통하여 지급받는 이자소득 : 14%
투자신탁이익	14%

* 1. 배당소득은 법인세법상 원천징수 대상이 아니므로 법인주주에게 배당금을 지급할 때에는 원천징수를 하지 않는다.
  2. 법인세를 원천징수할 때에는 해당 원천징수 세액의 10%에 해당하는 법인지방소득세를 함께 징수한다.

Memo

(2) 원천징수세액의 납부

구 분	납부기한
일반적인 경우	징수일이 속하는 달의 다음달 10일
반기별 납부 승인대상자	징수일이 속하는 반기의 마지막 달의 다음달 10일

3. 수시부과

법인이 다음 중 어느 하나에 해당하는 사유로 인하여 법인세 포탈의 우려가 있다고 인정되는 경우에는 수시로 그 법인에 대한 법인세를 부과할 수 있다.

① 신고를 하지 않고 본점 등을 이전한 경우
② 사업부진 기타 사유로 인하여 휴업 또는 폐업상태에 있는 경우
③ 기타 조세를 포탈할 우려가 있다고 인정되는 상당한 이유가 있는 경우

11.2 과세표준신고와 자진납부

1. 법인세 과세표준의 신고

※ **필수적 제출서류** ⇒ 하나라도 미제출시 무신고로 간주

① 재무상태표
② 포괄손익계산서
③ 이익잉여금처분계산서
④ 세무조정계산서(법인세 과세표준 및 세액조정계산서)

2. 법인세의 자진납부

※ 분납

자진납부할 세액이 1천만원을 초과하는 경우에는 다음의 금액을 납부기한이 경과한 날부터 1개월(중소기업의 경우에는 2개월) 이내에 분납할 수 있다.

구 분	분납할 수 있는 금액
납부할 세액이 2천만원 이하인 경우	1천만원을 초과하는 금액
납부할 세액이 2천만원을 초과하는 경우	납부할 세액의 50% 이하의 금액

* 가산세와 감면분 추가납부세액은 분납대상에 포함되지 않는다.

Memo

| 사례 |

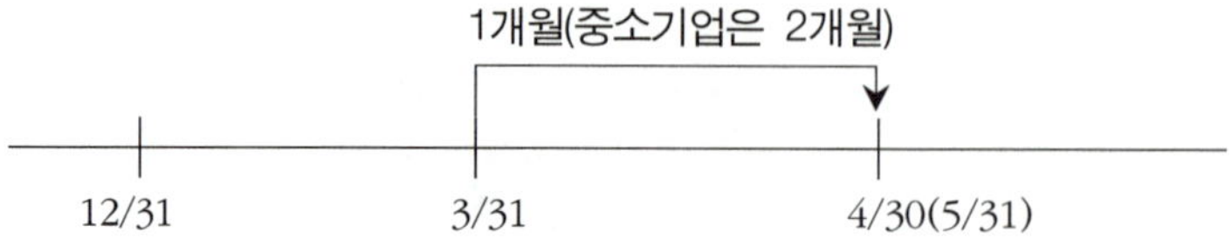

①	₩8,000,000 :	₩8,000,000	–	
②	₩16,000,000 :	₩10,000,000	₩6,000,000	→ 1천만원을 초과하는 금액
③	₩24,000,000 :	₩12,000,000	₩12,000,000	→ 세액의 50% 이하의 금액

※ 가산세가 ₩400,000 포함되어 있는 경우

②	₩16,000,000 :	₩10,400,000	₩5,600,000
③	₩24,000,000 :	₩12,200,000	₩11,800,000

3. 성실신고확인제도

(1) 성실신고확인대상 내국법인의 범위

① 소규모 부동산임대업 법인(접대비 한도액 50% 축소대상 특정법인을 말한다). 단, 유동화전문회사 등에 대한 소득공제 및 프로젝트금융투자회사에 대한 소득공제 대상법인은 제외한다.

② 소득세법에 따른 성실신고확인대상사업자가 사업용자산의 현물출자, 사업의 양도·양수 방법에 따라 내국법인으로 전환한 경우 그 내국법인(사업연도 종료일 현재 법인으로 전환한 후 3년 이내의 내국법인으로 한정한다)

③ 위 ②의 전환 내국법인의 사업을 현물출자 및 사업양도·양수 방법으로 인수한 다른 내국법인(전환일부터 3년 이내로서 사업연도 종료일 현재 인수한 사업을 계속 경영하고 있는 경우로 한정)

(2) 성실신고확인서 제출

성실신고확인대상 내국법인은 성실한 납세를 위하여 법인세의 과세표준과 세액을 신고할 때 필수첨부서류에 더하여 비치·기록된 장부와 증명서류에 의하여 계산한 과세표준금액의 적정성을 세무사, 공인회계사, 세무법인, 회계법인 등이 확인하고 작성한 성실신고확인서를 납세지 관할 세무서장에게 제출하여야 한다. 다만, 주식회사의 외부감사에 관한 법률에 따라 감사인에 의한 감사를 받은 내국법인은 이를 제출하지 아니할 수 있다.

(3) 성실신고확인서 관련 혜택 및 제재

1) 과세표준 신고기한 연장 : 각 사업연도의 종료일이 속하는 달의 말일부터 4개월 이내
2) 성실신고확인비용 세액공제 : Min[성실신고확인비용×60%, ₩1,500,000]
3) 성실신고확인서 미제출가산세 : 법인세 산출세액 × 5%
4) 수시선정 세무조사 대상

Memo

11.3 결정 및 경정과 징수 및 환급

1. 결정과 경정

(1) **결정** : 납세의무를 처음으로 확정하는 처분

- 납세지 관할세무서장은 법인이 과세표준 신고를 하지 않은 때에는 과세표준 신고기한으로부터 1년 이내에 이를 결정하여야 한다.

(2) **경정** : 이미 확정된 납세의무를 변경하는 처분

(3) **결정·경정의 방법**

[원칙] 실지조사(장부나 증명서류를 근거로 한 조사)

[예외] 추계결정·경정(장부나 증명서류가 없거나 기장내용이 허위임이 명백한 경우)

① 일반적인 경우 : 기준경비율에 의한 방법

> 추계과세표준=수입금액－주요경비－(수입금액×기준경비율)

* 1. 주요경비 : 매입비용(사업용 유형·무형자산 매입비용 제외), 사업용 유형·무형자산 임차료, 인건비 중 증명서류로 입증되는 금액
2. 기준경비율 : 업종별·규모별로 국세청장이 정한 비율

② 기준경비율이 결정되지 않았거나 천재지변 등으로 장부나 그 밖의 증명서류가 멸실된 경우 : 동업자권형에 의한 방법(기장이 가장 정확하다고 인정되는 동일 업종의 다른 법인의 소득금액을 고려하여 과세표준을 결정·경정하는 방법)

※ 위 ① 또는 ②의 금액에 추가로 가산하여야 할 금액

1. 사업외수익에서 다음 각 항목을 차감한 금액
   (1) 사업외수익에 직접 대응되고 증빙서류나 객관적 자료로 확인되는 원가상당액
   (2) 사업외수익에 해당 사업연도 중 지출한 손비 중 환입액이 포함된 경우 그 금액
   (3) 부동산임대업 법인의 사업외수익
2. 부당행위계산부인 규정에 따라 익금에 산입하는 금액
3. 대손충당금 및 조세특례제한법상 준비금·충당금 환입액

〈과세표준을 추계하는 경우의 규제사항〉
1. 이월결손금 및 외국납부세액공제의 배제
2. 간주임대료의 익금산입
3. 추계과표와 세전순이익의 차이 ⇒ 〈익금산입〉 상여(대표자) 또는 기타사외유출

2. 징수와 환급

납세지 관할세무서장은 법인이 납부하여야 할 세액의 전부 또는 일부를 납부하지 않으면 그 미납세액을 국세징수법에 따라 징수하여야 한다.

Memo

11.4 가산세

1. 무기장 가산세

무기장가산세=Max[①, ②]

① 세무서장이 결정한 산출세액×20%

② 수입금액×$\frac{7}{10,000}$

* 1. 세무서장이 결정한 산출세액에 토지등 양도소득에 대한 법인세와 미환류소득에 대한 법인세는 포함하지 아니한다.
  2. 비영리 내국법인에 대해서는 무기장으로 인한 가산세를 적용하지 않는다.

2. 무신고가산세 및 과소신고가산세(신고관련 가산세)

구 분	내 용	일 반	부 정
(1) 무신고가산세	Max[①, ②] ① 무신고 납부세액 × ② 무신고 수입금액 ×	 20% 7/10,000	 40%(역외거래는 60%) 14/10,000
(2) 과소신고가산세	Max[①, ②] ① 과소신고 납부세액 × ② 과소신고 수입금액 ×	 10% –	 40%(역외거래는 60%) 14/10,000

* 1. 청산소득에 대한 법인세는 위의 산식 중 수입금액과 관련된 항목을 적용하지 아니한다.
  2. 신고관련 가산세와 무기장가산세가 동시에 적용되는 때에는 그 중 큰 금액에 해당하는 가산세만을 적용하고, 가산세액이 같은 경우에는 신고관련 가산세를 적용한다.
  3. 무신고납부세액은 과세표준 신고를 하지 아니한 경우 그 신고로 납부하여야 할 세액을, 과소신고납부세액은 납부할 세액을 신고하여야 할 세액보다보다 적게 신고하거나 환급받을 세액을 신고하여야 할 금액보다 많이 신고한 경우 그 과소신고한 납부세액과 초과신고한 환급세액을 합한 금액을 의미하며, 여기에 가산세 및 이자상당 가산액은 제외한다.
  4. 과소신고납부세액에 일반과소신고납부세액과 부정과소신고납부세액이 모두 존재하는 경우로서 구분이 곤란한 경우 부정과소신고납부세액을 다음과 같이 계산하고 그 나머지를 일반과소신고납부세액으로 한다.

     • 부정과소신고납부세액 = 과소신고납부세액 × $\frac{\text{부정행위로 과소신고한 과세표준}}{\text{신고하여야 할 과세표준}}$

  5. 무신고가산세의 감면내용은 다음과 같다(결정할 것을 미리 알고 기한 후 신고한 경우는 제외).

기 한 후 신 고	감 면 율
법정신고기한이 지난 후 1개월 이내에 기한 후 신고를 한 경우	50%
법정신고기한이 지난 후 1개월 초과 3개월 이내에 기한 후 신고를 한 경우	30%
법정신고기한이 지난 후 3개월 초과 6개월 이내에 기한 후 신고를 한 경우	20%

Memo

6. 과소신고가산세의 감면내용은 다음과 같다(경정할 것을 미리 알고 수정신고한 경우는 제외).

기 한 후 신 고	감 면 율
법정신고기한이 지난 후 1개월 이내에 수정신고를 한 경우	90%
법정신고기한이 지난 후 1개월 초과 3개월 이내에 수정신고를 한 경우	75%
법정신고기한이 지난 후 3개월 초과 6개월 이내에 수정신고를 한 경우	50%
법정신고기한이 지난 후 6개월 초과 1년 이내에 수정신고를 한 경우	30%
법정신고기한이 지난 후 1년 초과 1년 6개월 이내에 수정신고를 한 경우	20%
법정신고기한이 지난 후 1년 6개월 초과 2년 이내에 수정신고를 한 경우	10%

7. 부정행위로 과세표준과 세액의 신고의무를 위반한 경우는 다음의 경우를 말한다.
   ① 이중장부의 작성 등 장부의 거짓 기장
   ② 거짓 증빙 또는 거짓 문서의 작성 및 수취
   ③ 장부와 기록의 파기
   ④ 재산의 은닉, 소득·수익·행위·거래의 조작 또는 은폐
   ⑤ 고의적인 장부의 미작성 또는 계산서·세금계산서 및 그 합계표의 조작
   ⑥ 전사적 기업자원관리설비의 조작 또는 전자세금계산서의 조작
   ⑦ 그 밖에 위계에 의한 행위 또는 부정한 행위

3. 납부지연가산세

납부지연가산세 : (1)+(2)

(1) 지연이자 부분 : 미납부·과소납부세액(또는 초과환급세액)×기간×$\frac{2.2}{10,000}$

(2) 체납제재 부분 : 미납부·과소납부세액×3%

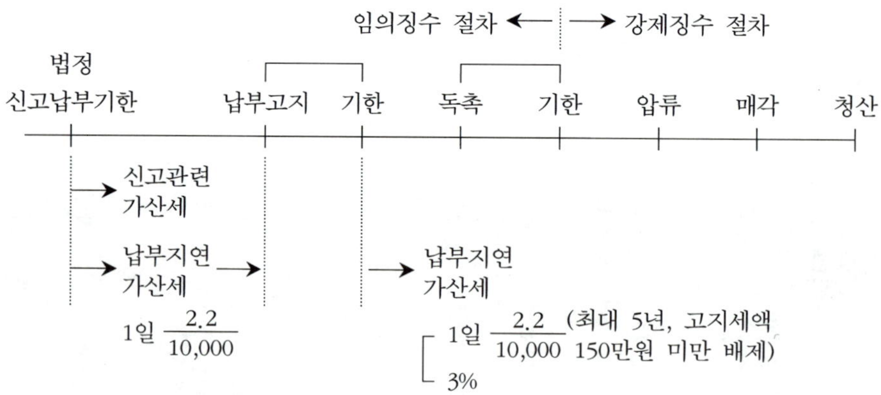

* 1. 지연이자 부분의 기간
   ① 법정납부기한의 다음날(초과환급받은 경우는 환급받은 날의 다음날)부터 납부일까지의 일수를 말한다. 단, 납부고지일부터 납부고지서에 따른 납부기한까지의 기간은 제외한다.
   ② 납부고지서에 따른 납부기한의 다음 날부터 납부일까지의 기간(국세징수법에 따라 지정납부기한·독촉장에 정하는 기한을 연장한 경우 그 연장 기간은 제외)이 5년을 초과하는 경우에는 그 기간은 5년으로 하며, 체납된 국세의 납부고지서별·세목별 세액이 150만원 미만인 경우 납부고지서에 따른 납부기한 다음날부터 지연이자 부분은 적용하지 아니한다.
2. 체납제재 부분은 국세를 납부고지서에 따른 납부기한까지 완납하지 아니한 경우에 한정한다.

Memo

3. 과세기간을 잘못 적용하여 신고납부한 경우에는 실제 신고납부한 날에 그 금액의 범위에서 당초 신고납부하였어야 할 과세기간에 대한 법인세를 자진납부한 것으로 본다(부정무신고, 부정과소신고의 경우는 제외).

구 분	제10기	제11기
세법상 신고납부액	₩120	₩130
실제 신고납부액	100	150

→ 제13기에 제10기분은 수정신고, 제11기분은 경정청구하는 경우 제10기분 미납액 ₩20은 제11기에 납부한 것으로 보아 가산세를 계산한다.

4. 원천징수 등 납부지연가산세가 부과되는 경우에는 납부지연가산세를 적용하지 아니한다.
5. 과세전적부심사 결정·통지기간 내에 그 결과를 통지하지 아니한 경우에 결정·통지가 지연됨으로써 해당 기간에 부과되는 납부지연가산세에 대하여는 50%를 감면한다.

예 제 (주)나무는 2023년(사업연도 : 1. 1. ~ 12. 31.) 법인세를 2024. 3. 28.에 신고납부하였으나 다음과 같이 오류를 발견하고 이를 2024. 6. 30.에 수정신고하고자 한다. 수정신고시 추가 납부할 세액을 계산하시오.

1. 당초 신고내역 및 수정신고 내역

구 분	당초신고(2024.3.28.)	수정신고(2024.6.30.)	과소신고금액
각사업연도소득금액	₩220,000,000	₩260,000,000	₩40,000,000
이월결손금	(30,000,000)	(20,000,000)	10,000,000
과세표준	₩190,000,000	₩240,000,000	₩50,000,000

* 이월결손금의 차이 ₩10,000,000은 공제시한이 경과한 것으로 확인되어 수정신고시 이를 제외하였다.

2. 각사업연도소득금액 누락 사항

매출 누락	₩100,000,000
매출원가 누락	(70,000,000)
접대비 한도초과액	7,000,000
가지급금 인정이자 과소신고액	3,000,000
합 계	₩40,000,000

* 매출누락 및 매출누락에 따른 매출원가누락액은 이중장부의 작성 등 부정한 방법에 의하여 신고의무를 위반한 것이다.

3. 당초 신고시 외국납부세액공제 ₩4,320,000을 적용하였으나 정확한 세액공제액은 ₩5,120,000임이 확인되어 수정신고시 이를 적절하게 반영하고자 한다.

Memo

해 답

1. 과소신고납부세액

수정신고시 납부세액 : (₩18,000,000+₩40,000,000×19%)−₩5,120,000=	₩20,480,000
당초신고시 납부세액 : ₩190,000,000×9%−₩4,320,000=	(12,780,000)
과소신고납부세액	₩7,700,000

2. 과소신고납부세액의 구분

(1) 부정과소신고납부세액 : ₩7,700,000× $\frac{₩30,000,000}{₩50,000,000}$=₩4,620,000

(2) 일반과소신고납부세액 : ₩7,700,000−₩6,600,000=₩3,080,000

3. 가산세

(1) 과소신고가산세 : (①+②)×(1−75%)=₩539,000 ··· 1개월 초과 3개월 이내 수정신고

① 부정과소신고가산세 : Max[a, b]=₩1,848,000

a. ₩4,620,000×40%=₩1,848,000

b. ₩100,000,000×$\frac{14}{10,000}$=₩140,000

② 일반과소신고가산세 : ₩3,080,000×10%=₩308,000

(2) 납부지연가산세 : ₩7,700,000×91일(4.1. ~ 6.30.)×2.2/10,000=₩154,154

(3) 가산세 합계 : (1)+(2)=₩693,154

4. 기타의 가산세

종 류	가산세액
(1) 원천징수 등 납부지연가산세	미납부·미달납부세액×Min[3%+기간[*1]×$\frac{2.2}{10,000}$, 50%[*2]] *1. 기간 : 납부기한 다음날부터 납부일까지의 일수(납부고지일부터 납부고지서상 납부기한까지의 기간은 제외) 2. 납부기한 다음날부터 납부고지일까지는 총한도율을 10%로 한다.
(2) 업무용승용차 관련비용 명세서 제출 불성실 가산세	• 미제출 : 업무용승용차 관련비용 손금산입액×1% • 허위제출 : 손금산입액 중 사실과 다르게 적은 금액×1%
(3) 성실신고확인서 제출 불성실 가산세	Max[산출세액×5%, 수입금액×$\frac{2}{10,000}$]
(4) 주주등의 명세서 등 제출 불성실 가산세	• 주주 등의 명세서 미제출·누락제출·불분명 해당 주주 등이 보유한 주식의 액면금액×0.5% • 주식등변동상황명세서 미제출·누락제출·불분명 주식 등의 액면금액×1%

Memo

(5) 기부금영수증 발급·작성·보관 불성실 가산세	• 사실과 다르게 발급된 기부금 영수증 금액×5% • 기부자별 발급명세를 작성·보관하지 아니한 금액×0.2%
(6) 증명서류 수취불성실 가산세	증명서류를 받지 아니한 금액 또는 사실과 다르게 받은 금액×2% * 가산세의 대상은 손금으로 인정되는 금액에 한정한다.
(7) 신용카드 및 현금영수증 발급 불성실 가산세	• 신용카드매출전표 및 현금영수증 건별 발급거부금액 및 건별 미달 발급금액×5%(건별 최소금액 5천원) • 현금영수증 미가맹 사업연도의 미가입기간 해당 수입금액×1% • 현금영수증 미발급금액×20%(10일 이내 자진신고시 10%)
(8) 지급명세서 등 제출 불성실 가산세	• 지급명세서 : 미제출·불분명 분 지급액×1%(3개월 내 제출시 0.5%) • 간이지급명세서 : 미제출·불분명 분 지급액×0.25%(근로소득 3개월, 원천징수 대상 사업소득 1개월 내 제출시 0.125%)
(9) 계산서 등 제출 불성실 가산세 * 법정증명서류불성실가산세가 부과되는 부분 및 부가가치세법에 따라 관련 가산세가 부과되는 부분을 제외한다.	• 계산서 부실기재 : 공급가액×1% • 합계표의 미제출·부실기재 : 공급가액×0.5% • 계산서의 미발급, 계산서 등(신용카드매출전표 및 현금영수증 포함)의 가공·허위발급, 가공·허위수취 : 공급가액×2% * 전자계산서 외의 계산서를 발급한 경우와 계산서 발급시기가 지난 후 공급한 사업연도 말의 다음 달 25일까지 발급한 경우는 1% • 전자계산서발급명세 미전송 : 공급가액×0.5%(지연전송 0.3%)
(10) 특정외국인법인 유보소득 계산명세서 제출 불성실 가산세	특정외국법인의 배당가능 유보소득금액×0.5%

* 위의 가산세 중에서 (1), (2), (3), (7), (9)(2% 과세분)를 제외한 가산세는 각각 1억원(중소기업은 5천만원)을 한도로 한다. 다만, 해당 의무를 고의적으로 위반한 경우에는 그러하지 아니한다.

Memo

제 12 절

기타의 법인세

12.1 비영리법인에 대한 법인세

※ 비영리법인과 외국법인은 소득세법 학습 이후에 다루기로 한다.

12.2 청산소득

1. 납세의무자

해산(합병·분할에 의한 해산은 제외)으로 소멸하는 영리내국법인은 청산소득에 대한 법인세의 납세의무를 진다.

* 1. 비영리법인과 외국법인은 청산소득에 대한 법인세 납세의무가 없다.
  2. 상법상 규정에 따라 조직변경하는 경우에도 청산소득에 대한 법인세 납세의무가 없다.
  3. 합병이나 분할로 인해 해산하는 경우에는 해당 양도손익을 청산소득이 아닌 각 사업연도 소득에 포함한다.

2. 과세표준

청산소득금액=잔여재산가액−해산등기일 현재의 자기자본총액

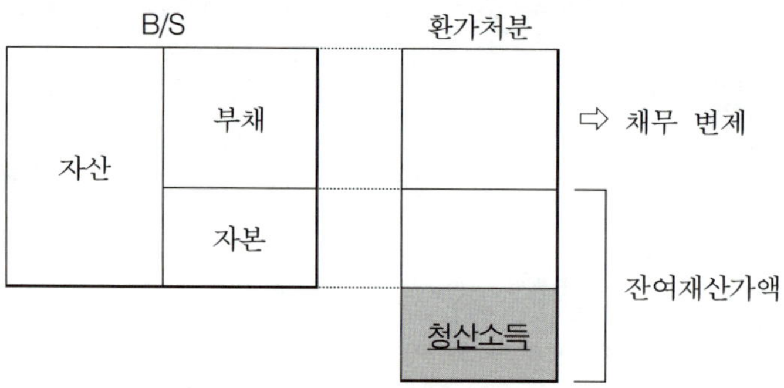

Memo

(1) 잔여재산가액

> 잔여재산가액=자산총액-부채총액

자산총액은 해산등기일 현재의 자산의 합계액으로 하되, 추심할 채권과 환가처분할 자산은 추심 또는 환가처분한 날 현재의 가액으로 한다.

(2) 자기자본총액

> 자기자본총액=납입자본금+잉여금+법인세환급액-세무상 이월결손금

세무상 이월결손금은 발생시점을 불문하며, 세무상 이월결손금이 잉여금의 가액을 초과하는 경우 그 초과액은 없는 것으로 본다. 이때 해산등기일 전 2년 이내에 자본금에 전입한 잉여금이 있는 경우에는 해당 금액을 자본금에 전입하지 않은 것으로 보고 계산한다.

(3) 청산 중에 생기는 소득의 처리

청산소득금액을 계산할 때에 그 청산기간 중에 생기는 각 사업연도의 소득금액이 있는 경우에는 이를 그 법인의 각 사업연도의 소득금액에 산입한다.

3. 신고납부

구　분	확정신고납부기한
(1) 해산의 경우	잔여재산가액 확정일이 속하는 달의 말일부터 3개월 이내
(2) 청산 중인 법인이 사업을 계속하는 경우	계속등기일이 속하는 달의 말일부터 3개월 이내

12.3 각 연결사업연도의 소득에 대한 법인세(연결납세제도)

1. 연결납세방식 통칙

(1) 연결납세방식의 적용

내국법인(연결모법인)과 해당 내국법인이 완전지배하는 다른 내국법인(완전자법인)은 연결모법인의 납세지 관할지방국세청장의 승인을 받아 연결납세방식을 적용할 수 있다. 이 경우 완전자법인이 둘 이상일 때에는 해당 법인 모두가 연결납세방식을 적용해야 한다.

Memo

1) 완전지배관계

① 내국법인이 다른 내국법인을 100% 소유하는 경우

② 내국법인과 그 내국법인의 완전자법인이 합하여 다른 내국법인을 100% 소유하는 경우

* 완전지배의 판단에 있어서 다음 중 어느 하나에 해당하는 주식으로서 발행주식총수의 5% 이내의 주식은 그 대상에서 제외한다.
  1. 우리사주조합이 보유한 주식
  2. 우리사주조합을 통하여 근로자가 취득한 주식(근로자가 제3자에게 매도한 주식 포함)
  3. 상법 등에 의해 부여된 주식매수선택권의 행사에 따라 발행되거나 양도된 주식(주식매수선택권을 행사한 자가 제3자에게 양도한 주식 포함)

2) 연결납세방식 적용제외 대상법인

구　분	적용제외 법인
(1) 연결모법인과 완전자법인 모두 될 수 없는 법인	① 해산으로 청산 중인 법인 ② 유동화전문회사 등에 대한 소득공제 및 프로젝트금융투자회사에 대한 소득공제 대상 법인 ③ 동업기업과세특례를 적용하는 동업기업 ④ 해운기업에 대한 법인세 과세표준계산특례를 적용하는 법인
(2) 연결모법인이 될 수 없는 법인	⑤ 비영리내국법인 ⑥ 다른 내국법인(비영리법인 제외)의 완전지배를 받는 법인

3) 연결사업연도 등

각 연결법인의 사업연도는 연결사업연도와 일치하여야 하며 연결사업연도는 1년을 초과할 수 없다. 연결법인의 납세지는 연결모법인의 납세지로 한다.

* 완전자법인이 다음 요건을 충족하는 경우 연결사업연도를 그 법인의 사업연도로 보아 연결납세방식을 적용할 수 있다.
  1. 사업연도가 법령 등에 규정되어 있어 임의변경이 불가능할 것
  2. 연결사업연도 말에 분기 또는 반기별 재무제표를 작성하여 회계감사인의 확인을 받을 것

4) 연결납세방식의 적용신청 및 승인

연결대상법인 등은 최초 연결사업연도 개시일로부터 10일 이내에 연결납세방식 적용신청서를 제출하여야 한다. 이 경우 연결사업연도을 함께 신고하여야 하고 연결사업연도와 사업연도가 다른 연결대상법인 등은 사업연도의 변경을 신고한 것으로 본다.

* 관할지방국세청장은 최초 연결사업연도 개시일부터 2개월 되는 날까지 승인 여부를 서면으로 통지하여야 하며 통지가 없는 경우 승인한 것으로 본다.

(2) 연결납세방식의 취소

① 연결모법인의 납세지 관할지방국세청장은 다음의 경우 연결납세방식의 적용 승인을 취소할 수 있다.

a. 연결법인의 사업연도가 연결사업연도와 일치하지 아니하는 경우

b. 연결모법인이 완전지배하지 않는 내국법인에 대해 연결납세방식을 적용하는 경우

Memo

c. 연결모법인의 완전자법인에 대하여 연결납세방식을 적용하지 아니하는 경우
d. 추계결정·경정 사유와 동일한 사유로 인해 장부나 그 밖의 증명서류에 의해 연결법인의 소득금액을 계산할 수 없는 경우
e. 연결법인에 수시부과사유가 있는 경우
f. 연결모법인이 다른 내국법인(비영리내국법인은 제외)의 완전 지배를 받는 경우

② "연결납세방식 의무적용기간"(연결납세방식을 적용받은 연결사업연도와 그 다음 연결사업연도의 개시일부터 4년 이내에 끝나는 연결사업연도) 중에 연결납세방식의 적용 승인이 취소된 경우에는 다음과 같이 소득금액이나 결손금을 그 승인이 취소된 사업연도의 익금 또는 손금에 각각 산입하여야 한다.*

a. 연결사업연도 동안 다른 연결법인의 결손금과 합한 소득금액 : 익금에 산입
b. 연결사업연도 동안 다른 연결법인의 소득금액과 합한 결손금 : 손금에 산입

* 연결모법인이 다른 내국법인의 완전지배를 받게 되어 연결납세방식의 적용 승인이 취소된 연결집단이 취소된 날로부터 1개월 이내에 그 다른 내국법인을 새로운 모법인으로 하여 연결납세방식의 적용 신청서를 제출하여 승인 받은 경우는 예외로 한다.

(3) 연결납세방식의 포기

① 연결납세방식의 적용을 포기하려는 연결법인은 연결납세방식을 적용하지 아니하려는 사업연도 개시일 전 3개월이 되는 날까지 연결모법인의 납세지 관할지방국세청장에게 신고하여야 한다.

② 연결납세방식 의무적용기간 중에는 연결납세방식의 적용을 포기할 수 없다.

(4) 연결자법인의 추가

① 연결모법인이 새로 다른 내국법인을 완전지배하게 된 경우에는 완전지배가 성립한 날이 속하는 연결사업연도의 다음 연결사업연도부터 해당 내국법인은 연결납세방식을 적용하여야 한다.

② 법인의 설립등기일부터 연결모법인이 완전지배하는 내국법인은 설립등기일이 속하는 사업연도부터 연결납세방식을 적용하여야 한다.

(5) 연결자법인의 배제

① 연결모법인의 완전지배를 받지 아니하게 되거나 해산한 연결자법인은 해당 사유가 발생한 날이 속하는 연결사업연도의 개시일부터 연결납세방식을 적용하지 아니한다. 다만, 연결자법인이 다른 연결법인에 흡수합병되어 해산하는 경우에는 해산등기일이 속하는 연결사업연도에 연결납세방식을 적용할 수 있다.

* 연결모법인 간에 과세이연요건을 충족하는 합병·분할 및 조세특례제한법상 과세이연을 적용받는 주식의 포괄적 교환·이전이 있는 경우에는 원칙에도 불구하고 그 합병일, 분할일 또는 교환·이전일이 속하는 연결사업연도에 연결납세방식을 적용할 수 있다.

Memo

② 연결납세방식 의무적용기간 중에 연결자법인이 배제된 경우에는 다음과 같이 소득금액 또는 결손금을 해당 사유가 발생한 날이 속하는 사업연도의 익금 또는 손금에 각각 산입하여야 한다.*

a. 연결배제법인(연결납세방식을 적용하지 아니하게 된 개별법인) : 연결사업연도 동안 다른 연결법인의 결손금과 합한 소득금액은 익금에, 다른 연결법인의 소득금액과 합한 결손금은 손금에 산입

b. 다른 연결법인 : 연결사업연도 동안 연결배제법인의 결손금과 합한 소득금액은 익금에, 연결배제법인의 소득금액과 합한 결손금은 손금에 산입

* 연결자법인이 파산함에 따라 해산하는 경우 또는 연결자법인이 다른 연결법인에 흡수합병되어 해산하는 경우에는 예외로 한다.

참고 연결모법인은 연결자법인이 추가 또는 배제로 변경된 경우에는 변경일 이후 중간예납기간 종료일과 사업연도 종료일 중 먼저 도래하는 날부터 1개월 이내에 연결법인 변경신고서를 납세지 관할세무서장을 경유하여 관할지방국세청장에게 제출하여야 한다.

(6) 연결납세방식의 취소, 포기 및 배제의 효과

승인이 취소되거나 적용을 포기한 연결법인 및 연결대상에서 배제된 연결자법인은 취소, 포기 및 배제로 인해 연결납세방식이 적용되지 않는 사업연도와 그 다음 사업연도의 개시일부터 4년 이내에 끝나는 사업연도까지는 연결납세방식의 적용 당시와 동일한 법인을 연결모법인으로 하여 연결납세방식을 적용받을 수 없다.

2. 각 연결사업연도의 소득

각 연결사업연도의 소득은 각 연결법인별로 다음 순서에 따라 계산한 소득 또는 결손금을 합한 금액으로 한다.

구 분	연결조정 내용
(1) 연결법인별 소득 계산	각 연결법인의 개별 세무조정에 의해 계산
(2) 연결법인별 연결조정항목 제거	① 수입배당금 익금불산입액을 익금에 산입 ② 접대비 손금불산입액을 손금에 산입 ③ 기부금 손금불산입액을 손금에 산입
(3) 연결법인 간 거래손익 제거	① 연결법인이 다른 연결법인으로부터 받은 수입배당금액 상당액 제거 ② 다른 연결법인에 지급한 접대비 상당액 제거 ③ 다른 연결법인에 대한 채권에 대하여 설정한 대손충당금 상당액 제거 ④ 양도손익이연자산으로 인한 손익 제거 * ①~③은 영구적 제거, ④는 일시적 제거에 해당한다.
(4) 연결조정항목의 연결법인별 배분	연결집단을 하나의 내국법인으로 보아 ① 수입배당금 익금불산입, ② 접대비 손금불산입, ③ 기부금 손금불산입 규정을 적용하여 세무조정 금액을 계산한 후 각 연결법인별 개별귀속액을 각 연결법인별로 세무조정

Memo

(1) 양도손익이연자산

① 대상 : 양도시점에 국내에 소재하는 다음의 자산

a. 유형자산(토지와 건축물 제외)

b. 무형자산

c. 매출채권, 대여금, 미수금 등의 채권

d. 자본시장과 금융투자업에 관한 법률에 따른 금융투자상품

e. 토지와 건축물

* a~c는 거래 건별 장부가액이 1억원 이하인 경우 해당 자산을 제외할 수 있다.

② 조정 방법 : 양도손익이연자산을 다른 연결법인(양수법인)에 양도함에 따라 발생한 연결법인(양도법인)의 양도소득 또는 양도손실은 익금불산입 또는 손금불산입으로 세무조정하고 유보로 처분한 후, 다음에 해당할 때 이를 추인한다.

a. 양수법인이 해당 자산을 상각하거나 양도*하거나 소각하는 경우

* 다른 연결법인에 양도하는 경우는 제외

b. 양도손익이연자산에 대손이 발생하거나 멸실된 경우

c. 양도한 채권의 지급기일이 도래하는 경우

(2) 연결조정항목의 연결법인별 배분

① 수입배당금 익금불산입

연결집단을 하나의 내국법인으로 보아 계산한 수입배당금 익금불산입액은 수입배당금액을 지급한 내국법인에 출자한 각 연결법인의 출자비율의 합계액 중 해당 연결법인의 출자비율이 차지하는 비율에 따라 해당 연결법인에 배분한다.

② 접대비 손금불산입

연결집단을 하나의 내국법인으로 보아 계산한 접대비 손금불산입액 중 각 연결법인별 배분액은 다음 각 금액의 합계액으로 한다.

a. 직부인액 : 해당 연결법인이 지출한 금액

b. 한도초과액 : 다음과 같이 배분한 금액

$$\text{연결집단을 하나의 내국법인으로 보아 계산한 접대비의 한도초과액} \times \frac{\text{해당 연결법인의 접대비 지출액}}{\text{각 연결법인의 접대비지출액의 합계액}}$$

③ 기부금 손금불산입

연결집단을 하나의 내국법인으로 보아 계산한 기부금 손금불산입액 중 각 연결법인별 배분액은 다음 각 금액의 합계액으로 한다.

a. 특례·일반기부금 한도초과액 : 다음과 같이 배분한 금액

$$\text{연결집단을 하나의 내국법인으로 보아 계산한 해당 기부금의 한도초과액} \times \frac{\text{해당 연결법인의 해당 기부금 지출액}}{\text{각 연결법인의 해당 기부금 지출액의 합계액}}$$

* 기부금 한도초과액의 이월 손금산입액은 각 연결법인의 한도초과액의 비율에 따라 배분한다.

b. 비지정기부금 : 해당 연결법인이 지출한 기부금

Memo

(3) 연결소득개별귀속액의 계산

각 연결법인별로 계산한 소득 또는 결손금을 합하여 산출한 각 연결사업연도의 소득을 다음의 산식에 따라 재배분하여 각 연결법인별 연결소득개별귀속액을 계산한다.

① 각 연결사업연도의 소득금액이 0보다 큰 경우 :

$$\text{각 연결사업연도의 소득금액} \times \frac{\text{해당법인의 소득}^{*}}{\text{각 연결법인의 소득}^{*}\text{의 합계액}}$$

* 0보다 큰 경우에 한정한다.

② 각 연결사업연도의 소득금액이 0보다 작은 경우 :

$$\text{각 연결사업연도의 결손금} \times \frac{\text{해당법인의 결손금}}{\text{각 연결법인의 결손금의 합계액}}$$

예 제 (주)A는 (주)B를 완전지배하고 있으며, 제12기 사업연도(2023. 1. 1. ~ 12. 31.)부터 연결납세를 적용하기 위하여 연결납세방식적용신청서를 적절하게 제출하여 승인을 받았다. 연결법인별 접대비 손금불산입액 배분액은 각각 얼마인가? (2012년 CPA 1차)

(1) 수입금액 및 접대비 지출액

구 분	(주)A	(주)B
손익계산서상 매출액	₩3,000,000,000	₩1,500,000,000
손익계산서상 매출액 중 특수관계인((주)B가 아님) 매출액	50,000,000	–
손익계산서상 접대비	30,000,000	18,000,000

(2) (주)A의 손익계산서상 접대비에는 건당 3만원 초과 적격증빙서류 미수취 접대비 ₩3,000,000과 (주)B에게 지출한 접대비 ₩5,000,000이 포함되어 있으며, 위에서 언급한 내용 이외의 접대비는 모두 적격증빙을 구비하였고, 전기에 세무조정은 적정하게 이루어졌다.

(3) (주)A와 (주)B는 제조업을 영위하는 내국법인이며, 중소기업이 아니다.

(4) 위 자료 이외의 추가적인 세무조정은 없다.

Memo

해답

항 목	(주)A	(주)B	합 계
1. 각사업연도소득금액(가정)	₩32,000,000	₩71,000,000	₩103,000,000
2. 연결조정항목의 제거			
① 증명서류 불비 접대비	(−)3,000,000		(−)3,000,000
② 접대비 한도초과액	(−)6,135,000	(−)1,500,000	(−)7,635,000
3. 연결법인간 거래손익의 조정			
• (주)A의 (주)B에 대한 접대비	5,000,000		5,000,000
4. 연결조정항목의 연결법인별 배분			
① 증명서류 불비 접대비	3,000,000		3,000,000
② 접대비 한도초과액	8,049,250	6,585,750	14,635,000
5. 연결조정 후 연결법인별 소득금액	₩38,914,250	₩76,085,750	₩115,000,000

(1) 연결집단의 접대비 한도초과액

① 대상 접대비 : (₩30,000,000−₩5,000,000−₩3,000,000)+₩18,000,000= ₩40,000,000

② 한도액 : ₩12,000,000+₩4,450,000,000×3/1,000+₩50,000,000×3/1,000×10%
=₩25,365,000

③ 한도초과액 : ₩40,000,000−₩25,365,000=₩14,635,000

(2) 연결법인별 접대비 한도초과액

① (주)A : ₩14,635,000×₩22,000,000/₩40,000,000=₩8,049,250

② (주)B : ₩14,635,000×₩18,000,000/₩40,000,000=₩6,585,750

3. 과세표준

	각 연결사업연도의 소득
(−)	이월결손금
(−)	각 연결법인의 비과세소득 합계액
(−)	각 연결법인의 소득공제액 합계액
	과 세 표 준

Memo

(1) 연결사업연도의 결손금 이월공제

각 연결사업연도의 개시일 전 15년(2019. 12. 31. 이전 개시 사업연도 발생분은 10년) 이내에 개시한 연결사업연도의 결손금(연결법인의 연결납세방식의 적용 전에 발생한 결손금 포함)으로서 그 후의 각 연결사업연도(사업연도 포함)의 과세표준을 계산할 때 공제되지 아니한 금액은 연결과세표준 계산시 각 연결사업연도의 소득에서 먼저 발생한 사업연도의 결손금부터 공제한다. 다만, 중소기업 및 특정법인(개별법인의 과세표준 계산의 경우와 같음)을 제외한 연결법인의 이월결손금 공제의 범위는 연결소득개별귀속액의 80%로 한다.

(2) 이월결손금의 승계

연결납세방식의 적용 승인이 취소된 경우 또는 적용을 포기한 경우 이월결손금 중 각 연결법인에 귀속하는 금액(해당 법인에서 발생한 결손금으로서 각 연결사업연도의 과세표준을 계산할 때 공제되지 아니한 금액)은 해당 연결법인의 개별 이월결손금으로 본다.

(3) 과세표준 개별귀속액

과세표준 개별귀속액 = 해당 연결법인의 연결소득개별귀속액 − 해당 연결법인의 이월결손금* − 해당 연결법인의 비과세소득·소득공제

* 각 연결사업연도의 과세표준 계산시 공제된 금액으로서 해당 연결법인의 연결소득개별귀속액에서 공제된 금액을 의미한다. 둘 이상의 연결법인의 연결소득개별귀속액에서 다른 연결법인의 결손금을 공제하는 경우에는 각 연결소득개별귀속액(해당 법인에서 발생한 결손금을 뺀 금액을 말한다)의 크기에 비례하여 공제한다.

4. 연결산출세액

	연 결 과 세 표 준
×	세 율 (일반세율과 동일)
	연 결 산 출 세 액*
(−)	각 연결법인의 감면세액·세액공제 합계액
(+)	각 연결법인의 가산세 합계액
	총 부 담 세 액

* 연결법인에 토지등 양도소득에 대한 법인세 및 미환류소득에 대한 법인세가 있는 경우 이를 합산한다.

(1) 연결법인별 산출세액

연결법인별 산출세액*1 = 과세표준 개별귀속액 × 연결세율*2

* 1. 연결법인에 토지등 양도소득에 대한 법인세가 있는 경우 이를 가산한다.

2. $연결세율 = \frac{연결산출세액(토지등\ 양도소득에\ 대한\ 법인세\ 제외)}{연결사업연도\ 소득에\ 대한\ 과세표준}$

Memo

(2) 각 연결법인의 감면세액 · 세액공제액

각 연결법인의 감면세액=감면소득(과세표준 개별귀속액 한도)×연결세율×감면율

각 연결법인의 감면세액·세액공제액은 연결법인별 산출세액을 해당 법인의 산출세액으로 보아 법인세법 및 조세특례제한법에 따른 세액감면과 세액공제를 적용하여 계산한 금액으로 하며, 연결집단을 하나의 내국법인으로 보아 최저한세 규정을 적용한다.

* 세액감면과 세액공제의 적용순서는 일반법인에 경우와 같다.

5. 신고 · 납부

(1) 연결중간예납

구 분	내 용
대상 법인	연결사업연도가 6개월을 초과하는 연결모법인
대상 기간	각 연결사업연도 개시일부터 6개월이 되는 날까지
신고·납부 기한	중간예납기간이 지난 날로부터 2개월 이내(개별 법인세의 분납규정 준용)

(2) 연결과세표준의 신고

연결모법인은 각 연결사업연도의 종료일이 속하는 달의 말일부터 4개월 이내에 해당 연결사업연도의 소득에 대한 법인세의 과세표준과 세액을 신고하여야 하며, 이는 소득금액이 없거나 결손금이 있는 법인의 경우에도 동일하다.

* 주식회사의 외부감사에 관한 법률에 따른 외부감사대상 연결모법인 또는 연결자법인이 감사 미종결로 인해 결산이 확정되지 아니하였다는 사유로 신고기한의 연장을 신청한 경우 그 신고기한을 1개월의 범위에서 연장할 수 있다. 이 경우 신고기한 종료일 3일전까지 신고기한연장신청서를 제출하여야 하며, 기한 연장일수(신고기한 다음 날부터 신고 및 납부가 이루어진 날 또는 연장된 날까지의 일수)에 국세환급가산금의 이자율을 적용하여 계산한 금액을 가산하여 납부하여야 한다.

(3) 연결법인세액의 납부

① 납부기한 : 연결모법인은 연결산출세액에서 감면세액과 연결중간예납세액 및 각 연결법인의 원천징수세액 합계액을 공제한 금액을 연결과세표준 신고기한까지 납세지 관할세무서 등에 납부하여야 한다(연결법인세액의 분납은 개별 법인세의 규정을 준용한다).

② 연대납세의무 : 연결법인은 각 연결사업연도의 소득에 대한 법인세(각 연결법인의 토지등 양도소득에 대한 법인세와 미환류소득에 대한 법인세를 포함한다)를 연대하여 납부할 의무가 있다.

Memo

(4) 연결법인에 대한 중소기업 관련 규정의 적용

각 연결사업연도의 소득에 대한 법인세액을 계산함에 있어서 중소기업에 관한 규정은 연결집단을 하나의 내국법인으로 보아 중소기업에 해당하는 경우에만 적용한다. 단, 최초 연결사업연도의 직전 사업연도 당시 중소기업에 해당하는 법인이 연결납세방식을 적용함에 따라 중소기업에서 배제된 경우에는 최초 연결사업연도와 그 다음 연결사업연도 개시일부터 3년 이내에 끝나는 연결사업연도까지는 중소기업에 관한 규정을 적용한다.

보론 법인과세 신탁재산의 각사업연도소득에 대한 법인세 과세특례

1. 개요

(1) 신탁소득

① 신탁재산에 귀속되는 소득에 대해서는 그 신탁의 이익을 받을 수익자가 그 신탁재산을 가진 것으로 보고 법인세법을 적용하는 것이 원칙이지만, 다음 중 어느 하나에 해당하는 신탁으로서 법정 요건을 충족하는 신탁(투자신탁은 제외)의 경우에는 그 신탁의 수탁자(내국법인 또는 거주자에 한함)가 법인세를 납부할 수 있다. 이 경우 신탁재산별로 각각을 하나의 내국법인으로 본다.

대 상	요 건
a. 신탁법에 따른 목적신탁 b. 신탁법에 따른 수익증권발행신탁 c. 신탁법에 따른 유한책임신탁	a. 수익자가 둘 이상(특수관계인 제외)일 것 b. 위탁자가 신탁재산을 실질적으로 지배·통제(신탁을 해지할 수 있는 권리, 수익자를 지정·변경할 수 있는 권리, 신탁 종료 후 잔여재산을 귀속 받을 권리 보유)하지 않을 것

② 내국법인으로 보는 신탁재산(법인과세 신탁재산) 및 그 법인세를 납부하는 수탁자(법인과세 수탁자)에 대해서는 본 특례 규정을 법인세법 일반 규정에 우선하여 적용한다.

(2) 신탁재산에 대한 법인세 과세방식의 적용

① 법인과세 수탁자는 법인과세 신탁재산에 귀속되는 소득에 대하여 그 밖의 소득과 구분하여 법인세를 납부하여야 한다.

* 법인과세 수탁자는 법인과세 신탁재산별로 신탁재산 귀속 소득을 각각 다른 회계로 구분하여 기록하여야 한다.

② 재산의 처분 등에 따라 법인과세 수탁자가 법인과세 신탁재산의 재산으로 그 법인과세 신탁재산에 부과되거나 그 법인과세 신탁재산이 납부할 법인세 및 강제징수비를 충당하여도 부족한 경우에는 그 신탁의 수익자(신탁이 종료되어 신탁재산이 귀속되는 자 포함)는 분배받은 재산가액 및 이익을 한도로 그 부족한 금액에 대하여 제2차 납세의무를 진다.

Memo

③ 법인과세 신탁재산이 그 이익을 수익자에게 분배하는 경우에는 배당으로 본다.

④ 신탁계약의 변경 등으로 법인과세 신탁재산이 과세특례 대상에 해당하지 않게 되는 경우에는 그 사유가 발생한 날이 속하는 사업연도 분부터 과세특례를 적용하지 아니한다.

(3) 법인과세 신탁재산의 설립 및 해산

① 법인과세 신탁재산은 신탁법에 따라 그 신탁이 설정된 날에 설립된 것으로, 그 신탁이 종료된 날(신탁이 종료된 날이 분명하지 아니한 경우에는 부가가치세법에 따른 폐업일)에 해산된 것으로 본다.

② 법인과세 수탁자는 법인과세 신탁재산에 대한 사업연도를 따로 정하여 법인 설립신고 또는 사업자등록과 함께 납세지 관할 세무서장에게 신고하여야 한다. 이 경우 사업연도의 기간은 1년을 초과하지 못한다.

③ 법인과세 신탁재산의 법인세 납세지는 그 법인과세 수탁자의 납세지로 한다.

(4) 공동수탁자가 있는 경우

하나의 법인과세 신탁재산에 신탁법에 따라 둘 이상의 수탁자가 있는 경우에는 대표수탁자로 신고한 자가 법인세를 납부하여야 하며, 이 경우 대표수탁자 외의 수탁자는 법인과세 신탁재산에 관계되는 법인세에 대하여 연대하여 납부할 의무가 있다.

2. 과세표준 계산

(1) 법인과세 신탁재산에 대한 소득공제

① 법인과세 신탁재산이 수익자에게 배당한 경우에는 그 금액을 해당 배당을 결의한 잉여금 처분의 대상이 되는 사업연도의 소득금액에서 공제하며 공제하는 배당금액이 소득금액을 초과하는 경우 그 초과금액은 없는 것으로 본다.

② 배당을 받은 법인과세 신탁재산의 수익자에 대하여 해당 배당에 대한 소득세 또는 법인세가 비과세되는 경우에는 소득공제를 적용하지 아니한다.

* 배당을 받은 수익자가 동업기업과세특례를 적용받는 동업기업인 경우로서 그 동업자들에 대하여 배분받은 배당에 해당하는 소득에 대한 소득세 또는 법인세가 전부 과세되는 경우는 소득공제를 적용한다.

(2) 신탁의 합병 및 분할

① 법인과세 신탁재산에 대한 신탁법에 따른 신탁의 합병은 법인의 합병으로 본다. 이 경우 신탁이 합병되기 전의 법인과세 신탁재산은 피합병법인으로, 신탁이 합병된 후의 법인과세 신탁재산은 합병법인으로 본다.

② 법인과세 신탁재산에 대한 신탁법에 따른 신탁의 분할(분할합병 포함)은 법인의 분할로 본다. 이 경우 신탁의 분할에 따라 새로운 신탁으로 이전하는 법인과세 신탁재산은 분할법인등으로, 그 법인과세 신탁재산을 이전받은 법인과세 신탁재산은 분할신설법인등으로 본다.

Memo

(3) 수탁자의 변경

수탁자의 변경에 따라 법인과세 신탁재산의 수탁자가 그 법인과세 신탁재산에 대한 자산과 부채를 변경되는 수탁자에게 이전하는 경우 그 자산과 부채의 이전가액을 수탁자 변경일 현재의 장부가액으로 보아 이전에 따른 손익은 없는 것으로 한다.

(4) 기타 사항

① 법인과세 신탁재산에 대해서는 성실신고확인서 및 중간예납 규정을 적용하지 아니한다.
② 법인과세 신탁재산이 원천징수 대상 소득을 지급받고, 법인과세 신탁재산의 수탁자가 금융회사 등에 해당하는 경우에는 원천징수하지 아니한다.
③ 법인과세 신탁재산에 속한 원천징수대상채권등을 매도하는 경우 법인과세 수탁자를 채권등의 보유기간 이자상당액에 대한 원천징수의무자로 본다.

Memo

법인세법

소득세법

부가가치세법

상속세 및 증여세법

국세기본법

5

국세기본법

조세총론 및 국세기본법 총칙

조세총론

1. 조세의 개념과 분류

(1) 조세의 개념

조세란 국가나 지방자치단체가 그 경비에 충당할 재정수입을 조달할 목적으로 법률에 규정된 과세요건을 충족한 모든 자에게 직접적인 반대급부 없이 강제적으로 부과·징수하는 금전급부이다.

(2) 조세의 분류

분류기준	내 용
과세주체	국 세 : 국가가 부과하는 조세 * 법인세, 소득세, 부가가치세, 상속세, 증여세, 종합부동산세 등 지방세 : 지방자치단체가 부과하는 조세 * 취득세, 재산세, 지방소득세 등
세수의 용도	보통세 : 세수의 용도를 특정하지 않고 일반경비에 충당하는 조세 목적세 : 세수의 용도를 특정하여 그 특정경비에만 충당하는 조세 * 교육세, 농어촌특별세, 교통·에너지·환경세, 지역자원시설세, 지방교육세 등
조세부담의 전가	직접세 : 납세의무자가 조세를 직접 부담하는 조세 간접세 : 납세의무자에게 부과된 조세가 다른 자에게 전가될 것으로 입법상 예정되어 있는 조세 * 부가가치세, 개별소비세, 교통·에너지·환경세, 주세 등
독립된 세원여부	독립세 : 독립된 세원에 대해 부과되는 조세 부가세 : 다른 조세에 부과되는 조세 * 교육세, 농어촌특별세 등
과세물건의 측정단위	종가세 : 과세표준을 화폐단위로 측정하는 조세 종량세 : 과세표준을 수량으로 측정하는 조세
인적사항에 대한 고려	인 세 : 납세의무자의 인적 측면을 고려하여 부과되는 조세 물 세 : 과세물건의 물적 측면을 고려하여 부과되는 조세

2. 조세법의 기본원칙

(1) 조세법률주의

조세법률주의란 입법부가 제정한 법률의 근거 없이는 국가는 조세를 부과·징수할 수 없고, 국민은 법률에 의해서만 납세의무를 진다는 원칙을 말한다. 이는 행정부의 조세권 남용으로부터 국민의 재산권을 보호함과 아울러 국민의 법적안정성과 예측가능성을 보장하고자 하는 데 그 근본목적이 있다. 조세법률주의는 다음 사항들을 그 구체적 내용으로 하고 있다.

* 헌법은 "모든 국민은 법률이 정하는 바에 의하여 납세의 의무를 진다(제38조)"는 규정과 "조세의 종목과 세율은 법률로 정한다(제59조)"는 규정을 둠으로써 조세법률주의의 원칙을 선언하고 있다.

구 분	내 용
(1) 과세요건 법정주의	납세자, 과세물건과 그 귀속, 과세표준, 세율 등 납세의무를 성립시키고 변경·소멸시키는 조세실체법적 사항과 조세의 부과·징수 절차에 관한 조세절차법적 사항 및 조세의 환급·불복·벌칙 등에 관한 조세구제와 처벌에 관한 사항은 모두 법률에 규정되어야 한다.
(2) 과세요건 명확주의	과세요건이나 조세의 부과징수절차 등을 법률로 정함에 있어서 그 내용을 명확하고 상세하게 규정함으로써 과세당국의 자의적 해석·적용의 여지가 존재하지 않도록 하여야 한다.
(3) 소급과세의 금지	당해 세법의 시행 이전에 완결된 과세요건사실에 대해서는 당해 세법을 소급하여 적용해서는 안된다. 이는 조세법률주의의 중요한 기능인 국민 경제생활의 예측가능성과 법적 안정성을 보장하기 위한 것이다.
(4) 세법의 엄격해석	세법은 그 문언에 충실하게 해석하여야 하며 해석에 있어서 자의적 보충이나 보정은 원칙적으로 허용되지 않는다.
(5) 합법성의 원칙	과세요건법정주의와 과세요건명확주의에 의하여 결정된 조세채권은 반드시 합법적 절차에 의하여 부과·징수되어야 한다. 조세의 감면에 관한 명문의 규정이 없는 한 과세관청에 조세채무를 감면하거나 징수하지 않을 재량은 없다.

(2) 조세평등주의

조세평등주의란 조세의 부담이 국민의 담세력에 따라 공평하게 배분되도록 세법을 제정하여야 하고(입법상의 조세공평), 조세법률관계의 각 당사자로서의 국민은 세법의 적용에 있어서 평등하게 취급되어야 한다(세법의 해석·적용상의 공평)는 원칙이다. 이는 조세부담공평의 원칙이라고도 하는데, 헌법질서의 근본이 되고 있는 평등의 원칙 내지 불평등취급금지의 원칙에 그 근거를 두고 있다.

1.1 국세기본법 통칙

1. 국세기본법의 성격

국세기본법은 국세에 관한 기본적이고 공통적인 사항과 납세자의 권리·의무 및 권리구제에 관한 사항을 규정함으로써 국세에 관한 법률관계를 명확하게 하고, 과세를 공정하게 하며, 국민의 납세의무의 원활한 이행에 이바지함을 목적으로 한다.

국세기본법의 성격	내 용
(1) 국세에 관한 총칙법	국세에 관한 기본적이고 공통적인 사항을 규정
(2) 국세처분에 대한 불복절차법	위법 또는 부당한 국세처분에 대한 불복절차를 규정

2. 용어의 정의

(1) **국세** : 국가가 부과하는 조세 중 법인세, 소득세 등 내국세

* 국세기본법상 "국세"라 함은 내국세만을 의미하며 관세는 포함하지 않는다.

(2) **세법** : 국세의 종목과 세율을 정하고 있는 법률과 국세징수법, 조세특례제한법, 국제조세조정에 관한 법률, 조세범 처벌법 및 조세범 처벌절차법

* 국세기본법상 "세법"의 범위에 국세기본법 자신은 포함하지 않는다.

(3) **원천징수** : 세법에 따라 원천징수의무자가 국세(이에 관계되는 가산세는 제외)를 징수하는 것

(4) **가산세** : 세법에서 규정하는 의무의 성실한 이행을 확보하기 위하여 세법에 따라 산출한 세액에 가산하여 징수하는 금액

(5) **강제징수비** : 국세징수법 중 강제징수에 관한 규정에 따른 재산의 압류, 보관, 운반과 매각에 든 비용(매각을 대행시키는 경우 그 수수료 포함)

(6) **공과금** : 국세징수법에서 규정하는 강제징수의 예에 따라 징수할 수 있는 채권 중 국세, 관세, 임시수입부가세, 지방세와 이에 관계되는 강제징수비를 제외한 것

(7) **납세의무자** : 세법에 따라 국세를 납부할 의무(국세를 징수하여 납부할 의무는 제외)가 있는 자

(8) **납세자** : 납세의무자(연대납세의무자와 납세자를 갈음하여 납부할 의무가 생긴 경우의 제2차 납세의무자 및 보증인 포함)와 세법에 따라 국세를 징수하여 납부할 의무를 지는 자

(9) **제2차 납세의무자** : 납세자가 납세의무를 이행할 수 없는 경우에 납세자를 갈음하여 납세의무를 지는 자

(10) **보증인** : 납세자의 국세 또는 강제징수비의 납부를 보증한 자

(11) **과세기간** : 세법에 따라 국세의 과세표준 계산의 기초가 되는 기간

(12) **과세표준** : 세법에 따라 직접적으로 세액산출의 기초가 되는 과세대상의 수량 또는 가액

(13) **법정신고기한** : 세법에 따라 과세표준신고서를 제출할 기한

(14) **세무공무원** : 국세청장, 지방국세청장, 세무서장 또는 그 소속 공무원 및 세법에 따라 국세에 관한 사무를 세관장이 관장하는 경우의 그 세관장 또는 그 소속 공무원

(15) **특수관계인** : 본인과 다음 중 어느 하나에 해당하는 관계에 있는 자 (본인도 그 특수관계인의 특수관계인으로 본다)

① 혈족·인척 등 친족관계

② 임원·사용인 등 경제적 연관관계

③ 주주·출자자 등 경영지배관계

(16) **세무조사** : 국세의 과세표준과 세액을 결정 또는 경정하기 위하여 질문을 하거나 해당 장부 등(장부·서류 또는 그 밖의 물건)을 검사·조사하거나 그 제출을 명하는 활동

참고 특수관계인의 세부내용

1. 혈족·인척 등 친족관계(2023. 3. 1. 시행)
   (1) 4촌 이내의 혈족 및 3촌 이내의 인척
   (2) 배우자(사실상의 혼인관계에 있는 자 포함)
   (3) 친생자로서 다른 사람에게 친양자 입양된 자 및 그 배우자·직계비속
   (4) 본인이 민법에 따라 인지한 혼인 외 출생자의 생부나 생모
2. 임원·사용인 등 경제적 연관관계
   (1) 임원과 그 밖의 사용인
   (2) 본인의 금전이나 그 밖의 재산으로 생계를 유지하는 자
   (3) 위 (1) 및 (2)에 해당하는 자와 생계를 함께하는 친족
3. 주주·출자자 등 경영지배관계
   (1) 본인이 개인인 경우
      ① 본인이 직접 또는 그와 친족관계 또는 경제적 연관관계에 있는 자를 통하여 법인의 경영에 대하여 지배적인 영향력을 행사하고 있는 경우 그 법인
      ② 본인이 직접 또는 그와 친족관계, 경제적 연관관계 또는 위 ①의 관계에 있는 자를 통하여 법인의 경영에 대하여 지배적인 영향력을 행사하고 있는 경우 그 법인
   (2) 본인이 법인인 경우
      ① 개인 또는 법인이 직접 또는 그와 친족관계 또는 경제적 연관관계에 있는 자를 통하여 본인인 법인의 경영에 대하여 지배적인 영향력을 행사하고 있는 경우 그 개인 또는 법인
      ② 본인이 직접 또는 그와 경제적 연관관계 또는 위 ①의 관계에 있는 자를 통하여 어느 법인의 경영에 대하여 지배적인 영향력을 행사하고 있는 경우 그 법인
      ③ 본인이 직접 또는 그와 경제적 연관관계, 위 ① 또는 ②의 관계에 있는 자를 통하여 어느 법인의 경영에 대하여 지배적인 영향력을 행사하고 있는 그 법인
      ④ 본인이 독점규제 및 공정거래에 관한 법률에 따른 기업집단에 속하는 경우 그 기업집단에 속하는 다른 계열회사 및 그 임원

참고 경영에 대한 지배적 영향력

특수관계인의 세부내용 중 경영지배관계의 판단에 있어서 다음에 해당하는 경우에는 법인의 경영에 대하여 지배적인 영향력을 행사하고 있는 것으로 본다.

1. 영리법인인 경우
   (1) 법인의 발행주식총수 또는 출자총액의 30% 이상을 출자한 경우
   (2) 임원 임면권 행사, 사업방침 결정 등 법인 경영에 대애 사실상 영향력을 행사하고 있다고 인정되는 경우
2. 비영리법인인 경우
   (1) 법인의 이사의 과반수를 차지하는 경우
   (2) 법인의 출연재산(설립을 위한 출연재산만 해당)의 30% 이상을 출연하고 그 중 1인이 설립자인 경우

보론 국세의 징수절차

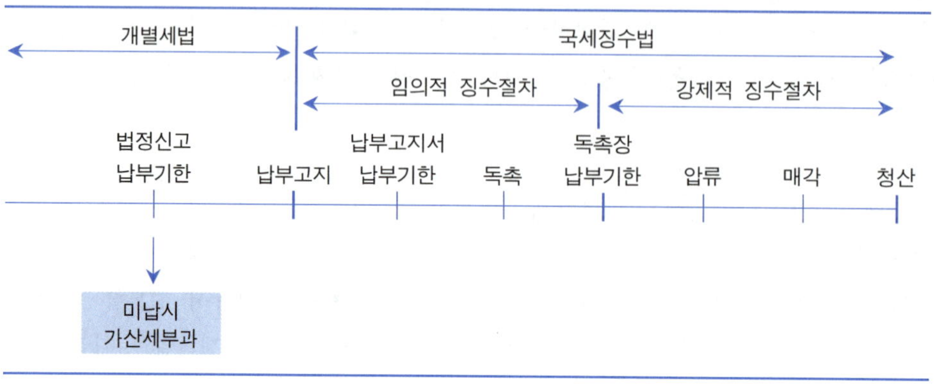

3. 다른 법률과의 관계

(1) 세법과의 관계

① 국세에 관하여 세법에 별도의 규정이 있는 경우를 제외하고는 국세기본법에서 정하는 바에 따른다.

② 개별세법이 국세기본법과 다르게 별도의 규정을 두고 있는 사례는 다음과 같다.

구 분	개별세법의 별도 규정 사례
(1) 실질과세	• 상속세 및 증여세법상 명의신탁재산의 증여의제
(2) 연대납세의무	• 소득세법상 공동사업에 대한 각 거주자별 종합소득 과세 • 소득세법상 공동소유자산에 대한 각 거주자별 양도소득 과세
(3) 납부의무의 소멸	• 조세특례제한법상 영세개인사업자의 체납액 납부의무 소멸특례
(4) 국세의 우선	• 부가가치세법상 신탁재산 강제징수시 수탁자의 필요비·유익비 우선변제
(5) 제2차 납세의무	• 조세특례제한법상 벤처기업 출자자의 제2차 납세의무 면제 • 조세특례제한법상 정비사업조합에 대한 과세특례
(6) 물적납세 의무	• 부가가치세법상 신탁 관련 수탁자의 물적납세의무
(7) 경정 등의 청구	• 상속세 및 증여세법상 후발적 사유에 따른 경정청구의 특례
(8) 기한 후 신고	• 법인세법상 비영리법인의 이자소득에 대한 분리과세 특례
(9) 가산세	• 조세특례제한법상 근로장려금의 경정에 따른 가산세 배제
(10) 국세환급금	• 법인세법상 사실과 다른 회계처리로 인한 경정에 따른 세액공제 • 부가가치세법상 환급에 관한 규정
(11) 국세환급가산금	• 조세특례제한법상 근로장려금 환급시 국세환급가산금 배제
(12) 조세의 불복	• 농어촌특별세법상 지방세를 본세로 하는 농어촌특별세의 불복절차
(13) 고지금액 최저한	• 개별세법상 과세최저한 규정

(2) 관세법과의 관계

관세법과 수출용원재료에 대한 관세 등 환급에 관한 특례법에서 세관장이 부과·징수하는 국세에 관하여 국세기본법에 대한 특례규정을 두고 있는 경우에는 그 법에서 정하는 바에 따른다.

(3) 다른 불복절차법과의 관계

① 행정심판법과의 관계 : 국세기본법은 행정심판법에 우선하여 적용한다. 행정심판법은 행정청의 위법이나 부당한 처분 또는 공권력 등으로부터 국민의 권리와 이익을 보호·구제하기 위하여 제정된 법으로서 국세관련 처분도 행정심판법이 적용되어야 하겠지만, 국세에 관한 불복청구에 대해서는 행정심판법의 특별법적 지위에 있는 국세기본법의 규정을 적용한다.

② 감사원법과의 관계 : 국세기본법과 감사원법은 선택적 지위에 있다. 납세자는 국세에 대한 위법 또는 부당한 처분에 대하여 국세기본법에 의한 불복절차와 감사원법에 의한 불복절차 중 하나를 선택할 수 있다.

1.2 기간과 기한

1. 기간의 계산

기간의 계산은 국세기본법 또는 세법에 특별한 규정이 있는 것을 제외하고는 민법에 따른다.

(1) 기산점

기간을 일, 주, 월 또는 연으로 정한 때에는 기간의 초일은 산입하지 않는다(초일불산입의 원칙). 다만, 그 기간이 오전 0시부터 시작하는 때와 국세기본법 또는 세법에 특별한 규정이 있는 경우에는 그러하지 아니하며, 연령계산에는 출생일을 산입한다.

(2) 만료점

① 기간을 일, 주, 월 또는 연으로 정한 때에는 기간말일의 종료로 기간이 만료된다.

② 기간을 주, 월 또는 연으로 정한 때에는 역(歷)에 의하여 계산한다. 즉, 평년·윤년 및 월의 대소에 관계없이 1년 또는 1월로 계산한다.

③ 주, 월 또는 연의 처음으로부터 기간을 기산하지 아니한 때에는 최후의 주, 월 또는 연에서 그 기산일에 해당한 날의 전일로 기간이 만료한다.

④ 월 또는 연으로 기간을 정한 경우에 최종의 월에 해당일이 없는 때에는 그 월의 말일로 기간이 만료한다.

⑤ 기간의 말일이 공휴일에 해당하는 때에는 그 익일로 기간이 만료한다.

2. 기한의 특례

(1) 기한이 휴일인 경우

국세기본법 또는 세법에서 규정하는 신고·신청·청구·그 밖에 서류의 제출·통지·납부 또는 징수에 관한 기한이 a) 토요일 및 일요일, b) 공휴일 및 대체공휴일, c) 근로자의 날일 때에는 그 다음 날을 기한으로 한다.

(2) 국세정보통신망의 가동이 정지되는 경우

국세기본법 또는 세법에서 규정하는 신고기한 만료일 또는 납부기한 만료일에 국세정보통신망이 정전, 통신상의 장애, 프로그램의 오류 및 기타 부득이한 사유로 가동이 정지되어 전자신고나 전자납부를 할 수 없는 경우에는 그 장애가 복구되어 신고 또는 납부할 수 있게 된 날의 다음 날을 기한으로 한다.

3. 서류제출의 효력발생시기

(1) 우편신고

우편으로 과세표준신고서, 과세표준수정신고서, 경정청구서 또는 과세표준신고·과세표준수정신고·경정청구와 관련된 서류를 제출한 경우 우편법에 따른 우편날짜도장이 찍힌 날(우편날짜도장이 찍히지 아니하였거나 분명하지 아니한 경우에는 통상 걸리는 배송일수를 기준으로 발송한 날로 인정되는 날)에 신고되거나 청구된 것으로 본다(발신주의).

* 불복청구기한 내에 우편으로 제출한 불복청구서가 불복청구기간을 경과하여 도달한 경우에는 그 기간 만료일에 적법한 청구가 있었던 것으로 본다.

(2) 전자신고

과세표준신고서, 과세표준수정신고서, 경정청구서 등을 국세정보통신망을 이용하여 제출하는 경우에는 해당 신고서 등이 국세청장에게 전송된 때에 신고되거나 청구된 것으로 본다.

* 전자신고 또는 전자청구된 경우 과세표준신고 또는 과세표준수정신고와 관련된 소정서류는 10일의 범위에서 제출기한을 연장할 수 있다.

4. 천재 등으로 인한 기한의 연장

(1) 기한 연장 사유

다음에 해당하는 사유로 신고·신청·청구 그 밖에 서류의 제출·통지를 정해진 기한까지 할 수 없다고 인정하는 경우나 납세자가 기한 연장을 신청한 경우에는 관할세무서장은 그 기한을 연장할 수 있다.

① 천재지변

② 납세자가 화재·전화(戰禍) 그 밖의 재해를 입거나 도난을 당한 경우

③ 납세자 또는 그 동거가족이 질병이나 중상해로 6개월 이상의 치료가 필요하거나 사망하여 상중인 경우
④ 정전, 프로그램의 오류 그 밖의 부득이한 사유로 한국은행(그 대리점 포함) 및 체신관서의 정보통신망의 정상적인 가동이 불가능한 경우
⑤ 금융회사 등(한국은행 국고대리점 및 국고수납대리점인 금융회사 등만 해당)또는 체신관서의 휴무, 그 밖의 부득이한 사유로 정상적인 세금납부가 곤란하다고 국세청장이 인정하는 경우
⑥ 권한 있는 기관에 장부나 서류가 압수 또는 영치된 경우
⑦ 납세자의 장부 작성을 대행하는 세무사(세무대리를 수행하는 세무법인, 공인회계사, 회계법인 포함)가 화재, 전화, 그 밖의 재해를 입거나 도난을 당한 경우
⑧ 위 ②, ③, ⑥에 준하는 사유가 있을 경우

(2) 기한 연장의 범위

위 사유에 따른 기한 연장은 3개월 이내로 하되, 당해 기한 연장의 사유가 소멸되지 아니한 경우 관할세무서장은 1개월의 범위 안에서 그 기한을 다시 연장할 수 있다. 다만, 신고와 관련된 기한 연장은 9개월을 초과하지 않는 범위 내에서 관할세무서장이 이를 연장할 수 있다.

(3) 기한 연장의 신청

기한 연장을 받고자 하는 자는 기한만료일 3일 전까지 해당 행정기관의 장에게 신청하여야 한다. 이 경우 당해 행정기관의 장은 기한 연장을 신청하는 자가 기한만료일 3일 전까지 신청할 수 없다고 인정하는 때에는 기한의 만료일까지 신청하게 할 수 있다.

(4) 기한 연장의 승인

행정기관의 장은 기한을 연장하였을 때에는 문서로 지체 없이 관계인에게 통지하여야 하며, 기한연장의 신청에 대해서는 기한 만료일 전에 그 승인 여부를 통지하여야 한다.

1.3 서류의 송달

1. 서류송달의 내용

(1) 송달받아야 할 자와 송달장소

① 국세기본법 또는 세법에서 규정하는 서류는 그 명의인(그 서류에 수신인으로 지정되어 있는 자)의 주소 또는 영업소(주소·거소·영업소 또는 사무소, 전자송달인 경우에는 명의인의 전자우편주소)에 송달한다.

② 연대납세의무자에게 서류를 송달할 때에는 그 대표자(대표자가 없을 때에는 연대납세의무자 중 국세를 징수하기에 유리한 자)를 명의인으로 한다. 다만, 납부의 고지와 독촉에 관한 서류는 연대납세의무자 모두에게 각각 송달하여야 한다.

③ 상속이 개시된 경우 상속재산관리인이 있을 때에는 상속재산관리인의 주소 또는 영업소에 송달한다.

④ 납세관리인이 있을 때에는 납부의 고지와 독촉에 관한 서류는 그 납세관리인의 주소 또는 영업소에 송달한다.

⑤ 송달받아야 할 사람이 교정시설 또는 국가경찰관서의 유치장에 체포·구속 또는 유치된 사실이 확인된 경우에는 해당 교정시설의 장 또는 국가경찰관서의 장에게 송달한다.

(2) 송달받을 장소의 신고

서류의 송달을 받을 자가 주소 또는 영업소 중에서 송달받을 장소를 정부에 신고한 경우에는 그 신고된 장소에 송달하여야 한다. 이를 변경한 경우에도 또한 같다.

2. 서류 송달의 방법

구 분		내 용	효력발생
원칙	교부송달	해당 행정기관의 소속 공무원이 서류를 송달할 장소에서 송달받아야 할 자에게 서류를 교부하는 방법	도달한 때 * 전자송달의 경우에는 송달받을 자가 지정한 전자우편주소에 입력된 때(국세정보통신망에 저장하는 경우에는 저장된 때)에 그 송달을 받아야 할 자에게 도달한 것으로 본다.
	우편송달	서류를 등기우편이나 통상우편에 의하여 송달하는 방법	
	전자송달	서류를 정보통신망을 이용하여 수신인으로 지정된 자의 전자우편주소로 송달하는 방법	
예외	공시송달	일정한 사유로 인하여 교부송달이나 우편송달이 불가능한 경우에 서류의 주요내용을 공시함으로써 송달의 효력을 발생하게 하는 방법	서류의 주요내용을 공고한 날부터 14일이 지난 때

(1) 교부송달

① 서류의 교부에 있어서 송달을 받아야 할 자가 송달받기를 거부하지 아니하면 송달장소 이외의 다른 장소에서 교부할 수 있다.

② 송달할 장소에서 서류를 송달받아야 할 자를 만나지 못하였을 때에는 그 사용인이나 그 밖에 종업원 또는 동거인으로서 사리를 판별할 수 있는 사람에게 서류를 송달할 수 있다.

③ 서류를 송달받아야 할 자 또는 그 사용인 등이 정당한 사유 없이 서류 수령을 거부할 때에는 송달장소에 서류를 둘 수 있다(유치송달).

④ 서류를 교부하였을 때에는 송달서에 수령인이 서명 또는 날인하게 하여야 하며, 이 경우 수령인이 서명 또는 날인을 거부하면 그 사실을 송달서에 적어야 한다.

(2) 우편송달

① 납부의 고지·독촉·강제징수 또는 세법에 따른 정부의 명령에 관계되는 서류의 송달을 우편으로 할 때에는 등기우편으로 하여야 한다.

② 다음 경우로서 50만원 미만에 해당하는 납부고지서는 일반우편으로 송달할 수 있다.

- 소득세법상 중간예납 규정에 따른 중간예납세액의 납부고지서
- 부가가치세법상 예정고지납부 규정에 따라 징수하기 위한 납부고지서
- 신고납부 국세에 대한 과세표준신고서를 법정신고기한까지 제출하였으나 과세표준신고액에 상당하는 세액의 전부 또는 일부를 납부하지 아니하여 발급하는 납부고지서

(3) 전자송달

① 전자송달은 서류를 송달받아야 할 자가 신청한 경우에만 한다.

* 납부고지서가 송달되기 전에 납세자가 국세정보통신망을 통해 소득세 중간예납세액, 부가가치세 예정고지세액·예정부과세액을 확인한 후 계좌이체의 방법 또는 신용카드 등으로 세액을 전액 자진납부한 경우 납부한 세액에 대해서는 자진납부한 시점에 전자송달을 신청한 것으로 본다.

② 납세자가 2회 연속 전자송달(국세정보통신망에 송달된 경우에 한정)된 서류를 열람하지 않으면 기한이 정해진 서류는 해당 기한 다음날에, 이외의 서류는 국세정보통신망에 해당 서류가 저장된 때부터 1개월 되는 날의 다음날에 전자송달의 신청을 철회한 것으로 본다.

* 납세자가 전자송달된 납부고지서의 세액을 그 납부기한까지 전액 납부한 경우에는 철회한 것으로 보지 않는다.

③ 국세정보통신망의 장애로 전자송달이 불가능하거나 천재지변, 화재, 그 밖의 재해로 국세정보통신망에 접속할 수 없는 경우 등은 교부 또는 우편에 의해 송달할 수 있다.

참고 납부고지서 전자송달 신청시 세액공제
납세자가 다음에 해당하는 국세의 납부고지에 대하여 납부고지서의 전자송달을 신청한 경우 신청한 달의 다음다음 달 이후 송달하는 분부터 납부고지서 1건당 ₩1,000을 공제한다.
1. 소득세 중간예납세액의 결정·징수
2. 부가가치세 예정고지세액 및 예정부과세액의 결정·징수
3. 정부부과 세목의 국세(수시부과하여 징수하는 경우는 제외)

(4) 공시송달

① 공시송달의 사유(공시송달은 다음 사유에 해당하는 경우에 한한다)

a. 주소 또는 영업소가 국외에 있고 송달하기 곤란한 경우

b. 주소 또는 영업소가 분명하지 않은 경우

c. 서류를 등기우편으로 송달하였으나 수취인이 부재중인 것으로 확인되어 반송됨으로써 납부기한 내에 송달이 곤란하다고 인정되는 경우

d. 세무공무원이 2회 이상 납세자를 방문*하여 서류를 교부하려고 하였으나 수취인이 부재중인 것으로 확인되어 납부기한까지 송달이 곤란하다고 인정되는 경우

* 처음 방문한 날과 마지막 방문한 날 사이의 기간이 3일(공휴일 및 토요일 제외) 이상이어야 한다.

② 공시송달의 방법 : 국세정보통신망, 세무서의 게시판이나 그 밖의 적절한 장소, 해당 서류의 송달장소 관할관청의 홈페이지, 게시판이나 그 밖의 기타 적절한 장소에 게시하거나 관보 또는 일간신문에 게재하여야 한다. 이 경우 국세정보통신망을 이용하여 공시송달을 할 때에는 다른 공시송달 방법과 함께 하여야 한다.

1.4 인 격

1. 법인으로 보는 단체

(1) 당연 법인의제

법인이 아닌 사단, 재단, 그 밖의 단체("법인 아닌 단체") 중 다음 중 어느 하나에 해당하는 것으로서 수익을 구성원에게 분배하지 아니하는 것은 법인으로 보아 국세기본법 및 세법을 적용한다.

① 인·허가 또는 등록된 미등기단체 : 주무관청의 인·허가를 받아 설립되거나 법령에 따라 주무관청에 등록한 사단·재단 그 밖의 단체로서 등기되지 아니한 것

② 공익목적의 미등기재단 : 공익을 목적으로 출연된 기본재산이 있는 재단으로서 등기되지 아니한 것

(2) 승인에 의한 법인의제

위 (1)에 해당하는 단체 외의 법인 아닌 단체 중 다음의 요건을 모두 갖춘 것으로서 대표자나 관리인이 관할세무서장에게 신청하여 승인을 받은 것도 법인으로 본다. 이 경우 해당 단체의 계속성과 동질성이 유지되는 것으로 본다.

① 단체의 조직과 운영에 관한 규정을 가지고 대표자나 관리인을 선임하고 있을 것

② 단체 자신의 계산과 명의로 수익과 재산을 독립적으로 소유·관리할 것

③ 단체의 수익을 구성원에게 분배하지 아니할 것

* 법인으로 신청한 단체는 그 신청에 대하여 관할세무서장의 승인을 받은 날이 속하는 과세기간과 그 과세기간이 끝난 날부터 3년이 되는 날이 속하는 과세기간까지는 거주자 또는 비거주자 변경할 수 없다. 다만, 요건을 갖추지 못하게 되어 승인취소를 받는 경우에는 그러하지 아니하다.

(3) 법인으로 보는 단체의 납세의무

① 법인으로 보는 단체는 법인세법상 비영리법인에 해당한다.

② 법인으로 보는 단체의 국세에 관한 의무는 그 대표자나 관리인이 이행하여야 한다.

③ 법인으로 보는 단체는 대표자나 관리인을 선임하거나 변경한 경우 이를 관할 세무서장에게 신고하여야 하며, 신고를 하지 아니한 경우 관할 세무서장은 그 단체의 구성원 또는 관계인 중 1명을 국세에 관한 의무를 이행하는 사람으로 지정할 수 있다.

참고 전환 국립대학 법인의 납세의무

전환 국립대학 법인(국립학교 또는 공립학교로 운영되다가 법률에 따라 국립대학 법인으로 전환된 법인)에 대한 국세의 납세의무(국세를 징수하여 납부할 의무는 제외)를 적용할 때에는 전환 국립대학 법인을 별도의 법인으로 보지 아니하고 국립대학 법인으로 전환되기 전의 국립학교 또는 공립학교로 본다. 다만, 교육·연구 활동에 지장이 없는 범위 외의 수익사업을 하는 경우의 납세의무에 대해서는 그러하지 아니하다.

2. 법인으로 보는 단체 이외의 단체

법인 아닌 단체 중 법인으로 보는 단체 이외의 단체에 대해서는 소득세법에 따라 해당 단체를 1거주자 또는 1비거주자로 보아 과세하거나, 해당 단체의 구성원이 공동으로 사업을 영위하는 것으로 보아 구성원별로 과세한다.

제 2 절

국세 부과와 세법 적용

국세부과의 원칙	세법적용의 원칙
① 실질과세의 원칙	① 세법해석의 기준
② 신의성실의 원칙	② 소급과세의 금지
③ 근거과세의 원칙	③ 세무공무원의 재량의 한계
④ 조세감면의 사후관리	④ 기업회계의 존중

2.1 국세부과의 원칙

1. 실질과세의 원칙

(1) 내용

실질과세의 원칙이란 법적 형식과 경제적 실질이 다른 경우에는 경제적 실질에 따라 과세하여야 한다는 원칙을 말한다. 이러한 실질과세의 원칙은 다음의 내용으로 구성된다.

① 귀속에 관한 실질과세 : 과세의 대상이 되는 소득·수익·재산·행위 또는 거래의 귀속이 명의일 뿐이고 사실상 귀속되는 자가 따로 있을 때에는 사실상 귀속되는 자를 납세의무자로 하여 세법을 적용한다.

② 거래내용에 관한 실질과세 : 세법 중 과세표준의 계산에 관한 규정은 소득·수익·재산·행위 또는 거래의 명칭이나 형식에 관계없이 그 실질내용에 따라 적용한다.

③ 제3자를 통한 간접적인 방법이나 둘 이상의 행위 또는 거래를 거치는 방법으로 국세기본법 또는 세법의 혜택을 부당하게 받기 위한 것으로 인정되는 경우에는 그 경제적 실질내용에 따라 당사자가 직접 거래를 한 것으로 보거나 연속된 하나의 행위 또는 거래를 한 것으로 보아 국세기본법 또는 세법을 적용한다.

(2) 한계

실질과세의 원칙은 조세평등주의를 실현하기 위해 필요한 요소이지만, 납세자의 법적안정성과 예측가능성의 보호를 위해 조세법률주의를 침해하지 않는 범위 내에서 적용되어야 한다.

2. 신의성실의 원칙

(1) 내용

신의성실의 원칙이란 권리의 행사나 의무의 이행에 있어서 상대방의 신뢰에 어긋나지 않도록 신의에 따라 성실하게 행동하여야 한다는 원칙으로서, 신의칙이라고도 한다. 국세기본법은 "납세자가 그 의무를 이행할 때에는 신의에 따라 성실하게 하여야 한다. 세무공무원이 직무를 수행할 때에도 또한 같다."고 규정하고 있다.

(2) 적용대상

신의성실의 원칙은 과세관청과 납세자 쌍방 모두에게 적용되는 원칙이다. 다만, 납세자가 과세관청의 신뢰를 배반한 경우에는 세법상 각종 제재장치가 마련되어 있기 때문에 신의성실의 원칙은 주로 과세관청에 적용되는 원칙이며 과세관청이 보다 더 엄격하게 준수하여야 할 원칙이라고 할 수 있다.

(3) 과세관청에 대한 신의성실 원칙의 적용요건

① 납세자의 신뢰의 대상이 되는 과세관청의 공적 견해표시가 있을 것
② 납세자가 과세관청의 견해표시를 신뢰하고, 그 신뢰에 납세자의 귀책사유가 없을 것
③ 납세자가 과세관청의 견해표시에 대한 신뢰를 기초로 경제적 거래나 세무상 처리 등의 행위를 할 것
④ 과세관청이 당초의 견해표시에 반하는 적법한 행정처분을 하여야 하며, 그러한 배신적 처분에 의하여 납세자가 불이익을 받을 것

(4) 한계

신의성실의 원칙은 개별요건을 충족한 특정 납세자의 신뢰를 보호하기 위한 것으로서 개별적·구체적 사안에 한하여 제한적으로 적용되는 원칙이다.

3. 근거과세의 원칙

근거과세의 원칙이란 조세를 부과하는 경우에는 장부, 증빙 등의 자료에 근거하여 납세의무를 확정하여야한다는 원칙을 말한다.

(1) **실지조사결정** : 납세의무자가 세법에 따라 장부를 갖추어 기록하는 있는 경우에는 해당 국세의 과세표준의 조사와 결정은 그 장부와 이에 관계되는 증거자료에 의하여야 한다.

(2) **추계결정에 대한 납세의무자의 보호** : 국세를 조사·결정할 때 장부의 기록내용이 사실과 다르거나 장부의 기록에 누락된 것이 있을 때에는 그 부분에 대해서만 정부가 조사한 사실에 따라 결정할 수 있다. 이 경우 정부가 조사한 사실과 결정의 근거를 결정서에 적어야 하며, 납세의무자 또는 그 대리인이 요구하면 해당 결정서를 열람 또는 복사하게 하거나 그 등본 또는 초본이 원본과 일치함을 확인하여야 한다.

4. 조세감면의 사후관리

정부는 국세를 감면한 경우에 그 감면의 취지를 성취하거나 국가정책을 수행하기 위하여 필요하다고 인정하면 세법에서 정하는 바에 따라 감면한 세액에 상당하는 자금 또는 자산의 운용범위를 정할 수 있으며 그 운용범위를 벗어난 자금 또는 자산에 상당하는 감면세액은 세법에서 정하는 바에 따라 감면을 취소하고 징수할 수 있다.

2.2 세법적용의 원칙

1. 세법 해석의 기준

세법을 해석·적용할 때에는 과세의 형평과 해당 조항의 합목적성에 비추어 납세자의 재산권이 부당하게 침해되지 아니하도록 하여야 한다.

2. 소급과세의 금지

(1) **입법에 의한 소급과세금지** : 국세를 납부할 의무가 이미 성립한 소득·수익·재산·행위 또는 거래에 대해서는 그 성립 후의 새로운 세법에 따라 소급하여 과세하지 아니한다. 이는 조세법의 기본원칙인 조세법률주의의 하부원칙이라고 할 수 있다.

(2) **행정상의 소급과세금지** : 세법의 해석이나 국세행정의 관행이 일반적으로 납세자에게 받아들여진 후에는 그 해석이나 관행에 의한 행위 또는 계산은 정당한 것으로 보며, 새로운 해석이나 관행에 의하여 소급하여 과세되지 아니한다. 이는 신의성실의 원칙을 보다 구체화한 것이라고 할 수 있다.

참고 1. 이미 성립한 납세의무에 대해서 그 이후의 새로운 법령이나 해석에 의해 소급하여 과세(진정소급)하는 것은 허용되지 않지만 과세기간 중에 세법이 개정된 경우에 과세기간 개시일로 소급하여 과세(부진정소급)하는 것은 허용된다.

2. 소급과세의 금지는 소급과세로 인하여 납세자에게 불이익이 초래되는 것을 방지하는 데 그 목적이 있으므로 납세자에게 유리한 소급효는 인정된다는 것이 통설이다.

세부사항 세법 해석의 기준 및 소급과세의 금지 적용 범위

세법 외의 법률 중 국세의 부과·징수·감면 또는 그 절차에 관하여 규정하고 있는 조항은 세법 해석의 기준 및 소급과세의 금지 규정을 적용할 때에는 세법으로 본다.

세부사항 국세예규심사위원회

1. 다음 각 사항을 심의하기 위하여 기획재정부에 국세예규심사위원회를 둔다.
   ① 세법의 해석 및 이와 관련되는 국세기본법의 해석에 관한 사항
   ② 관세법의 해석 및 이와 관련되는 자유무역협정의 이행을 위한 관세법의 특례에 관한 법률 및 수출용 원재료에 대한 관세 등 환급에 관한 특례법의 해석에 관한 사항
2. 국세예규심사위원회의 위원은 공정한 심의를 기대하기 어려운 사정이 있다고 인정될 때에는 위원회 회의에서 제척되거나 회피하여야 한다.

3. 국세예규심사위원회는 다음 사항 중 위원장이 위원회의 회의에 부치는 사항을 심의한다.
   ① 입법 취지에 따른 해석이 필요한 사항
   ② 기존의 해석 또는 일반화된 국세 및 관세 행정의 관행을 변경하는 사항
   ③ 그 밖에 납세자의 권리 및 의무에 중대한 영향을 미치는 사항

세부사항 세법 해석에 관한 질의회신의 절차와 방법

1. 기획재정부장관 및 국세청장은 세법의 해석과 관련된 질의에 대하여 세법해석의 기준에 따라 해석하여 회신하여야 한다.
2. 국세청장은 위의 질의가 국세예규심사위원회의 심의대상에 해당하는 경우에는 기획재정부장관에게 의견을 첨부하여 해석을 요청하여야 하며, 기획재정부장관의 해석에 이견이 있는 경우에는 그 이유를 붙여 재해석을 요청할 수 있다.

3. 세무공무원의 재량의 한계

세무공무원이 재량으로 직무를 수행할 때에는 과세의 형평과 해당 세법의 목적에 비추어 일반적으로 적당하다고 인정되는 한계를 엄수하여야 한다.

4. 기업회계의 존중

세무공무원이 국세의 과세표준을 조사·결정할 때에는 해당 납세의무자가 계속하여 적용하고 있는 기업회계의 기준 또는 관행으로서 일반적으로 공정·타당하다고 인정되는 것은 존중하여야 한다. 다만, 세법에 특별한 규정이 있는 것은 그러하지 아니한다.

2.3 중장기 조세정책운용계획

1. 중장기 조세정책운용계획의 수립

기획재정부장관은 효율적인 조세정책의 수립과 조세부담의 형평성 제고를 위하여 매년 해당 연도부터 5개 연도 이상의 기간에 대한 중장기 조세정책운용계획을 수립하여야 한다. 이 경우 중장기 조세정책운용계획은 국가재정법에 따른 국가재정운용계획과 연계되어야 한다.

* 기획재정부장관은 중장기 조세정책운용계획을 수립할 때에는 관계 중앙관서의 장과 협의하여야 하며, 수립한 중장기 조세정책운용계획을 국회 소관 상임위원회에 보고하여야 한다.

2. 중장기 조세정책운용계획의 내용

중장기 조제정책운용계획에는 다음 각 사항이 포함되어야 한다.

① 조세정책의 기본방향과 목표
② 주요 세목별 조세정책 방향
③ 비과세·감면제도 운용 방향
④ 조세부담 수준
⑤ 그 밖에 대통령령으로 정하는 사항

납세의무

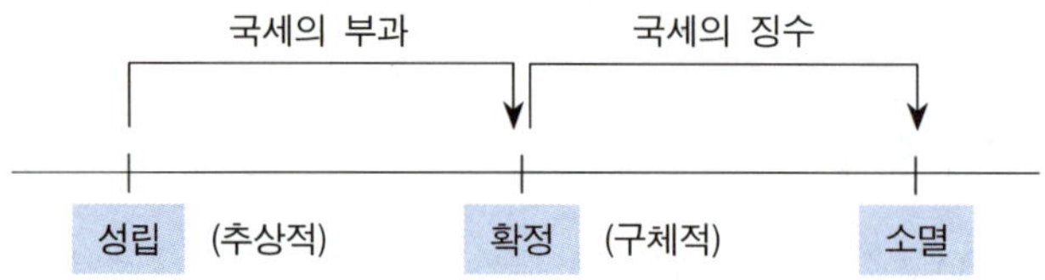

- 납세의무의 성립 : 과세요건이 충족됨으로써 납세의무가 발생하는 것
- 납세의무의 확정 : 추상적으로 성립한 납세의무의 내용을 구체적으로 결정하는 절차
- 납세의무의 소멸 : 납세의무가 이행되거나 기타 법정 사유에 의해 납세의무가 사라지는 것

3.1 납세의무의 성립

1. 원칙적인 성립시기

국세를 납부할 의무는 국세기본법 및 세법이 정하는 과세요건이 충족되면 성립한다.

구 분		납세의무의 성립시기
(1) 기간과세국세 (과세기간이 정하여진 국세)	① 소 득 세	과세기간이 끝나는 때 * 청산소득에 대한 법인세 : 그 법인이 해산을 하는 때 수입재화의 부가가치세 : 세관장에게 수입신고를 하는 때
	② 법 인 세	
	③ 부가가치세	
(2) 수시과세국세 (특정 행위에 대해 부과하는 국세)	① 상 속 세	상속이 개시되는 때
	② 증 여 세	증여에 의하여 재산을 취득하는 때
	③ 개별소비세, 주세, 교통·에너지·환경세	과세물품을 제조장으로부터 반출하거나 판매장에서 판매하는 때, 과세장소에 입장하거나 과세유흥장소에서 유흥음식행위를 하는 때 또는 영업장소에서 영업행위를 하는 때 * 수입물품의 경우 : 세관장에게 수입신고를 하는 때
	④ 인 지 세	과세문서를 작성한 때
	⑤ 증권거래세	해당 매매거래가 확정되는 때
(3) 재산 보유 국세	종합부동산세	과세기준일(6월 1일)

(4) 부가세 (본세에 부가하여 징수하는 국세)	① 교 육 세	국세에 부과되는 교육세는 해당 국세의 납세의무가 성립하는 때, 금융·보험업자의 수익금액에 부과되는 교육세는 과세기간이 끝나는 때
	② 농어촌특별세	본세의 납세의무가 성립하는 때

* 가산세 납세의무의 성립시기는 다음과 같다. 다만, 아래 2.와 3.의 경우 출자자의 제2차 납세의무 규정을 적용할 때에는 '법정납부기한이 경과하는 때'를 납세의무 성립시기로 한다.
 1. 무신고가산세 및 과소신고·초과환급신고가산세 : 법정신고기한이 경과하는 때
 2. 납부지연가산세 지연이자 부분 및 원천징수 등 납부지연가산세 지연이자 부분(1일 2.2/10,000 과세 부분) : 법정납부기한 경과 후 1일마다 그 날이 경과하는 때
 3. 납부지연가산세 체납제제 부분(3% 과세 부분) : 납부고지서상 납부기한이 경과하는 때
 4. 원천징수 등 납부지연가산세 체납제재 부분(3% 과세 부분) : 법정납부기한이 경과하는 때
 5. 그 밖의 가산세 : 가산할 국세의 납세의무가 성립하는 때

2. 예외적인 성립시기

구 분	성 립 시 기
(1) 원천징수하는 소득세·법인세	소득금액 또는 수입금액을 지급하는 때
(2) 납세조합이 징수하는 소득세와 예정신고납부하는 소득세	그 과세표준이 되는 금액이 발생한 달의 말일
(3) 중간예납하는 소득세·법인세 또는 예정신고기간·예정부과기간에 대한 부가가치세	중간예납기간 또는 예정신고기간·예정부과기간이 끝나는 때
(4) 수시부과하여 징수하는 국세	수시부과할 사유가 발생한 때

3.2 납세의무의 확정

1. 납세의무 확정의 일반적 유형 : 정부부과제도와 신고납세제도

정부부과제도란 정부(과세관청)의 부과처분에 의하여 납세의무를 확정하는 제도를 말하며, 신고납세제도란 납세의무자의 신고에 의하여 납세의무를 확정하는 제도를 말한다.

구 분	신고납세제도	정부부과제도
(1) 확정권자	1차 : 납세의무자, 2차 : 정부(과세관청)	정부(과세관청)
(2) 확정절차	과세표준신고서의 제출	정부의 조사결정·납부고지
(3) 확정시기	납세의무자가 과세표준과 세액을 정부에 신고했을 때	과세표준과 세액을 정부가 결정하는 때
(4) 적용세목	법인세, 소득세, 부가가치세, 개별소비세, 교통·에너지·환경세, 주세, 증권거래세, 교육세	상속세, 증여세, 종합부동산세 등 신고납세제도 이외의 세목

* 1. 신고납세제도 세목이라 할지라도 납세의무자가 과세표준과 세액의 신고를 하지 아니하거나 신고한 과세표준과 세액이 세법이 정하는 바에 맞지 아니한 경우에는 정부가 과세표준과 세액을 결정하거나 경정하는 때에 그 결정 또는 경정에 따라 납세의무가 확정된다.
2. 종합부동산세는 납세자의 선택에 따라 신고납부를 허용하며 이 경우 납세의무 확정절차는 신고납세제도를 따른다.

2. 자동확정

다음에 해당하는 국세는 납세의무가 성립하는 때에 특별한 절차 없이 그 세액이 확정된다.

① 인지세
② 원천징수하는 소득세 또는 법인세
③ 납세조합이 징수하는 소득세
④ 중간예납하는 법인세(세법에 따라 정부가 조사·결정하는 경우는 제외)
⑤ 납부지연가산세 및 원천징수 등 납부지연가산세(납부고지서에 따른 납부기한 후의 가산세로 한정함)

3. 수정신고의 효력

신고납세제도 국세의 수정신고(과세표준신고서를 법정신고기한까지 제출한 자의 수정신고로 한정한다)는 당초의 신고에 따라 확정된 과세표준과 세액을 증액하여 확정하는 효력을 가지며, 이 경우 해당 수정신고는 당초 신고에 따라 확정된 세액에 관한 국세기본법 또는 세법에서 규정하는 권리·의무관계에 영향을 미치지 아니한다.

4. 경정 등의 효력

① 세법에 따라 당초 확정된 세액을 증가시키는 경정은 당초 확정된 세액에 관한 국세기본법 또는 세법에서 규정하는 권리·의무관계에 영향을 미치지 아니한다.
② 세법에 따라 당초 확정된 세액을 감소시키는 경정은 그 경정으로 감소되는 세액 외의 세액에 관한 국세기본법 또는 세법에서 규정하는 권리·의무관계에 영향을 미치지 아니한다.

세부사항 경정 등의 효력에 대한 대법원 판례

"세법의 규정에 의하여 당초 확정된 세액을 증가시키는 경정은 당초 확정된 세액에 관한 이 법 또는 세법에서 규정하는 권리·의무관계에 영향을 미치지 아니한다"는 국세기본법 규정의 입법 취지가 증액경정처분이 있더라도 불복기간이나 경정청구기간의 경과 등으로 더 이상 다툴 수 없게 된 당초 신고나 결정에서의 세액에 대한 불복을 제한하려는 데에 있음에 비추어 보면, 증액경정처분이 있는 경우 당초 신고나 결정은 증액경정처분에 흡수됨으로써 독립한 존재가치를 잃게 되어 원칙적으로는 증액경정처분만이 항고소송의 심판대상이 되고 납세자는 그 항고소송에서 당초 신고나 결정에 대한 위법사유도 함께 주장할 수 있으나, 불복기간이나 경정청구기간의 도과로 더 이상 다툴 수 없게 된 세액에 관하여는 그 취소를 구할 수 없고 증액경정처분에 의하여 증액된 세액의 범위 내에서만 취소를 구할 수 있다고 할 것이다(대법원 2012. 3. 29. 선고, 2011두4855 판결).

3.3 납세의무의 소멸

1. 납세의무의 소멸사유

납세의무의 소멸사유		내 용
(1) 납세의무가 실현되어 소멸하는 경우	① 납 부	세액을 국고에 납입하는 것
	② 충 당	납부할 세액을 국세환급금과 상계하거나 강제징수절차에 의한 공매대금으로 체납세액에 충당하는 것
(2) 납세의무가 미실현상태에서 소멸하는 경우	③ 부과취소	유효하게 성립한 부과처분에 대하여 그 성립에 하자가 있음을 이유로 당초 부과시점으로 소급하여 그 처분의 효력을 상실시키는 것
	④ 국세의 부과제척기간 만료	정부가 결정·경정 등을 통하여 국세를 부과할 수 있는 권리의 행사가능기간이 만료하는 것
	⑤ 국세징수권의 소멸시효 완성	정부가 고지·독촉 등을 통하여 국세를 징수할 수 있는 권리를 일정기간 행사하지 않음으로써 그 권리가 소멸하는 것

* "납부"라 함은 당해 납세의무자는 물론 연대납세의무자, 제2차 납세의무자, 납세보증인, 물적납세의무자 및 기타 이해관계가 있는 제3자 등에 의한 납부를 말한다. 납부는 금전납부가 원칙이지만 상속세의 경우에는 물납도 인정된다.

2. 국세의 부과제척기간

(1) 일반적 부과제척기간

국세를 부과할 수 있는 기간("부과제척기간")은 국세를 부과할 수 있는 날부터 다음에 제시된 각 기간으로 한다.

① 일반 세목

내 용	제척기간
(1) 일반적인 경우[*2]	5년(역외거래[*1] 7년)
(2) 법정신고기한까지 과세표준신고서를 제출하지 않은 경우[*2]	7년(역외거래[*1] 10년)
(3) 부정행위로 국세를 포탈하거나 환급·공제받은 경우[*3]	10년(역외거래[*1] 15년)
(4) 부정행위로 가산세 부과대상이 될 때 해당 가산세[*4]	10년

* 1. 역외거래는 국제조세조정에 관한 법률에 따른 국제거래 및 거래 당사자 양쪽이 거주자(내국법인, 외국법인의 국내사업장 포함)인 거래로서 국외 자산의 매매·임대차, 국외 제공 용역과 관련된 거래를 말한다.
  2. 위 (1)과 (2)에서 규정한 기간이 끝난 날이 속하는 과세기간 이후의 과세기간에 법인세법·소득세법에 따라 이월결손금을 공제하는 경우 그 결손금이 발생한 과세기간의 소득세·법인세의 부과제척기간은 이월결손금을 공제한 과세기간의 법정신고기한으로부터 1년으로 한다.

3. 부정행위로 포탈하거나 환급·공제받은 국세가 법인세이면 이와 관련하여 법인세법에 따라 소득처분된 금액에 대한 소득세 또는 법인세에 대해서도 10년(역외거래에서의 부정행위인 경우는 15년)의 제척기간을 적용한다.
4. 해당 가산세는 소득세법, 법인세법, 부가가치세법상의 계산서·세금계산서 등 불성실 가산세(계산서·세금계산서 등의 미발급, 거래 없이 가공발급·수취, 다른 사업자의 명의로 허위 발급·수취)를 말한다.

② 상속세 및 증여세

내 용	제척기간
(1) 일반적인 경우	10년
(2) 부정행위로 상속세·증여세를 포탈하거나 환급·공제받은 경우	15년
(3) 과세표준신고서를 제출하지 않은 경우	
(4) 과세표준신고서를 제출한 자가 거짓신고 또는 누락신고한 경우* (거짓신고 또는 누락신고한 부분만 해당함)	

* 거짓신고 또는 누락신고한 경우란 다음 중 어느 하나의 경우를 말한다.
① 상속·증여재산가액에서 가공의 채무를 공제하여 신고한 경우
② 권리의 이전이나 그 행사에 등기등(등기, 등록, 명의개서 등)이 필요한 재산을 상속인 또는 수증자의 명의로 등기등을 하지 않은 경우로서 그 재산을 상속·증여재산의 신고에서 누락한 경우
③ 예금, 주식, 채권, 보험금 그 밖의 금융자산을 상속·증여재산의 신고에서 누락한 경우

유의사항 부담부증여에 따라 증여세와 함께 양도소득에 대한 소득세가 과세되는 경우 그 소득세의 부과제척기간은 증여세에 대하여 정한 기간을 따른다.

참고 부정행위(사기나 그 밖의 부정한 행위): 다음 중 어느 하나에 해당하는 행위로서 조세의 부과와 징수를 불가능하게 하거나 현저히 곤란하게 하는 적극적 행위를 말한다.
① 이중장부의 작성 등 장부의 거짓 기장, ② 거짓 증빙 또는 거짓 문서의 작성 및 수취, ③ 장부와 기록의 파기, ④ 재산의 은닉, 소득·수익·행위·거래의 조작 또는 은폐, ⑤ 고의적인 장부 미작성 또는 계산서·세금계산서 및 그 합계표의 조작, ⑥ 전사적 기업자원관리설비의 조작 또는 전자세금계산서의 조작, ⑦ 그 밖에 위계에 의한 행위 또는 부정한 행위

(2) 특례 부과제척기간

① 상속세·증여세의 특례 부과제척기간

납세자가 부정행위로 상속세·증여세를 포탈하는 경우로서 다음 중 어느 하나에 해당하는 경우 과세관청은 일반적 부과제척기간에 불구하고 해당 재산의 상속 또는 증여가 있음을 안 날부터 1년 이내에 상속세 및 증여세를 부과할 수 있다. 다만, 상속인이나 증여자 및 수증자가 사망한 경우와 포탈세액 산출의 기준이 되는 재산가액(다음 각 항목의 재산 합계액을 말한다)이 50억원 이하인 경우에는 그러하지 아니하다.

a. 제3자의 명의로 되어 있는 피상속인·증여자의 재산을 상속인·수증자가 취득한 경우
b. 계약에 따라 피상속인이 취득할 재산이 계약이행기간에 상속이 개시됨으로써 등기·등록·명의개서가 이루어지지 아니하고 상속인이 취득한 경우
c. 국외에 있는 상속재산이나 증여재산을 상속인이나 수증자가 취득한 경우
d. 등기·등록·명의개서가 필요하지 않은 유가증권·서화·골동품 등의 상속재산 또는 증여재산을 상속인이나 수증자가 취득한 경우

e. 수증자의 명의로 되어 있는 증여자의 금융자산(차명계좌)을 수증자가 보유하고 있거나 사용·수익한 경우
f. 비거주자인 피상속인의 국내재산을 상속인이 취득한 경우
g. 명의신탁재산의 증여의제에 해당하는 경우
h. 상속재산 또는 증여재산인 가상자산을 가상자산사업자를 통하지 않고 상속인이나 수증자가 취득한 경우

② 조세쟁송 등으로 인한 특례 부과제척기간

일반적 부과제척기간에 불구하고 다음 각 경우의 구분에 따른 기간이 지나기 전까지 경정결정이나 그 밖에 필요한 처분을 할 수 있다.

a. 국세기본법에 의한 불복청구, 감사원법에 의한 심사청구 또는 행정소송법에 따른 소송에 대한 결정이나 판결이 확정된 경우 : 결정 또는 판결이 확정된 날부터 1년
b. 위 a의 결정이나 판결이 확정됨에 따라 그 결정 또는 판결의 대상이 된 과세표준 또는 세액과 연동된 다른 세목(같은 과세기간으로 한정)이나 연동된 다른 과세기간(같은 세목으로 한정)의 과세표준 또는 세액의 조정이 필요한 경우 : 결정 또는 판결이 확정된 날부터 1년
c. 형사소송법상 소송에 대한 판결이 확정되어 소득세법상 기타소득인 뇌물이나 알선수재·배임수재로 인한 소득이 발생한 것으로 확인된 경우 : 판결이 확정된 날부터 1년
d. 조세조약에 부합하지 아니하는 과세의 원인이 되는 조치가 있는 경우 그 조치가 있음을 안 날부터 3년 이내(조세조약에서 따로 규정하는 경우에는 그에 따른다)에 그 조세조약의 규정에 따른 상호합의가 신청된 것으로서 그에 대하여 상호합의가 이루어진 경우 : 상호합의 절차의 종료일부터 1년
e. 다음에 해당하는 경정청구·조정권고가 있는 경우 : 경정청구일·조정권고일부터 2개월
   - 국세기본법에 따른 통상적 경정청구 및 후발적 사유로 인한 경정청구
   - 국제조세조정에 관한 법률에 따라 배당간주금액에 대해 외국납부세액공제를 소급적용받기 위해 행하는 경정청구
   - 국제조세조정에 관한 법률에 따라 국세의 정상가격과 관세의 과세가격 간 조정을 위해 행하는 경정청구 및 이에 대한 조정권고
f. 위 e의 경정청구·조정권고가 있는 경우 그 경정청구·조정권고의 대상이 된 과세표준 또는 세액과 연동된 다른 과세기간의 과세표준 또는 세액의 조정이 필요한 경우 : 해당 경정청구일·조정권고일부터 2개월
g. 최초의 신고·결정 또는 경정에서 과세표준 및 세액의 계산 근거가 된 거래 또는 행위 등이 그 거래·행위 등과 관련된 소송에 대한 판결(판결과 같은 효력을 가지는 화해나 그 밖의 행위 포함)에 의하여 다른 것으로 확정된 경우 : 판결이 확정된 날부터 1년
h. 역외거래와 관련하여 일반적 부과제척기간이 지나기 전에 국세조세조정에 관한 법률에 따라 조세의 부과와 징수에 필요한 조세정보를 외국의 권한 있는 당국에 요청하여 조세

정보를 요청한 날부터 2년이 지나기 전까지 조세정보를 받은 경우 : 조세정보를 받은 날부터 1년

③ 실질과세 관련 특례 부과제척기간
일반적 부과제척기간에 불구하고 국세기본법에 의한 불복청구, 감사원법에 의한 심사청구 또는 행정소송에 대한 결정 또는 판결에 의하여 다음 중 어느 하나에 해당하게 된 경우에는 당초의 부과처분을 취소하고 그 결정 또는 판결이 확정된 날부터 1년 이내에 다음 구분에 따른 자에게 경정이나 그 밖에 필요한 처분을 할 수 있다.

a. 명의대여 사실이 확인된 경우 : 실제로 사업을 경영한 자
b. 과세의 대상이 되는 재산의 귀속이 명의일 뿐이고 사실상 귀속되는 자가 따로 있다는 사실이 확인된 경우 : 재산의 사실상 귀속자
c. 소득세법 및 법인세법에 따른 국내원천소득의 실질귀속자가 확인된 경우 : 국내원천소득의 실질귀속자 또는 소득세법 및 법인세법에 따른 원천징수의무자

(3) 부과제척기간의 기산일

구 분		부과제척기간의 기산일
(1) 원 칙	① 과세표준과 세액을 신고하는 국세 (종합부동산세 제외)	과세표준신고기한의 다음날
	② 종합부동산세 · 인지세	납세의무 성립일
(2) 예 외	③ 원천징수의무자 또는 납세조합에 대하여 부과하는 국세	당해 원천징수액 또는 납세조합징수액 법정납부기한의 다음날
	④ 과세표준신고기한 또는 법정납부기한이 연장되는 경우	그 연장된 기한의 다음날
	⑤ 공제 · 면제 · 비과세 또는 낮은 세율의 적용 등에 따른 세액을 의무불이행 등의 사유로 징수하는 경우	공제 · 면제 · 비과세 또는 낮은 세율을 적용받은 국세를 징수할 수 있는 사유가 발생한 날

* 1. 과세표준과 세액을 신고하는 국세란 신고에 의해 납세의무가 확정되는 국세뿐만 아니라 과세표준신고의무가 부여된 모든 국세를 말한다.
2. 과세표준과 세액을 신고하는 국세의 부과제척기간 기산일인 과세표준신고기한의 다음날은 당해 국세의 정기분 과세표준과 세액에 대한 확정신고기한의 다음날을 말한다. 따라서 중간예납 · 예정신고 및 수정신고기한의 다음날은 부과제척기간의 기산일이 될 수 없다.

(4) 국세의 부과제척기간 만료의 효과

국세의 부과제척기간이 만료되면 국세부과권은 미래를 향하여 소멸된다. 따라서 국가는 부과제척기간 만료일 이후에는 더이상 결정 · 경정결정 · 재경정결정 · 부과취소를 할 수 없다.

3. 국세징수권의 소멸시효

(1) 소멸시효

국세의 징수를 목적으로 하는 국가의 권리("국세징수권")는 이를 행사할 수 있는 때부터 5년(5억원* 이상의 국세는 10년)간 행사하지 않으면 소멸시효가 완성된다. 국세징수권의 소멸시효는 국세의 부과제척기간과는 달리 각 세목별 차이는 없으며 특례기간도 존재하지 않는다.

* 5억원은 가산세를 제외한 금액으로 한다.

(2) 소멸시효의 기산일

구 분		소멸시효의 기산일
(1) 원칙	① 과세표준과 세액의 신고에 의하여 납세의무가 확정되는 국세의 경우 신고한 세액	그 법정 신고납부기한의 다음 날
	② 과세표준과 세액을 정부가 결정·경정·수시부과결정하는 경우 납부고지한 세액	그 고지에 따른 납부기한의 다음 날
(2) 예외	③ 원천징수의무자 또는 납세조합으로부터 징수하는 국세의 경우 납부고지한 원천징수세액 또는 납세조합징수세액	그 고지에 의한 납부기한의 다음 날
	④ 인지세의 경우 납부고지한 인지세액	
	⑤ 위 ①의 법정 신고납부기한이 연장되는 경우	그 연장된 기한의 다음 날

* 1. 신고납세제도를 채택하고 있는 세목의 경우에는 위 ①을 적용하며, 정부부과제도를 채택하고 있는 세목의 경우에는 위 ②를 적용한다.
2. 신고납세제도를 채택하고 있는 세목이라 하더라도 무신고 또는 과소신고에 따라 정부가 과세표준과 세액을 결정·경정·수시부과결정하여 고지한 경우에는 위 ②를 적용한다.

(3) 소멸시효의 중단과 정지

소멸시효에는 부과제척기간과는 달리 중단이나 정지제도가 존재한다.

구 분	소멸시효의 중단	소멸시효의 정지
의 미	권리행사로 볼 수 있는 사실이 있는 경우에 이미 경과한 시효기간의 효력을 상실시키는 제도	일정기간 동안 시효의 완성을 유예하는 제도
사 유	① 납부고지 ② 독촉 ③ 교부청구 ④ 압류	① 세법에 따른 분납기간 ② 세법에 따른 납부고지의 유예, 지정납부기한·독촉장에서 정하는 기한의 연장, 징수유예기간 ③ 세법에 따른 압류·매각의 유예기간 ④ 세법에 따른 연부연납기간

사 유		⑤ 세무공무원이 국세징수법에 따른 사해행위 취소 소송이나 민법에 따른 채권자대위 소송을 제기하여 그 소송이 진행 중인 기간* ⑥ 체납자가 국외에 6개월 이상 계속 체류하는 경우 해당 국외 체류기간
효 과	중단된 소멸시효는 고지한 납부기한, 독촉에 의한 납부기한, 교부청구 중의 기간, 압류해제까지의 기간이 지난 때로부터 새로 진행한다.	소멸시효가 정지된 경우에는 이미 진행한 소멸시효가 효력을 잃어버리지 않고 정지의 사유가 종료한 후 잔여기간만의 진행에 의해 시효가 완성된다.

* 사해행위 취소소송 또는 채권자대위 소송의 제기로 인한 시효정지의 효력은 소송이 각하·기각 또는 취하된 경우에는 효력이 없다.

(4) 국세징수권 소멸시효완성의 효과

국세징수권의 소멸시효가 완성되면 기산일에 소급하여 징수권이 소멸된다. 이 경우 국세를 포함하여 시효기간 중에 발생한 당해 국세에 대한 강제징수비 및 이자상당세액도 동반 소멸된다.

4. 국세의 부과제척기간과 국세징수권의 소멸시효의 비교

구 분	국세의 부과제척기간	국세징수권의 소멸시효
(1) 개념	국세부과권(형성권)의 존속기간	국세징수권(청구권)의 불행사기간
(2) 기간	5년, 7년, 10년, 15년, 특례	5년, 10년
(3) 기산일	국세를 부과할 수 있는 날	국세징수권을 행사할 수 있는 날
(4) 중단과 정지제도	없음	있음
(5) 기간만료의 효과	미래를 향해 부과권 소멸 (소급효가 없음)	기산일로 소급하여 징수권 소멸 (소급효가 있음)

참고 조세채권의 특성상 납세자가 시효의 이익을 포기할 수 없으며, 시효의 이익을 달성하기 위한 납세자의 원용도 불필요하다는 것이 일반적인 해석이다.

납세의무의 확장

4.1 납세의무의 승계

구 분	법인의 합병으로 인한 납세의무의 승계	상속으로 인한 납세의무의 승계*
대 상	피합병법인에 부과되거나 그 법인이 납부할 국세 및 강제징수비	피상속인에게 부과되거나 그 피상속인이 납부할 국세 및 강제징수비
승계인	합병법인	상속인(수유자 포함) 또는 상속재산관리인
한 도	한도 없이 전액 승계	상속으로 받은 재산 (= 상속자산총액－부채총액－상속세)
범 위	납세의무가 성립된 국세는 그 확정여부에 관계없이 모두 승계	

* 1. 납세의무 승계를 회피하고자 피상속인이 상속인을 수익자로 하는 보험계약을 체결하고 상속인은 민법에 따라 상속을 포기한 것으로 인정되는 경우로서 상속포기자가 사망 보험금을 받는 때에는 상속포기자를 상속인으로 보고, 보험금을 상속재산으로 보아 납세의무 승계 규정을 적용한다.
2. 상속인 등이 2명 이상일 때에는 각 상속인은 피상속인에게 부과되거나 그 피상속인이 납부할 국세 및 강제징수비를 각자의 상속분에 따라 나누어 계산한 국세 및 강제징수비를 상속으로 받은 재산의 한도에서 연대하여 납부할 의무를 진다.

4.2 연대납세의무

1. 연대납세의무의 개요

연대납세의무는 여러 명의 납세의무자가 납세의무 전부를 각자 이행할 의무가 있고, 그 중 어느 한 납세의무자가 납세의무를 이행하는 경우 다른 납세의무자의 납세의무도 소멸하는 형태의 납세의무를 말한다.

참고 연대납세의무에 관한 민법의 준용

1. 각 연대납세의무자에 대한 이행청구 : 국가는 어느 연대납세의무자에 대하여 또는 모든 연대납세의무자에 대하여 납세의무의 전부나 일부의 이행을 청구할 수 있다.
2. 효력의 상대성 : 어느 연대납세의무자에 관한 사항은 다른 연대납세의무자에게 효력이 없으며 따라서 어느 연대납세의무자에 대한 법률행위의 무효나 취소의 원인은 다른 연대납세의무자의 납세의무에 영향을 미치지 아니한다.

3. 절대적 효력 : 효력의 상대성에도 불구하고 다음의 경우에는 절대적 효력이 있다.
   (1) 이행청구의 절대적 효력 : 어느 연대납세의무자에 대한 이행청구는 다른 연대납세의무자에게도 효력이 있다. 단, 납부의 고지와 독촉에 관한 서류는 연대납세의무자 모두에게 각각 송달하여야 한다.
   (2) 면제의 절대적 효력 : 어느 연대납세의무자에 대한 납세의무 면제는 그 연대납세의무자의 부담부분에 한하여 다른 연대납세의무자의 이익을 위하여 효력이 있다.
   (3) 소멸시효의 절대적 효력 : 어느 연대납세의무자에 대하여 소멸시효가 완성된 때에는 그 부담부분에 한하여 다른 연대납세의무자도 납세의무를 면한다.
4. 구상권 : 어느 연대납세의무자의 변제 기타 자기의 출재로 인해 모든 연대납세의무자가 납세의무를 면하게 된 때에는 다른 연대납세의무자의 부담부분에 대하여 구상권을 행사할 수 있다.

2. 연대납세의무의 내용

(1) 공유물·공동사업 등에 관한 연대납세의무

공유물·공동사업 또는 그 공동사업에 속하는 재산에 관계되는 국세 및 강제징수비는 그 공유자 또는 공동사업자가 연대하여 납부할 의무를 진다.

* 소득세법은 공동사업의 경우 각 거주자별로 납세의무를 부담하는 것으로 규정하고 있으므로 공동사업자에게 소득세를 과세하는 경우 그 구성원간 연대납세의무는 존재하지 않는다.

(2) 분할·분할합병에 관한 연대납세의무

구 분	불완전 분할	완전 분할
대 상	분할등기일 이전에 분할법인에 부과되거나 납세의무가 성립한 국세 및 강제징수비	분할법인에 부과되거나 분할법인이 납부하여야 할 국세 및 강제징수비
연대납세의무자	① 분할법인 ② 분할신설법인 ③ 분할합병의 상대방법인	① 분할신설법인 ② 분할합병의 상대방법인
한 도	분할로 승계된 재산가액	분할로 승계된 재산가액

(3) 채무자 회생 및 파산에 관한 법률에 따른 신회사의 연대납세의무

법인이 채무자 회생 및 파산에 관한 법률에 따라 신회사를 설립하는 경우 기존의 법인에 부과되거나 납세의무가 성립한 국세 및 강제징수비는 신회사가 연대하여 납부할 의무를 진다.

참고 국세기본법 및 개별세법에 규정되어 있는 연대납세의무 사례

1. 국세기본법 : 피상속인의 국세 및 강제징수비에 대하여 이를 승계한 공동상속인의 연대납세의무
2. 소득세법 : 공동사업합산과세의 경우 합산대상 공동사업자의 연대납세의무 및 우회양도에 따른 부당행위계산부인에 있어서 증여자와 그의 특수관계인인 양도인의 연대납세의무
3. 법인세법 : 각 연결사업연도의 법인세에 대한 연결법인의 연대납세의무
4. 소득세법 및 법인세법 : 법인이 해산한 경우 원천징수하여야 할 법인세·소득세를 징수하지 아니하였거나 징수한 법인세·소득세를 납부하지 아니하고 잔여재산을 분배한 때에 청산인과 잔여재산의 분배를 받은 자의 연대납세의무
5. 상속세 및 증여세법 : 공동상속의 경우 상속세에 대한 공동상속인의 연대납세의무 및 특정 경우에 있어서 증여세에 대한 증여자와 수증자의 연대납세의무

4.3 제2차 납세의무

1. 제2차 납세의무의 특징

제2차 납세의무는 주된 납세의무자의 재산에 대하여 강제징수를 하여도 징수하여야 할 조세에 부족한 경우 주된 납세의무자와 일정 관계에 있는 제3자에게 보충적으로 납세의무를 부담하게 하는 제도로서 다음과 같은 특징을 지닌다.

(1) **부종성** : 제2차 납세의무는 주된 납세의무의 존재를 전제로 성립하고 주된 납세의무에 관하여 발생한 사유는 제2차 납세의무에도 효력이 미친다.

(2) **보충성** : 제2차 납세의무자는 주된 납세의무자의 재산에 강제징수를 하여도 징수할 금액에 부족한 경우 그 부족분에 대하여만 납부책임을 진다.

2. 제2차 납세의무의 내용

(1) 청산인 등의 제2차 납세의무

구 분	내 용
요 건	법인이 해산하여 청산하는 경우에 그 법인에 부과되거나 그 법인이 납부할 국세 및 강제징수비를 납부하지 아니하고 해산에 의한 잔여재산을 분배하거나 인도하였을 때에 그 법인에 대하여 강제징수를 하여도 징수할 금액에 미치지 못하는 경우
주된 납세의무자	해산된 법인
제2차 납세의무자	① 청산인 및 ② 잔여재산을 분배·인도받은 자
한도액	① 청산인 : 분배·인도한 재산의 가액 ② 잔여재산을 분배·인도받은 자 : 각자가 받은 재산의 가액 * 재산의 가액은 청산 후 남은 재산을 분배·인도한 날 현재의 시가로 한다.
대상국세	확정 불필요

(2) 출자자의 제2차 납세의무

구 분	내 용
요 건	법인의 재산으로 그 법인에 부과되거나 그 법인이 납부할 국세 및 강제징수비에 충당하여도 부족한 경우
주된 납세의무자	법인(유가증권시장 및 코스닥시장에 주권이 상장된 법인은 제외)
제2차 납세의무자	해당 국세의 납세의무 성립일 현재 ① 무한책임사원 및 ② 과점주주
한도액	① 무한책임사원 : 부족한 금액 전액 ② 과점주주 : 부족한 금액×지분율(의결권 없는 주식은 제외)
대상국세	확정 불필요

* 1. 무한책임사원 : 합명회사의 사원 또는 합자회사의 무한책임사원을 말한다.
  2. 과점주주 : 주주 또는 사원(합자회사의 유한책임사원, 유한책임회사의 사원, 유한회사의 사원 중 어느 하나에 해당하는 자) 1명과 그의 특수관계인으로서 그들의 소유주식 합계 또는 출자액 합계가 해당 법인의 발행주식 총수 또는 출자총액의 50%를 초과하면서 그 법인의 경영에 대하여 지배적인 영향력을 행사하는 자들을 말한다.

(3) 법인의 제2차 납세의무

구 분	내 용
요 건	국세(둘 이상의 국세의 경우에는 납부기한이 뒤에 오는 국세)의 납부기간 만료일 현재 법인의 무한책임사원 또는 과점주주의 재산으로 그들이 납부할 국세 및 강제징수비에 충당하여도 부족한 경우로서 다음 중 어느 하나에 해당하는 경우 a. 정부가 출자자의 소유주식 또는 출자지분을 재공매하거나 수의계약으로 매각하려 하여도 매수희망자가 없는 경우 b. 그 법인이 외국법인인 경우로서 출자자의 소유주식 또는 출자지분이 외국에 있는 재산에 해당하여 국세징수법상 압류 등 강제징수가 제한되는 경우 c. 법률·정관에 의해 출자자의 소유주식·출자지분의 양도가 제한된 경우 (불복절차 또는 행정소송 중이어서 공매가 제한되는 경우는 제외)
주된 납세의무자	① 무한책임사원 및 ② 과점주주
제2차 납세의무자	해당 국세의 납부기간 만료일 현재 법인
한도액	법인의 순자산가액×지분율 * 순자산가액 산정시 자산·부채총액은 해당 국세의 납부기간 종료일 현재의 시가로 한다.
대상국세	확정된 것에 한함

(4) 사업양수인의 제2차 납세의무

구 분	내 용
요 건	사업이 양도·양수된 경우에 양도일 이전에 양도인의 납세의무가 확정된 그 사업에 관한 국세 및 강제징수비를 양도인의 재산으로 충당하여도 부족할 때
주된 납세의무자	사업양도인
제2차 납세의무자	사업양수인
한도액	양수한 재산의 가액
대상국세	확정된 것에 한함

* 1. 사업양수인은 사업장별로 그 사업에 관한 모든 권리(미수금 제외)와 모든 의무(미지급금 제외)를 포괄적으로 승계한 자로서 다음 중 어느 하나에 해당하는 자를 말한다.
  ① 양도인과 특수관계인
  ② 양도인의 조세회피를 목적으로 사업을 양수한 자
  2. 양수한 재산의 가액은 다음에 해당하는 금액을 말한다.
  ① 사업양수인이 사업양도인에게 지급하였거나 지급하여야 할 금액이 있는 경우에는 그 금액
  ② 위 ①의 금액이 없거나 불분명한 경우에는 양수한 자산 및 부채를 상속세 및 증여세법 규정을 준용하여 평가한 후 그 자산총액에서 부채총액을 뺀 가액
  단, 위 ①의 금액과 시가의 차액이 3억원 이상이거나 시가의 30% 이상인 경우에는 위 ①과 ② 중 큰 금액

국세와 일반채권과의 관계

5.1 국세의 우선권

1. 국세와 다른 채권의 우선순위

납세자의 재산을 강제매각 절차에 의하여 매각할 때 그 매각대금 중에서 국세 및 강제징수비를 징수하는 경우, 국세 및 강제징수비는 다른 공과금이나 그 밖의 채권에 우선하여 징수한다. 다만, 여기에는 일부 예외가 있으며 이를 고려하여 우선순위를 요약하면 다음과 같다.

순위	내 용
1	지방세나 공과금의 체납처분·강제징수시 그 체납처분비·강제징수비 강제집행·경매·파산 절차에 따른 재산 매각시 그 강제집행·경매·파산 절차에 든 비용 국세의 강제징수비
2	임대차보증금 중 주택임대차보호법 또는 상가건물 임대차보호법에 따른 우선변제액 특정 임금채권(최종 3개월분 임금채권·최종 3년분 퇴직금과 재해보상금)
3	법정기일이 전세권등 설정일 이전인 국세 해당 재산에 대하여 부과된 상속세·증여세·종합부동산세
4	전세권등에 의해 담보된 채권 또는 임대차보증금반환채권
5	일반 임금채권
6	법정기일이 전세권등 설정일 이후인 국세
7	공과금과 기타 일반채권

* 1. 지방세는 조세채권간의 우선순위에 따라 판정하여야 하며, 공과금은 국세에 우선하지 못한다.
2. 전세권등은 다음 중 어느 하나에 해당하는 권리를 말한다.
   ① 전세권, 질권 또는 저당권
   ② 주택임대차보호법 또는 상가건물 임대차보호법에 따라 대항요건과 확정일자를 갖춘 임차권
   ③ 납세의무자를 등기의무자로 하고 채무불이행을 정지조건으로 하는 대물변제의 예약에 따라 채권 담보의 목적으로 가등기(가등록 포함)를 마친 가등기 담보권
3. 해당 재산에 대하여 부과된 상속세·증여세·종합부동산세('당해세')는 전세권등 설정일에 관계없이 전세권등에 의해 담보된 채권 또는 임대차보증금반환채권보다 우선한다.
4. 당해세 우선 원칙에도 불구하고 다음의 임대차보증금반환채권등은 그 확정일자·설정일보다 법정기일이 늦은 당해세의 우선 징수 순서에 대신하여 변제될 수 있다. 이 경우 대신 변제되는 금액은 우선 징수할 수 있었던 당해세의 징수액에 한정하며, 임대차보증금반환채권등보다 우선 변제되는 저당권 등의 변제액과 당해세를 우선 징수하는 경우에 배분받을 수 있었던 임대차보증금반환채권등의 변제액에는 영향을 미치지 아니한다. (2023.4.1.시행)
   ① 주택임대차보호법에 따라 대항요건과 확정일자를 갖춘 임차권에 의하여 담보된 임대차보증금반환채권
   ② 주거용 건물에 설정된 전세권에 의하여 담보된 채권

5. 전세권등이 설정된 재산이 양도·상속·증여된 후 국세의 강제징수 또는 경매 절차를 통하여 매각되는 경우 전세권등에 의하여 담보된 채권 또는 임대차보증금반환채권은 국세에 우선한다(단, 종합부동산세는 예외). 다만, 전세권등 설정일 중 가장 빠른 것보다 법정기일이 빠른 직전 보유자의 국세 체납액 합계액의 범위에서는 국세를 우선하여 징수한다.(2023.4.1.시행)
6. 법정기일 후에 가등기를 마친 사실이 입증되는 경우 그 재산을 압류한 날 이후에 그 가등기에 따른 본등기가 이루어지더라도 그 국세는 그 가등기에 의해 담보된 채권보다 우선한다. 세무서장은 가등기가 설정된 재산을 압류하거나 공매할 때에는 그 사실을 가등기권리자에게 지체 없이 통지하여야 한다.

2. 국세의 법정기일

구 분	법정기일
(1) 과세표준과 세액의 신고에 따라 납세의무가 확정되는 국세(중간예납하는 법인세와 예정신고납부하는 부가가치세 및 예정신고납부하는 양도소득세 포함)의 경우 신고한 해당 세액*	신고일
(2) 과세표준과 세액을 정부가 결정·경정 또는 수시부과 결정을 하는 경우에 고지한 해당 세액	납부고지서 발송일
(3) 인지세와 원천징수의무자나 납세조합으로부터 징수하는 국세	납세의무 확정일
(4) 제2차 납세의무자(보증인 포함)의 재산에서 징수하는 국세	납부고지서 발송일
(5) 양도담보재산에서 징수하는 국세	납부고지서 발송일
(6) 납세자의 재산을 확정전 보전압류*한 경우에 그 압류와 관련하여 확정된 국세 * 국세징수법상 납부기한 전 징수 사유가 있어 국세가 확정된 후에는 그 국세를 징수할 수 없다고 인정될 때 국세의 확정 전에 행하는 압류	압류등기(등록)일
(7) 부가가치세법상 신탁 관련 수탁자의 물적납세의무에 따라 신탁재산에서 징수하는 부가가치세 등	납부고지서 발송일
(8) 종합부동산세법에 따라 신탁재산에서 징수하는 종합부동산세 등	납부고지서 발송일

* 신고납세제도의 국세 중 '신고한 세액' 부분에만 적용되므로 신고납세제도의 국세라 할지라도 무신고·과소신고세액 부분의 법정기일은 납부고지서의 발송일이 된다.

3. 조세채권간의 우선순위

조세채권이 서로 경합하는 경우에는 동 순위로 변제되는 것이 원칙이다. 그러나 납세담보가 있거나 강제징수에 따라 납세자의 재산을 압류한 경우에는 다음의 순서에 의하여 변제된다.

1순위 : 납세담보를 받은 국세와 지방세

2순위 : 압류에 관계된 국세와 지방세

3순위 : 교부청구(참가압류를 한 경우 포함)된 국세와 지방세

세부사항 조세채권간 우선순위에 대한 대법원 판례

공시를 수반하는 담보물권이 설정된 부동산에 관하여 담보물권 설정일 이전에 법정기일이 도래한 조세채권과 담보물권 설정일 이후에 법정기일이 도래한 조세채권에 기한 압류가 모두 이루어진 경우, 당해세를 제외한 조세채권과 담보물권 사이의 우선순위는 그 법정기일과 담보물권 설정일의 선후에 의하여 결정하고, 이와 같은 순서에 의하여 매각대금을 배분한 후, 압류선착주의에 따라 각 조세채권 사이의 우선순위를 결정하여야 할 것이다(대법원 2005.11.24. 선고, 2005도9088 판결).

5.2 기타사항

1. 양도담보권자의 물적납세의무

납세자가 국세 및 강제징수비를 체납한 경우에 그 납세자에게 양도담보재산이 있을 때에는 그 양도담보재산으로써 납세자의 국세 및 강제징수비를 징수할 수 있다.

* 양도담보재산이란 당사자 간의 계약에 의하여 납세자가 그 재산을 양도하였을 때에 실질적으로 양도인에 대한 채권담보의 목적이 된 재산을 말한다.

(1) 물적납세의무의 성립요건

① 국세 및 강제징수비를 체납한 납세자(양도담보설정자)의 다른 재산에 대하여 강제징수를 하여도 징수할 금액에 미치지 못하는 경우이어야 한다.

② 양도담보의 설정시점이 양도담보설정자가 체납한 국세의 법정기일 이후여야 한다.

(2) 물적납세의무자에 대한 납부고지

① 관할 세무서장은 양도담보설정자의 체납액을 물적납세의무를 부담하는 자(양도담보권자)로부터 징수하는 경우 양도담보권자에게 납부고지서를 발급하여야 한다.

② 납부고지를 받기 전에 양도담보권을 실행하여 소유권을 취득하고 양도담보권자의 대금채무와 양도담보설정자의 피담보채무를 상계하였으면 양도담보권은 이미 소멸한 것이므로 물적납세의무를 지울 수 없다.

③ 양도담보권자에게 납부고지가 있은 후 납세자가 양도에 의하여 실질적으로 담보된 채무를 불이행하여 해당 재산이 양도담보권자에게 확정적으로 귀속되고 양도담보권이 소멸하는 경우에는 납부고지 당시의 양도담보재산이 계속하여 양도담보재산으로서 존속하는 것으로 본다.

2. 담보권설정에 대한 취소청구

(1) 취소청구의 적용요건

세무서장은 납세자가 제3자와 짜고 거짓으로 국세의 법정기일 전에 재산에 담보권 등 설정계약*을 하고 등기·등록을 하거나, 주택임대차보호법·상가건물 임대차보호법에 따른 대항요건과 확정일자를 갖춘 임대차 계약을 체결함으로써 그 재산의 매각금액으로 국세를 징수하기가 곤란하다고 인정할 때에는 그 행위의 취소를 법원에 청구할 수 있다.

* 전세권·질권 또는 저당권의 설정계약, 가등기 설정계약 또는 양도담보 설정계약

(2) 입증책임

거짓계약의 입증책임은 원칙적으로 세무서장에게 있다. 다만, 납세자가 국세의 법정기일 전 1년 내에 친족 등 일정 특수관계인과 담보권 등 설정계약 또는 임대차 계약을 한 경우에는 이를 짜고 한 거짓계약으로 추정한다. 따라서 이때에는 납세자가 담보권설정이 짜고 한 거짓계약이 아니라는 사실을 입증하여야 한다.

과세와 환급

6.1 관할관청

구 분	과세표준신고의 관할	결정·경정결정의 관할
내 용	과세표준신고서는 그 신고당시 해당 국세의 납세지를 관할하는 세무서장에게 제출하여야 한다. * 전자신고를 하는 경우에는 지방국세청장이나 국세청장에게 제출할 수 있다.	국세의 과세표준과 세액의 결정 또는 경정결정은 그 처분당시 그 국세의 납세지를 관할하는 세무서장이 한다.
관할을 위반한 경우	관할세무서장 이외의 세무서장에게 제출된 경우에도 그 신고의 효력에는 영향이 없다(당해 신고는 유효하다).	관할세무서장 이외의 세무서장이 행한 결정 또는 경정결정처분은 효력이 없다.

6.2 수정신고, 경정 등의 청구 및 기한 후 신고

1. 수정신고

(1) **대상자** : 과세표준신고서를 법정신고기한까지 제출한 자* 및 기한후과세표준신고서를 제출한 자

* 연말정산대상소득, 퇴직소득 등 소득세법상 과세표준확정신고의 예외가 인정되는 경우에 해당하는 자 포함

(2) **사유**

① 과세표준신고서 또는 기한후과세표준신고서에 기재된 과세표준 및 세액이 세법에 따라 신고하여야 할 과세표준 및 세액에 미치지 못할 때

② 과세표준신고서 또는 기한후과세표준신고서에 기재된 결손금액 또는 환급세액이 세법에 따라 신고하여야 할 결손금액이나 환급세액을 초과할 때

③ 원천징수의무자가 소득세법상 과세표준확정신고의 예외가 인정되는 경우에 해당하는 자의 소득 등을 누락한 경우

④ 국고보조금·공사부담금에 상당하는 금액을 익금과 손금에 동시에 산입하지 아니한 경우

⑤ 과세이연요건을 충족하는 합병, 분할, 물적분할 및 현물출자에 따른 양도차익 및 합병·분할평가차익의 전부 또는 일부에 상당하는 금액을 익금과 손금에 동시에 산입하지 아니한 경우

(3) **기한** : 관할세무서장이 당해 국세의 과세표준과 세액을 결정 또는 경정하여 통지하기 전으로서 일반적 부과제척기간이 끝나기 전까지

(4) 효력

구 분	납세의무의 확정 효력
신고납세제도 세목에 대한 수정신고	○*
정부부과제도 세목에 대한 수정신고	×

* 과세표준신고서를 법정신고기한까지 제출한 자의 수정신고로 한정한다.

2. 경정 등의 청구

(1) 통상적인 경정 등의 청구

① 대상자 : 과세표준신고서를 법정신고기한까지 제출한 자 및 기한후과세표준신고서를 제출한 자

② 사유

a. 과세표준신고서 또는 기한후과세표준신고서에 기재된 과세표준 및 세액(결정 또는 경정이 있는 경우에는 해당 결정 또는 경정 후의 과세표준 및 세액)이 세법에 따라 신고하여야 할 과세표준 및 세액을 초과할 때

b. 과세표준신고서 또는 기한후과세표준신고서에 기재된 결손금액 또는 환급세액(결정 또는 경정이 있는 경우에는 해당 결정 또는 경정 후의 결손금액 또는 환급세액)이 세법에 따라 신고하여야 할 결손금액 또는 환급세액에 미치지 못할 때

③ 기한

구 분	경정 등의 청구 기한
최초신고 및 수정신고한 과세표준 및 세액에 대한 경정청구	법정신고기한이 지난 후 5년 이내
결정·경정으로 인하여 증가된 과세표준 및 세액	해당 처분이 있음을 안 날·통지받은 날부터 90일 이내(법정신고기한이 지난 후 5년 이내에 한함)

(2) 후발적 사유로 인한 경정 등의 청구

① 대상자 : 과세표준신고서를 법정신고기한까지 제출한 자 또는 국세의 과세표준 및 세액의 결정을 받은 자

② 사유

a. 최초의 신고·결정 또는 경정에서 과세표준 및 세액의 계산근거가 된 거래 또는 행위 등이 그에 관한 심사청구·심판청구·감사원 심사청구에 대한 결정이나 소송에 대한 판결(판결과 같은 효력을 가지는 화해나 그 밖의 행위 포함)에 의하여 다른 것으로 확정되었을 때

b. 소득이나 그 밖의 과세물건의 귀속을 제3자에게로 변경시키는 결정 또는 경정이 있을 때

c. 조세조약에 따른 상호합의가 최초의 신고·결정 또는 경정의 내용과 다르게 이루어졌을 때

d. 결정 또는 경정으로 인하여 그 결정 또는 경정의 대상이 된 과세표준 및 세액과 연동된 다른 세목(같은 과세기간으로 한정)이나 연동된 다른 과세기간(같은 세목으로 한정)의 과세표준 또는 세액이 세법에 따라 신고하여야 할 과세표준 또는 세액을 초과할 때

e. 다음에 해당하는 사유가 해당 국세의 법정신고기한이 지난 후에 발생하였을 때

- 최초의 신고·결정 또는 경정을 할 때 과세표준 및 세액의 계산 근거가 된 거래 또는 행위 등의 효력과 관계되는 관청의 허가나 그 밖의 처분이 취소된 경우
- 최초의 신고·결정 또는 경정을 할 때 과세표준 및 세액의 계산 근거가 된 거래 또는 행위 등의 효력과 관계되는 계약이 해제권의 행사에 의하여 해제되거나 해당 계약의 성립 후 발생한 부득이한 사유로 해제 또는 취소된 경우
- 최초의 신고·결정 또는 경정을 할 때 장부 및 증거서류의 압수, 그 밖의 부득이한 사유로 과세표준 및 세액을 계산할 수 없었으나 그 후 해당 사유가 소멸한 경우

③ 기한 : 그 사유가 발생한 것을 안 날부터 3개월 이내

(3) 효력

① 결정 또는 경정의 청구를 받은 세무서장은 그 청구를 받은 날부터 2개월 이내에 a) 과세표준 및 세액을 결정 또는 경정하거나 b) 결정 또는 경정하여야 할 이유가 없다는 뜻을 그 청구를 한 자에게 통지하여야 한다.

② 청구를 한 자가 2개월 이내에 아무런 통지를 받지 못한 경우에는 그 2개월 되는 날의 다음날부터 이의신청, 심사청구, 심판청구 또는 감사원 심사청구를 할 수 있다.

* 세무서장은 청구를 받은 날부터 2개월 내에 결정 또는 경정이 곤란한 경우 청구를 한 자에게 관련 진행상황 및 이의신청, 심사청구, 심판청구 또는 감사원 심사청구를 할 수 있다는 사실을 통지하여야 한다.

③ 경정 등의 청구는 납세의무자의 '청구'일 뿐 납세의무를 확정하는 효력이 없다.

(4) 기타사항

① 원천징수세액에 대한 경정 등의 청구 : 과세표준신고의 의무가 없는 원천징수대상자에 대하여 원천징수의무자가 연말정산 또는 원천징수한 소득세·법인세를 납부하고 지급명세서를 제출기한까지 제출한 경우 당해 원천징수의무자 또는 원천징수대상자는 통상적 경정청구 및 후발적 사유로 인한 경정청구의 규정을 준용하여 경정 등의 청구를 할 수 있다.

* 1. 과세표준신고의 의무가 없는 원천징수대상자 : 연말정산대상소득, 퇴직소득 및 분리과세 대상 소득 등 소득세법상 과세표준확정신고의 예외가 인정되는 경우 및 분리과세되는 국내원천소득이 있는 비거주자나 외국법인을 말한다.
2. 원천징수대상자가 비거주자나 외국법인인 경우 경정청구는 원천징수의무자가 하여야 하고 부도·폐업 등 원천징수의무자의 경정청구가 어려운 경우에는 원천징수대상자가 경정 등을 청구한다.
3. 원천징수대상자가 분리과세 소득에 경정 등을 청구하는 경우 및 비거주자나 외국법인인 원천징수대상자가 경정 등을 청구하는 경우 해당 경정청구서는 원천징수의무자의 납세지 관할 세무서장에게 제출하여야 한다.

② 종합부동산세에 대한 경정 등의 청구 : 종합부동산세의 납세의무자로서 종합부동산세를 부과·고지받은 자는 통상정 경정청구 및 후발적 사유로 인한 경정청구의 규정을 준용하여 경정 등의 청구를 할 수 있다.

3. 기한 후 신고

(1) 대상

법정신고기한까지 과세표준신고서를 제출하지 아니한 자는 관할세무서장이 세법에 따라 해당 국세의 과세표준과 세액(가산세 포함)을 결정하여 통지하기 전까지 기한후과세표준신고서를 제출할 수 있다.

(2) 세액의 납부

기한후과세표준신고서를 제출한 자로서 세법에 따라 납부하여야 할 세액이 있는 자는 그 세액을 납부하여야 한다.

(3) 효력

① 기한후과세표준신고서를 제출하거나 기한후과세표준신고서를 제출한 자가 과세표준수정신고서를 제출한 경우 관할세무서장은 세법에 따라 신고일부터 3개월 이내에 해당 국세의 과세표준과 세액을 결정 또는 경정하여 신고인에게 통지하여야 한다. 다만, 조사에 장기간이 걸리는 등 부득이한 사유로 신고일부터 3개월 이내에 결정 또는 경정할 수 없는 경우에는 그 사유를 신고인에게 통지하여야 한다.

② 기한 후 신고는 신고납부 세목과 정부부과 세목을 막론하고 납세의무를 확정하는 효력이 없다.

6.3 가산세의 부과와 감면

1. 가산세의 개념

① 가산세란 세법에서 규정한 의무의 성실한 이행을 확보하기 위하여 그 세법에 따라 산출한 세액에 가산하여 징수하는 금액을 말한다. 이러한 가산세는 세법이 정한 각종 의무의 불이행에 가해지는 벌과금적 성격을 가지고 있다.

② 가산세는 해당 의무가 규정된 세법의 해당 국세의 세목으로 한다. 다만, 해당 국세를 감면하는 경우에는 가산세는 그 감면대상에 포함시키지 아니하는 것으로 한다. 따라서 국세를 감면하더라도 당해 국세에 대한 가산세는 감면되지 않는다.

2. 국세기본법상 가산세

(1) 무신고가산세

납세의무자가 법정신고기한까지 국세의 과세표준신고(예정신고·중간신고를 포함하며 교육세법에 따른 신고 중 금융·보험업자가 아닌 자의 신고와 농어촌특별세법·종합부동산세법에 따른 신고는 제외)를 하지 않는 경우 다음의 가산세를 부과한다.

구 분	내 용
(1) 법인세* 및 복식부기 의무자의 소득세 * 청산소득에 대한 법인세는 아래(2)의 방법을 적용한다.	① 일반적인 경우 : Max[a, b] a. 무신고납부세액×20% b. 수입금액×$\frac{7}{10,000}$ ② 부정행위에 해당하는 경우 : Max[a, b] a. 무신고납부세액×40%(역외거래에는 60%) b. 수입금액×$\frac{14}{10,000}$
(2) 이외의 세목	① 일반적인 경우 : 무신고납부세액×20% ② 부정행위에 해당하는 경우 : 무신고납부세액×40%(역외거래는 60%) * 1. 부가가치세 영세율과세표준 누락액이 있는 경우 해당 과세표준의 0.5%를 위 금액에 더한다. 2. 부가가치세법상 간이과세자로서 납부의무가 면제되는 경우에는 무신고가산세를 적용하지 아니한다.

* 무신고납부세액은 과세표준 신고를 하지 아니한 경우 그 신고로 납부하여야 할 세액을 의미하며, 여기에 가산세 및 이자 상당 가산액은 제외한다.

(2) 과소신고 · 초과환급신고가산세

납세의무자가 법정신고기한까지 국세의 과세표준 신고(예정신고·중간신고를 포함하며 교육세법에 따른 신고 중 금융·보험업자가 아닌 자의 신고와 농어촌특별세법에 따른 신고는 제외)를 한 경우로서 납부세액을 과소신고하거나 환급세액을 초과신고한 경우 다음의 가산세를 부과한다.

구 분	내 용
(1) 법인세* 및 복식부기의무자의 소득세(①+②) * 청산소득에 대한 법인세는 아래 (2)의 방법을 적용한다.	① 일반과소신고가산세 : 일반과소신고납부세액×10% ② 부정과소신고가산세 : Max[a, b] a. 부정과소신고납부세액×40%(역외거래는 60%) b. 부정과소신고 수입금액×$\frac{14}{10,000}$
(2) 이외의 세목(①+②)	① 일반과소신고·초과환급신고가산세 : 일반과소신고납부세액×10% ② 부정과소신고·초과환급신고가산세 : 부정과소신고납부세액×40%(역외거래에는 60%) * 부가가치세 영세율과세표준 누락액이 있는 경우 해당 과세표준의 0.5%를 위 금액에 더한다.

* 1. 과소신고납부세액은 납부할 세액을 신고하여야 할 세액보다 적게 신고하거나 환급받을 세액을 신고하여야 할 금액보다 많이 신고한 경우 그 과소신고한 납부세액과 초과신고한 환급세액을 합한 금액을 의미하며 여기에 가산세 및 이자 상당 가산액은 제외한다.
  2. 과소신고납부세액에 일반과소신고납부세액과 부정과소신고납부세액이 모두 존재하는 경우로서 구분이 곤란한 경우 부정과소신고납부세액을 다음과 같이 계산하고 그 나머지를 일반과소신고납부세액으로 한다.
     • 부정과소신고납부세액＝과소신고납부세액×$\frac{\text{부정행위로 과소신고한 과세표준}}{\text{신고하여야 할 과세표준}}$
  3. 부가가치세의 경우 사업자가 아닌 자가 환급세액을 신고한 경우에도 적용한다.

(3) 납부지연가산세

납세의무자(연대납세의무자, 제2차 납세의무자 및 보증인 포함)가 법정납부기한까지 국세(인지세 제외)의 납부(중간예납·예정신고납부·중간신고납부 포함)를 하지 않거나 과소납부하거나 초과환급받은 경우 다음의 가산세를 부과한다.

> 납부지연가산세 : (1)+(2)
>
> (1) 지연이자 부분 : 미납부·과소납부세액(또는 초과환급세액)×기간×$\frac{2.2}{10,000}$
>
> (2) 체납제재 부분 : 미납부·과소납부세액×3%

* 1. 지연이자 부분의 기간
     ① 법정납부기한의 다음날(초과환급받은 경우는 환급받은 날의 다음날)부터 납부일까지의 일수를 말한다. 단, 납부고지일부터 납부고지서에 따른 납부기한까지의 기간은 제외한다.
     ② 납부고지서에 따른 납부기한의 다음 날부터 납부일까지의 기간(국세징수법에 따라 지정납부기한·독촉장에 정하는 기한을 연장한 경우 그 연장기간은 제외)이 5년을 초과하는 경우에는 그 기간은 5년으로 하며, 체납된 국세의 납부고지서별·세목별 세액이 150만원 미만인 경우 납부고지서에 따른 납부기한 다음날부터 지연이자 부분은 적용하지 아니한다.
  2. 체납제재 부분은 국세를 납부고지서에 따른 납부기한까지 완납하지 아니한 경우에 한정한다.

3. 부가가치세의 경우 사업자가 아닌 자가 부가가치세액을 환급받은 경우에도 적용한다.
4. 법인세·소득세·부가가치세의 경우 과세기간을 잘못 적용하여 신고납부한 경우에는 실제 신고납부한 날에 그 금액의 범위에서 당초 신고납부하였어야 할 과세기간에 대한 국세를 자진납부한 것으로 본다. 다만, 부정무신고와 부정과소신고에 해당하는 경우에는 그러하지 아니하다.
5. 부가가치세법상 사업자가 납부기한까지 어느 사업장에 대한 부가가치세를 다른 사업장에 대한 부가가치세에 더하여 신고납부한 경우에는 지연이자 부분(법정납부기한의 다음 날부터 납부고지일까지의 기간에 한정)을 적용하지 아니한다.
6. 상속세 및 증여세법에 따라 상속세 또는 증여세를 신고·납부한 경우로서 법정신고기한 이후 평가심의위원회를 거쳐서 상속재산 또는 증여재산을 평가하여 과세표준과 세액을 결정·경정한 경우에는 납부지연가산세를 적용하지 아니한다.
7. 인지세법에 따른 인지세(부동산 소유권 이전 관련 증서에 대한 인지세는 제외)의 납부를 하지 않거나 과소납부한 경우에는 미납부·과소납부세액의 300%(법정납부기한이 지난 후 3개월 이내에 납부한 경우 100%, 3개월 초과 6개월 이내에 납부한 경우 200%)를 가산세로 한다.

(4) 원천징수 등 납부지연가산세

국세를 징수하여 납부할 의무(법인세·소득세의 원천징수 납부, 납세조합의 소득세 징수 납부, 부가가치세 대리납부)를 지는 자가 징수하여야 할 세액(납세조합은 징수한 세액)을 법정납부기한까지 납부하지 아니하거나 과소납부한 경우 다음의 가산세를 부과한다.

원천징수 등 납부지연가산세 : 미납부·미달납부세액 $\times$ Min $\left[3\% + \text{기간}^{*1} \times \frac{2.2}{10{,}000},\ 50\%^{*2}\right]$

* 1. 기간 : 납부기한 다음날부터 납부일까지의 일수(납부고지일부터 납부고지서상 납부기한까지의 기간은 제외). 단, 납부고지서에 따른 납부기한 다음 날부터 납부일까지의 기간(국세징수법에 따라 지정납부기한·독촉장에 정하는 기한을 연장한 경우 그 연장기간은 제외)이 5년을 초과하는 경우 그 기간은 5년으로 하며, 체납된 국세의 납부고지서별·세목별 세액이 150만원 미만인 경우 지연이자 부분(1일 2.2/10,000 부분)은 적용하지 아니한다.
2. 납부기한 다음날부터 납부고지일까지는 총한도율을 10%로 한다.

3. 중복 배제 등 적용특례

① 무신고가산세 및 과소신고·초과환급신고가산세 등 신고관련 가산세와 법인세법 또는 소득세법에 의한 무기장가산세가 동시에 적용되는 경우에는 각각 그 중 큰 금액에 해당하는 가산세만을 적용하고, 가산세액이 같은 경우에는 신고관련 가산세만을 적용한다.

② 다음 중 어느 하나의 사유로 상속세·증여세 과세표준을 과소신고한 경우 과소신고·초과환급신고가산세를 적용하지 아니하며 d의 경우 납부지연가산세도 적용하지 아니한다.

a. 신고 당시 소유권에 대한 소송 등의 사유로 상속·증여재산으로 확정되지 아니하였던 경우
b. 상속공제·증여공제의 적용에 착오가 있었던 경우
c. 상속세 및 증여세법상 재산평가 규정에 따라 평가한 가액으로 과세표준을 결정한 경우(부정행위로 과세표준을 과소신고한 경우는 제외)
d. 법인세 과세표준 및 세액의 결정·경정으로 상속세 및 증여세법상 증여의제이익*이 변경되는 경우(부정행위로 인하여 법인세 과세표준 및 세액을 결정·경정하는 경우는 제외)

* 특수관계법인과의 거래를 통한 이익의 증여 의제, 특수관계법인으로부터 제공받은 사업기회로 발생한 이익의 증여 의제, 특정법인과의 거래를 통한 이익의 증여 의제를 의미한다.

③ 위 ②항목 d.에 해당하는 사유로 소득세법상 양도소득세 과세대상인 주식의 취득가액이 감소된 경우 이와 관련하여 과소신고한 부분에 대해서는 과소신고·초과환급신고가산세 및 납부지연가산세를 적용하지 아니한다.

④ 원천징수 등 납부지연가산세가 적용되는 경우에는 납부지연가산세를 적용하지 아니한다.

⑤ 예정신고 및 중간신고와 관련하여 무신고가산세 또는 과소신고·초과환급신고가산세가 부과되는 부분에 대해서는 확정신고와 관련하여 해당 가산세를 부과하지 아니하며 중간예납, 예정신고납부 및 중간신고납부와 관련하여 납부지연가산세가 부과되는 부분에 대해서는 확정신고납부과 관련하여 해당 가산세를 부과하지 아니한다.

⑥ 부가가치세법상 대손세액공제와 관련하여 공급받는 사업자가 대손세액을 매입세액에서 빼지 아니함으로써 공급받는 사업자의 부가가치세 과세표준을 결정 또는 경정하는 경우 대손세액에 상당하는 부분에 대해서는 무신고가산세, 과소신고·초과환급신고가산세 및 납부지연가산세를 적용하지 아니한다.

4. 가산세의 감면

(1) 가산세를 부과하지 않는 경우

① 그 부과의 원인이 되는 사유가 천재 등으로 인한 기한 연장 사유에 해당하는 경우

② 납세자가 의무를 이행하지 아니한 데에 정당한 사유가 있는 경우

③ 세법해석에 관한 질의·회신에 따라 신고·납부하였으나, 이후 다른 과세처분을 하는 경우

④ 공익사업을 위한 토지 등의 취득 및 보상에 관한 법률에 따른 토지 등의 수용 또는 사용, 국토의 계획 및 이용에 관한 법률에 따른 도시·군계획 또는 그 밖의 법령 등으로 인해 세법상 의무이행을 할 수 없게 된 경우

⑤ 의료비 세액공제를 적용받은 과세기간이 지난 후 실손의료보험금을 지급받음으로써 의료비를 지출한 과세기간의 소득세를 수정신고하는 경우

* 가산세를 감면받으려는 자는 신청서를 관할 세무서장에게 제출하여야 한다.

(2) 가산세를 감면하는 경우

① 과세표준신고서를 법정신고기한까지 제출한 자가 이를 수정신고한 경우 과소신고·초과환급신고가산세를 다음과 같이 감면한다(경정할 것을 미리 알고 수정신고하는 경우는 제외).

a. 법정신고기한이 지난 후 1개월 이내에 수정신고한 경우 : 90% 감면

b. 법정신고기한이 지난 후 1개월 초과 3개월 이내에 수정신고한 경우 : 75% 감면

c. 법정신고기한이 지난 후 3개월 초과 6개월 이내에 수정신고한 경우 : 50% 감면

d. 법정신고기한이 지난 후 6개월 초과 1년 이내에 수정신고한 경우 : 30% 감면

e. 법정신고기한이 지난 후 1년 초과 1년 6개월 이내에 수정신고한 경우 : 20% 감면

f. 법정신고기한이 지난 후 1년 6개월 초과 2년 이내에 수정신고한 경우 : 10% 감면

② 과세표준신고서를 법정신고기한까지 제출하지 아니한 자가 기한 후 신고한 경우 무신고 가산세를 다음과 같이 감면한다(결정할 것을 미리 알고 기한 후 신고하는 경우는 제외).
  a. 법정신고기한이 지난 후 1개월 이내에 기한 후 신고를 한 경우 : 50% 감면
  b. 법정신고기한이 지난 후 1개월 초과 3개월 이내에 기한 후 신고를 한 경우 : 30% 감면
  c. 법정신고기한이 지난 후 3개월 초과 6개월 이내에 기한 후 신고를 한 경우 : 20% 감면

③ 세법에 따른 예정신고기한 및 중간신고기한까지 예정신고 및 중간신고를 하였으나 과소신고하거나 초과신고한 경우로서 확정신고기한까지 과세표준을 수정하여 신고한 경우 과소신고·초과환급신고가산세의 50%(위 ①의 a 또는 b 항목에 해당하는 경우에는 90% 또는 75%)를 감면하며, 예정신고 및 중간신고를 하지 아니하였으나 확정신고기한까지 과세표준신고를 한 경우 무신고가산세의 50%를 감면한다(과세표준과 세액을 경정할 것을 미리 알고 과세표준신고를 하는 경우는 제외).

④ 과세전적부심사 결정·통지기간 이내에 그 결과를 통지하지 아니한 경우 결정·통지가 지연됨으로써 해당 기간에 부과되는 납부지연가산세의 50%를 감면한다.

⑤ 세법에 따른 제출, 신고, 가입, 등록, 개설의 기한이 지난 후 1개월 이내에 해당 세법에 따른 제출 등의 의무를 이행하는 경우 제출 등의 의무위반에 대하여 세법에 따라 부과되는 가산세의 50%를 감면한다.

* 1. 위 ①과 ②의 경우 경정할 것을 미리 알고 수정신고·기한 후 신고하는 경우란 다음의 경우를 말한다.
  (1) 해당 국세에 관하여 세무공무원이 조사에 착수한 것을 알고 과세표준수정신고서를 제출한 경우
  (2) 해당 국세에 관하여 관할 세무서장으로부터 과세자료 해명 통지를 받은 경우
2. 가산세를 감면받으려는 자는 신청서를 관할 세무서장에게 제출하여야 한다.

5. 가산세 한도

소득세법·법인세법·부가가치세법·상속세 및 증여세법·조세특례제한법에 따른 가산세 중 지급명세서제출불성실가산세, 법정증빙미수취가산세 등 단순 협력의무위반에 관련된 가산세에 대해서는 그 의무위반의 종류별로 각각 5천만원(비중소기업은 1억원)을 한도로 한다. 이 경우 법인세·소득세·부가가치세는 그 과세기간 단위로, 상속세 및 증여세는 동법에 따라 의무를 이행하여야 할 기간 단위로 구분하여 가산세 한도규정을 적용한다. 다만, 해당 의무를 고의적으로 위반한 경우에는 그러하지 아니하다.

6.4 국세의 환급

1. 국세환급금의 처리절차

(1) 결정

세무서장은 납세의무자가 국세 및 강제징수비로서 납부한 금액 중 잘못 납부하거나 초과하여 납부한 금액이 있거나 세법에 따라 환급하여야 할 환급세액이 있을 때에는 즉시 이를 국세환급금으로 결정하여야 한다. 이 경우 착오납부·이중납부로 인한 환급청구는 국세환급신청서에 의한다.

* 법인세·소득세·부가가치세의 과세기간을 잘못 적용하여 신고납부한 경우는 납부지연가산세의 대상에서 배제됨과 아울러 국세환급결정의 대상에서도 제외된다.

참고 국세환급금 세부사항

1. 국세환급금 종류
   ① 잘못 납부한 금액 : 납부 또는 징수의 기초가 된 신고(신고납세의 경우) 또는 부과처분(부과과세의 경우)이 부존재하거나 당연무효임에도 불구하고 납부 또는 징수된 세액
   ② 초과납부액 : 신고 또는 부과처분이 당연무효는 아니나 그 후 취소 또는 경정됨으로써 그 전부 또는 일부가 감소된 세액
   ③ 환급세액 : 적법하게 납부 또는 징수되었으나 그 후 국가가 보유할 정당한 이유가 없게 되어 각 개별 세법에서 환급하기로 정한 세액
2. 국세환급청구권의 확정 : 국세환급금은 모두 조세채무가 처음부터 존재하지 않거나 그 후 소멸되었음에도 불구하고 국가가 법률상 원인 없이 수령하거나 보유하고 있는 부당이득에 해당한다. 이러한 부당이득의 반환을 구하는 납세의무자의 국세환급청구권은 잘못 납부한 금액의 경우에는 처음부터 법률상 원인이 없으므로 납부 또는 징수시에 이미 확정되어 있고, 초과납부액의 경우에는 신고 또는 부과처분의 취소 또는 경정에 의하여 조세채무의 전부 또는 일부가 소멸한 때에 확정되며, 환급세액의 경우에는 각 개별 세법에서 규정한 환급 요건에 따라 확정되는 것이다.(대법원 1997.10.10. 선고, 97다26432 판결)

(2) 충당(결정된 국세환급금과 납세자의 조세채무 상계)

① 신청에 의한 충당 : 납부고지에 의하여 납부하는 국세(납부기한 전 징수 사유에 해당하는 경우는 제외)와 세법에 따라 자진납부하는 국세는 납세자가 동의하는 경우에 한하여 충당한다. 이 경우 충당 청구를 한 날에 해당 국세를 납부한 것으로 본다.

② 직권충당 : 체납된 국세 및 강제징수비(다른 세무서에 체납된 부분 포함)와 납부기한 전 징수사유에 해당하는 납부고지에 의하여 납부하는 국세는 납세자의 의사와 관계없이 세무서장이 직권으로 충당한다. 이 경우 체납된 국세 및 강제징수비와 국세환급금은 체납된 국세의 법정납부기한과 국세환급금 발생일* 중 늦은 때로 소급하여 대등액에 관하여 소멸한 것으로 본다(소급효 인정).

* 국세환급금 발생일
  1. 착오납부, 이중납부 또는 납부의 기초가 된 신고 또는 부과의 취소·경정에 따라 환급하는 경우 : 그 국세 납부일(분할납부된 것인 경우에는 그 마지막 납부일). 중간예납액 또는 원천징수에 따른 납부액인 경우에는 그 세목의 법정신고기한 만료일을 납부일로 한다.
  2. 적법하게 납부된 국세의 감면으로 환급하는 경우 : 그 감면 결정일

3. 적법하게 납부된 후 법률이 개정되어 환급하는 경우 : 그 개정된 법률의 시행일
4. 소득세법, 법인세법, 부가가치세법, 개별소비세법, 주세법 또는 조세특례제한법에 따른 환급세액의 신고, 환급신청 또는 신고한 환급세액의 경정으로 인하여 환급하는 경우 : 그 신고·신청일. 다만, 법정신고기한까지 환급세액을 신고하지 않음에 따른 결정으로 인하여 환급세액을 환급하는 경우에는 해당 결정일로 한다.
5. 원천징수의무자가 연말정산 또는 원천징수하여 납부한 세액을 경정청구에 의하여 환급하는 경우 : 연말정산세액 또는 원천징수세액 납부기한의 만료일
6. 근로장려금을 환급하는 경우 : 근로장려금의 결정일

③ 국세환급금을 충당할 경우 체납된 국세 및 강제징수비에 우선 충당하여야 한다. 다만, 납세자가 납부고지에 의하여 납부하는 국세에 충당하는 것을 동의하거나 신청한 경우에는 납부고지에 의하여 납부하는 국세에 우선 충당하여야 한다. 충당할 국세환급금이 2건 이상인 경우에는 소멸시효가 먼저 도래하는 것부터 충당하여야 한다.

④ 원천징수세액간의 충당 : 원천징수의무자가 원천징수하여 납부한 세액에서 환급받을 환급세액이 있는 경우 그 환급액은 그 원천징수의무자가 원천징수하여 납부하여야 할 세액에 충당하고 남은 금액을 환급한다. 다만, 그 원천징수의무자가 즉시 환급해 줄 것을 요구하는 경우나 원천징수하여 납부하여야 할 세액이 없는 경우에는 즉시 환급한다.

참고 납부기한 전 징수(국세징수법)

관할 세무서장은 납세자에게 다음 중 어느 하나의 사유가 있는 경우 납부기한 전이라도 이미 납세의무가 확정된 국세를 징수할 수 있다.

① 국세, 지방세 또는 공과금의 체납으로 강제징수 또는 체납처분이 시작된 경우, ② 강제집행 및 담보권 실행 등을 위한 경매가 시작되거나 파산선고를 받은 경우, ③ 어음교환소에서 거래정지처분을 받은 경우, ④ 법인이 해산한 경우, ⑤ 국세를 포탈하려는 행위가 있다고 인정되는 경우, ⑥ 납세관리인을 정하지 않고 국내에 주소·거소를 두지 아니하게 된 경우

(3) 지급

① 세무서장은 국세환급금 중 충당한 후 남은 금액은 국세환급금의 결정을 한 날부터 30일 이내에 납세자에게 지급(계좌이체 지급 또는 현금지급)하여야 한다.

* 세무서장은 국세환급금의 현금지급을 요구한 경우 지급금액, 지급이유, 수령방법, 지급장소, 지급요구일, 그 밖에 필요한 사항을 명시한 국세환급금통지서를 납세자에게 송부하여야 한다. 국세환급금통지서는 등기우편으로 송달하되 5만원 미만의 금액을 현금지급 방식으로 지급하는 경우에는 일반우편으로 송달할 수 있다.

② 국세환급금 중 충당한 후 남은 금액이 10만원 이하이고, 지급결정을 한 날부터 1년 이내에 환급이 이루어지지 아니하는 경우에는 이를 납부고지에 의하여 납부하는 국세에 충당할 수 있으며 이 경우 납세자의 동의가 있는 것으로 본다.

* 이 경우 국세환급금이 발생한 세목과 같은 세목이 있는 경우 같은 세목에 우선 충당하며, 국세환급금이 2건 이상인 경우에는 소멸시효가 먼저 도래하는 것부터 충당하여야 한다. 국세환급가산금은 지급결정을 한 날까지 가산한다.

③ 과세의 대상이 되는 소득, 수익, 재산, 행위 또는 거래의 귀속이 명의일 뿐이고 실질귀속자가 따로 있어 명의대여자에 대한 과세를 취소하고 실질귀속자를 납세의무자로 하여 과세하는 경우 명의대여자 대신 실질귀속자가 납부한 것으로 확인된 금액은 실질귀속자의 기납부세액으로 먼저 공제하고 남은 금액이 있는 경우에는 실질귀속자에게 환급한다.

④ 납세자는 국세환급금에 관한 권리를 타인에게 양도할 수 있다. 이 경우 납세자는 세무서장이 국세환급금통지서를 발급하기 전에 문서로 세무서장에게 양도를 요구하여야 하며,

이와 같은 요구를 받은 세무서장은 양도인 또는 양수인이 납부할 국세 및 강제징수비가 있으면 그 국세 및 강제징수비에 충당하고, 남은 금액에 대해서는 양도의 요구에 지체 없이 따라야 한다.

2. 국세환급가산금

국세환급가산금이란 국세환급금을 충당하거나 지급할 때 이에 가산하는 법정이자 상당액을 말한다. 다만, 경정 등의 청구 및 이의신청, 심사청구, 심판청구, 감사원 심사청구 또는 행정소송 등을 제기하지 아니한 사항에 대하여 과세관청의 직권처분을 요청하는 고충민원의 처리에 따라 국세환급금을 충당하거나 지급하는 경우에는 국세환급가산금을 지급하지 아니한다.

국세환급가산금=국세환급금×이자율×이자계산기간

* 1. 이자율 : 시중은행의 1년 만기 정기예금 평균 수신금리를 고려하여 기획재정부령으로 정하는 이자율을 말한다. 다만, 납세자가 국세기본법상 불복청구, 감사원법상 심사청구, 행정소송법상 소송을 제기하여 그 결정·판결에 따라 국세환급금을 지급하는 경우로서 그 결정·판결이 확정된 날부터 40일 이후에 국세환급금을 지급하는 경우에는 이자율을 1.5배 할증 적용한다.
2. 이자계산기간 : 국세환급가산금은 다음에 정하는 날의 다음 날을 기산일로 하여 충당하는 날 또는 지급결정을 하는 날까지의 기간에 대하여 계산한다.
   ① 착오납부, 이중납부 또는 납부 후 그 납부의 기초가 된 신고 또는 부과를 경정하거나 취소함에 따라 발생한 국세환급금 : 국세납부일(분할납부된 것에 대해서는 그 마지막 납부일로 하되, 환급액이 마지막 납부액을 초과하는 경우에는 그 금액이 될 때까지 납부일 순서로 소급하여 계산한 국세의 각 납부일)
   ② 적법하게 납부된 국세의 감면으로 발생한 국세환급금 : 감면 결정일
   ③ 적법하게 납부된 후 법률이 개정되어 발생한 국세환급금 : 개정된 법률의 시행일
   ④ 소득세법, 법인세법, 부가가치세법, 개별소비세법, 주세법, 교통·에너지·환경세법 또는 조세특례제한법에 따른 환급세액의 신고, 환급신청, 경정 또는 결정으로 인하여 환급하는 경우 : 신고를 한 날(신고한 날이 법정신고기일 전인 경우에는 해당 법정신고기일) 또는 신청을 한 날부터 30일이 지난 날(세법에서 환급기한을 정하고 있는 경우에는 그 환급기한의 다음 날). 다만, 환급세액을 법정신고기한까지 신고하지 않음에 따른 결정으로 인하여 발생한 환급세액을 환급할 때에는 해당 결정일부터 30일이 지난 날

3. 국세환급금의 반환청구와 소멸시효

① 국세환급금의 반환청구 : 세무서장이 국세환급금의 결정이 취소됨에 따라 이미 충당 또는 지급된 금액의 반환을 청구하는 경우에는 국세징수법상의 고지·독촉 및 강제징수의 절차를 따른다.

② 국세환급금의 소멸시효 : 납세자의 국세환급금과 국세환급가산금에 관한 권리는 이를 행사할 수 있는 때(국세환급가산금의 기산일)부터 5년간 행사하지 않으면 소멸시효가 완성된다. 소멸시효는 세무서장이 납세자의 환급청구를 촉구하기 위하여 납세자에게 하는 환급청구의 안내·통지 등으로 인하여 중단되지 아니한다.

4. 물납재산의 환급

(1) 개요

① 납세자가 상속세 및 증여세법의 규정에 의하여 상속세를 물납한 후 그 부과의 전부 또는 일부를 취소하거나 감액하는 경정결정에 따라 환급하는 경우에는 해당 물납재산으로 환급하여야 한다.

② 물납재산으로 환급하는 경우에는 국세환급가산금을 지급하지 아니한다.

(2) 물납재산의 환급순서

물납재산을 환급하는 경우 환급의 순서에 관하여 납세자의 신청이 있는 때에는 그 신청에 의하여 관할세무서장이 환급하고, 납세자의 신청이 없는 때에는 상속세 및 증여세법에서 규정하는 물납충당재산의 허가순서의 역순으로 환급한다.

(3) 물납재산의 관리비용 및 과실의 귀속

① 물납재산을 환급하는 경우에 국가가 물납재산을 유지 또는 관리하기 위하여 지출한 비용은 국가의 부담으로 한다. 다만, 국가가 물납재산에 대하여 법인세법의 규정에 의한 자본적 지출을 한 경우에는 이를 납세자의 부담으로 한다.

② 물납재산을 환급하는 경우 물납재산의 수납 이후 발생한 법정과실(임대료, 이자 등)과 천연과실(과일, 달걀, 우유 등)은 납세자에게 환급하지 아니하고 국가에 귀속된다.

(4) 물납재산의 환급이 적용되지 않는 경우

당해 물납재산이 다음에 해당하는 경우에는 물납재산의 환급에 관한 규정을 적용하지 아니하고 일반적인 환급규정을 적용한다.

① 당해 물납재산이 매각된 경우

② 당해 물납재산이 성질상 분할하여 환급하는 것이 곤란한 경우

③ 당해 물납재산이 임대중에 있거나 다른 행정용도로 사용되고 있는 경우

④ 사용계획이 수립되어 당해 물납재산으로 환급하는 것이 곤란하다고 인정되는 경우 등 국세청장이 정하는 경우

조세불복절차

7.1 조세불복제도의 개요

1. 조세불복제도

(1) 개요

국세기본법은 과세관청의 위법 또는 부당한 처분으로 인하여 권리나 이익을 침해 당한 자를 구제하기 위하여 조세불복제도에 관한 규정을 두고 있다.

(2) 국세불복절차

불복청구인은 국세기본법 및 감사원법의 규정에 따라 다음 중 하나의 불복절차를 선택하여야 한다. 이 경우 이의신청은 임의절차이므로 생략이 가능하다(원칙적 1심급, 선택적 2심급).

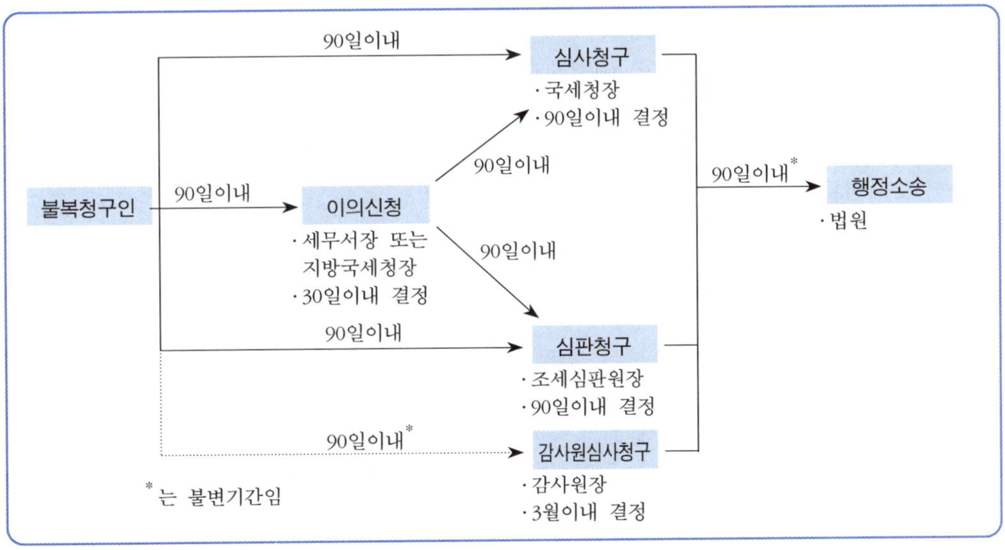

* 1. 국세에 관한 처분이 국세청장이 조사·결정 또는 처리하거나 하였어야 할 경우에는 이의신청이 배제된다.
  2. 동일한 처분에 대해서는 국세기본법에 의한 심사청구와 심판청구를 중복하여 제기할 수 없다.
  3. 감사원법에 따라 심사청구를 하는 경우에는 국세기본법에 의한 심사청구 또는 심판청구를 할 수 없다.
  4. 이의신청에 있어서 다음 경우에는 관할 지방국세청장에게 하여야 한다.
     ① 지방국세청장의 조사에 따라 과세처분을 한 경우
     ② 세무서장에게 과세전적부심사를 청구한 경우
  5. 국세기본법상 이의신청, 심사청구, 심판청구의 청구기한은 기한 연장 사유가 있는 경우에는 연장되므로 불변기간이 아니다. 그러나, 감사원 심사청구 청구기간과 행정소송 제기기간은 예외가 없는 불변기간이다.

(3) 행정소송

① 행정심판전치주의 : 위법한 처분에 대한 행정소송은 국세기본법 또는 감사원법에 의한 불복절차를 경유하지 아니하면 제기할 수 없다. 다만, 심사청구 또는 심판청구에 대한 재조사 결정에 따른 처분청의 처분에 대한 행정소송은 그러하지 아니하다.

② 행정소송 : 국세처분에 대한 행정소송은 행정소송법의 규정에 불구하고 심사청구·심판청구에 대한 결정의 통지를 받은 날부터 90일 이내에 제기하여야 한다. 다만, 결정기간 내에 결정의 통지를 받지 못한 경우에는 그 결정기간이 지난 날부터 행정소송을 제기할 수 있다.

* 재조사 결정에 따른 처분청의 처분에 대한 행정소송 제기 기한

1. 심사청구 또는 심판청구를 거치지 아니하고 제기하는 경우 : 재조사 후 행한 처분청의 처분의 결과 통지를 받은 날부터 90일 이내. 다만, 처분기간(조사의 연기, 조사기간 연장, 조사 중지의 경우 해당 기간 포함)에 처분청의 처분 결과 통지를 받지 못하는 경우에는 그 처분기간이 지난 날부터 행정소송을 제기할 수 있다.
2. 심사청구 또는 심판청구를 거쳐 제기하는 경우 : 재조사 후 행한 처분청의 처분에 대하여 제기한 심사청구 또는 심판청구에 대한 결정의 통지를 받은 날부터 90일 이내. 다만, 결정기간에 결정의 통지를 받지 못하는 경우에는 그 결정기간이 지난 날부터 행정소송을 제기할 수 있다.

2. 불복청구

(1) 불복청구의 대상

국세기본법 또는 세법에 따른 처분으로서 a)위법 또는 부당한 처분을 받거나 b)필요한 처분을 받지 못함으로 인하여 권리나 이익을 침해당한 자는 그 처분의 취소 또는 변경을 청구하거나 필요한 처분을 청구할 수 있다(개괄주의). 다만, 다음의 경우는 그러하지 아니하다.

① 조세범 처벌절차법에 따른 통고처분

② 감사원법에 따라 심사청구를 한 처분이나 그 심사청구에 대한 처분

③ 국세기본법 및 세법에 따른 과태료 부과처분

참고 통고처분

지방국세청장 또는 세무서장은 조세범칙행위의 확증을 얻었을 때에는 그 대상이 되는 자에게 벌금상당액, 몰수·몰취 물품, 추징금에 해당하는 금액을 납부할 것을 통고할 수 있다.

(2) 불복청구의 제한

① 심사청구 또는 심판청구에 대한 처분에 대해서는 이의신청, 심사청구 또는 심판청구를 제기할 수 없다. 다만, 재조사 결정에 따른 처분청의 처분에 대해서는 해당 재조사 결정을 한 재결청에 대하여 심사청구 또는 심판청구를 제기할 수 있다.

② 이의신청에 대한 처분과 재조사 결정에 따른 처분청의 처분에 대해서는 이의신청을 할 수 없다.

3. 불복청구인 및 대리인

(1) 불복청구인

불복청구를 할 수 있는 자는 위법 또는 부당한 처분을 받거나 필요한 처분을 받지 못하여 권리나 이익을 침해당한 직접적인 당사자 뿐만 아니라 다음의 이해관계인도 포함된다.

① 제2차 납세의무자로서 납부고지서를 받은 자

② 양도담보권자의 물적납세의무를 지는 자, 부가가치세법상 신탁 관련 수탁자의 물적납세의무를 지는 자 및 종합부동산세법상 신탁주택·신탁토지 관련 수탁자의 물적납세의무를 지는 자로서 납부고지서를 받은 자

③ 보증인

(2) 대리인

① 일반적인 경우 : 불복청구인과 처분청은 변호사, 세무사 또는 세무사법에 따라 등록한 공인회계사를 대리인으로 선임할 수 있다.

② 청구의 대상이 소액인 경우 : 불복청구인은 불복청구의 대상이 3천만원 미만인 경우에는 그 배우자, 4촌 이내의 혈족 또는 그 배우자의 4촌 이내의 혈족을 대리인으로 선임할 수 있다.

(3) 국선대리인

① 불복청구인은 재결청에, 과세전적부심사 청구인은 해당 통지를 한 세무서장이나 지방 국세청장에게 다음 요건을 모두 갖추어 변호사, 세무사 또는 세무사법 에 따라 등록한 공인회계사를 국선대리인으로 선정하여 줄 것을 신청할 수 있다.

a. 불복청구인의 소득세법에 따른 종합소득금액이 5천만원 이하이고, 소유 재산*의 합계액이 5억원 이하일 것

* 소유 재산은 토지, 건축물 및 주택, 승용자동차, 전세금(임차보증금 포함), 골프회원권 및 콘도미니엄회원권, 주식 또는 출자지분을 말한다.

b. 불복청구인이 법인이 아닐 것

c. 5천만원 이하인 신청 또는 청구일 것

d. 상속세, 증여세 및 종합부동산세가 아닌 세목에 대한 신청 또는 청구일 것

② 재결청은 국선대리인 선정 신청이 요건을 모두 충족하는 경우 지체 없이 국선대리인을 선정하고, 신청을 받은 날부터 5일 이내에 그 결과를 불복청구인과 국선대리인에게 각각 통지하여야 한다.

4. 불복청구가 집행에 미치는 효력

(1) 집행부정지의 원칙

불복청구를 하더라도 세법에 특별한 규정이 있는 것을 제외하고는 해당 처분의 집행에 효력을 미치지 아니한다.

(2) 집행부정지의 원칙의 예외

① 재결청이 필요하다고 인정할 때 : 재결청이 처분의 집행 또는 절차의 속행 때문에 불복청구인에게 중대한 손해가 생기는 것을 예방할 필요성이 긴급하다고 인정할 때에는 처분의 집행 또는 절차 속행의 전부 또는 일부의 정지를 결정할 수 있다.

* 재결청은 집행정지 또는 집행정지의 취소에 관하여 심리·결정하면 지체 없이 당사자에게 통지하여야 한다.

② 국세징수법상 공매 : 국세기본법에 의한 불복청구가 계류중인 때에는 국세의 체납으로 인하여 압류한 재산에 대하여는 그 신청 또는 청구에 대한 결정이 확정되기 전에는 그 압류한 재산을 공매할 수 없다. 다만, 그 재산이 부패·변질 또는 감량되기 쉬운 재산으로서 속히 매각하지 아니하면 그 재산가액이 감손될 우려가 있는 때는 예외로 한다.

7.2 불복청구의 절차

1. 불복청구기한

(1) 원칙

불복청구를 하고자 하는 자는 당해 처분이 있은 것을 안 날(처분 또는 결정의 통지를 받은 때에는 그 받은 날)부터 90일 이내에 제기하여야 한다.

* 이의신청을 거친 후 심사청구·심판청구를 하려면 이의신청에 대한 결정의 통지를 받은 날부터 90일 이내에 제기하여야 한다. 다만, 다음의 경우에는 경우별 정해진 날부터 90일 이내에 심사청구·심판청구를 제기할 수 있다.
① 이의신청 결정기간 내에 결정의 통지를 받지 못한 경우 : 그 결정기간이 지난 날
② 이의신청에 대한 재조사 결정이 있은 후 처분기간 내에 결과 통지를 받지 못한 경우 : 그 처분기간이 지난 날

(2) 청구기한의 예외

① 청구기한의 연장 : 불복청구인이 천재 등으로 인한 기한의 연장 사유로 인하여 90일 이내에 불복청구를 할 수 없는 때에는 그 사유가 소멸한 날부터 14일 이내에 이를 할 수 있다.

② 상호합의절차 및 조정권고 진행기간의 불산입 : 국제조세조정에 관한 법률에 따른 상호합의절차의 개시일부터 종료일까지의 기간 및 조정권고의 조정신청일로부터 그 통지일까지의 기간은 국세기본법 또는 지방세법상 불복청구기간과 결정기간에 이를 산입하지 않는다.

③ 우편에 의한 불복청구서의 송부 : 청구기한까지 우편으로 제출한 불복청구서가 청구기간을 지나서 도달한 경우에는 그 기간의 만료일에 적법한 청구를 한 것으로 본다(발신주의).

2. 불복청구 제기

(1) 불복청구서 제출

이의신청은 해당 처분을 하였거나 하였어야 할 소관 세무서장에게 하거나 세무서장을 거쳐 관할 지방국세청장에게 하여야 하고, 심사청구는 소관 세무서장을 거쳐 국세청장에게 하여야

하며, 심판청구는 소관 세무서장이나 조세심판원장에게 하여야 한다. 그러나 불복청구서가 소관 세무서장 외의 세무서장·지방국세청장·국세청장에게 제출된 경우에도 적법한 불복청구를 한 것으로 본다.

* 이의신청인, 심사청구인, 심판청구인 또는 처분청(처분청의 경우 심판청구에 한정한다)은 그 신청 또는 청구에 관계되는 서류를 열람할 수 있으며 해당 재결청에 의견을 진술할 수 있다.

(2) 정보통신망을 이용한 불복청구

불복청구인은 국세청장 또는 조세심판원장이 운영하는 정보통신망을 이용하여 불복청구서를 제출할 수 있다. 이 경우 국세청장 또는 조세심판원장에게 불복청구서가 전송된 때에 적법하게 제출된 것으로 본다.

(3) 의견서·답변서의 송부 및 항변

① 의견서·답변서 : 이의신청을 받은 세무서장·지방국세청장, 심사청구를 받은 국세청장, 심판청구를 받은 조세심판원장은 처분의 근거·이유, 처분의 이유가 된 사실 등이 구체적으로 기재된 의견서(심판청구의 경우는 답변서)를 해당 불복청구인에게 송부하여야 한다.

② 증거서류 또는 증거물 : 불복청구인은 송부받은 의견서·답변서에 대하여 항변하기 위하여 증거서류나 증거물을 제출할 수 있다.

7.3 불복청구에 대한 심리와 결정

1. 불복청구에 대한 심리

(1) 심리절차

① 요건심리 : 청구의 형식적 요건의 충족여부를 심리하는 것

② 본안심리 : 청구의 내용을 심리하는 것

(2) 청구서의 보정

① 재결청은 불복청구의 내용이나 절차가 국세기본법 또는 세법에 적합하지 아니하나 보정할 수 있다고 인정되면 다음의 기간을 정하여 보정할 것을 요구할 수 있다. 다만, 보정할 사항이 경미한 경우에는 직권으로 보정할 수 있다.

a. 이의신청·심사청구 : 20일 이내

b. 심판청구 : 상당한 기간

② 보정요구를 받은 불복청구인은 보정할 사항을 서면으로 작성하여 제출하거나, 국세청에 출석하여 보정할 사항을 말하고 소속공무원이 기록한 서면에 서명 또는 날인함으로써 보정할 수 있다.

2. 불복청구에 대한 결정

(1) 결정기간

불복청구를 받은 재결청은 다음에 제시된 기한 내에 불복청구에 대한 결정을 하여야 한다. 이 경우 보정기간은 결정기간에 산입하지 아니한다.

① 이의신청 : 세무서장 또는 지방국세청장이 국세심사위원회의 심의를 거쳐 청구일로부터 30일 이내에 결정

* 이의신청인이 송부받은 의견서에 대하여 30일 이내에 항변하는 경우에는 이의신청을 받은 날부터 60일 이내를 결정기간으로 한다.

② 심사청구 : 국세청장이 국세심사위원회의 의결에 따라 청구일로부터 90일 이내에 결정

* 국세청장은 국세심사위원회의 의결이 법령에 명백히 위반된다고 판단되는 경우 구체적인 사유를 적어 서면으로 국세심사위원회로 하여금 한 차례에 한정하여 다시 심의할 것을 요청할 수 있다.

③ 심판청구 : 조세심판관회의가 심리하여 청구일로부터 90일 이내에 결정

세부사항 국세심사위원회

1. 심사청구, 이의신청 및 과세전적부심사 청구사항을 심의 및 의결하기 위하여 세무서, 지방국세청 및 국세청에 각각 국세심사위원회를 둔다.
2. 국세심사위원회의 위원 중 공무원이 아닌 위원은 지방국세청장이 위촉하는 사람(세무서에 두는 국세심사위원회) 또는 국세청장이 위촉하는 사람(지방국세청 및 국세청에 두는 국세심사위원회)이 된다. 국세심사위원회 위원 중 공무원이 아닌 위원은 형법의 관련된 규정을 적용할 때에는 공무원으로 본다.
3. 국세심사위원회의 위원은 공정한 심의를 기대하기 어려운 사정이 있다고 인정될 때에는 위원회 회의에서 제척되거나 회피하여야 한다.

세부사항 불복방법의 통지

1. 불복청구의 재결청은 결정서에 그 결정서를 받은 날부터 90일 이내에 이의신청인은 심사청구·심판청구를, 심사청구인·심판청구인은 행정소송을 제기할 수 있다는 내용을 적어야 한다.
2. 불복청구의 재결청은 그 신청 또는 청구에 대한 결정기간이 지나도 결정을 하지 못하였을 때에는 이의신청인은 심사청구·심판청구를, 심사청구인·심판청구인은 행정소송 제기를 결정의 통지를 받기 전이라도 그 결정기간이 지난 날부터 할 수 있다는 내용을 서면으로 지체 없이 그 신청인 또는 청구인에게 통지하여야 한다.

(2) 결정의 종류

① 각하 : 요건심리의 결과 신청·청구가 형식적으로 부적법한 경우* 본안심리를 하지 않고 그 신청·청구를 각하하는 결정을 한다.

* 심판청구를 제기한 후 심사청구를 제기하는 경우, 청구기간이 지난 후에 청구된 경우, 청구 후 보정기간에 필요한 보정을 하지 않은 경우, 그 청구가 적법하지 않은 경우, 불복청구의 대상이 되는 처분이 존재하지 않는 경우, 불복청구 대상 처분에 의해 권리나 이익을 침해당하지 않은 경우, 대리인이 아닌 자가 대리인으로서 불복을 청구하는 경우 등을 말한다. 심사청구와 심판청구를 같은 날 제기한 경우에는 심사청구를 각하한다.

② 기각 : 본안심리의 결과 신청·청구가 이유 없다고 인정될 때에는 그 신청·청구를 기각하는 결정을 한다.

③ 인용 : 본안심리의 결과 신청·청구가 이유 있다고 인정될 때에는 그 신청·청구의 대상이 된 처분의 취소·경정 결정을 하거나 필요한 처분의 결정을 한다. 다만, 취소·경정 또는 필요한 처분을 하기 위하여 사실관계 확인 등 추가적으로 조사가 필요한 경우에는 처분청

으로 하여금 이를 재조사하여 그 결과에 따라 취소·경정하거나 필요한 처분을 하도록 하는 재조사 결정을 할 수 있다.

* 1. 재조사 결정이 있는 경우 처분청은 재조사 결정일로부터 60일 이내에 결정서 주문에 기재된 범위에 한정하여 조사하고, 그 결과에 따라 취소·경정하거나 필요한 처분을 하여야 한다. 이 경우 처분청은 국세기본법상 세무조사에 관한 규정에 따라 조사를 연기하거나 조사기간을 연장하거나 조사를 중지할 수 있다.
2. 처분청은 재조사 결과 다음에 해당하는 경우에는 당초의 처분을 취소·경정하지 아니할 수 있다.
   ① 불복청구인의 주장과 재조사 과정에서 확인한 사실이 달라 원처분의 유지가 필요한 경우
   ② 재조사 과정에서 취소·경정등을 위한 사실관계 확인이 불가능한 경우

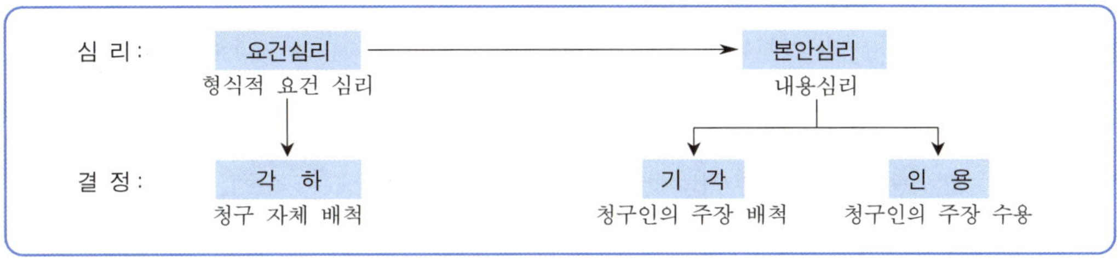

(3) 결정의 효력

① 기속력(羈束力) : 재결청의 결정은 불복청구인과 관계행정청을 그 결정의 취지에 따르도록 하는 기속력 또는 구속력을 갖는다. 따라서 당해 행정청은 결정의 취지에 따라 즉시 필요한 처분을 하여야 한다.

② 불가쟁력(不可爭力) : 불복청구에 대한 결정에 대하여 당사자가 일정 청구기간 내에 다음 심급에 대한 불복청구나 행정소송을 제기하지 않으면 그 결정은 형식적으로 확정되며, 이 경우 당해 결정에 하자가 있더라도 후심 쟁송절차에서 그 결정의 효력을 다툴 수 없다.

③ 불가변력(不可變力) : 불복청구에 대한 결정은 재결청 자신도 이에 구속되며 그 결정을 철회하거나 변경할 수 없다. 다만, 각하결정의 경우에는 내용을 심리한 것이 아니므로 불가변력이 적용될 여지가 없으며 오기(誤記)나 계산착오 등 단순오류임이 명백한 경우에는 직권 또는 불복청구인의 신청에 의해서 이를 경정할 수 있다.

(4) 불고불리·불이익변경금지

① 불고불리(不告不理)의 원칙 : 불복청구에 대한 결정을 할 때 해당 청구를 한 처분 외의 처분에 대해서는 그 처분의 전부 또는 일부를 취소 또는 변경하거나 새로운 처분의 결정을 하지 못한다.

② 불이익변경의 금지 : 불복청구에 대한 결정을 할 때 해당 청구를 한 처분보다 청구인에게 불리한 결정을 하지 못한다.

3. 조세심판원

(1) 조세심판관회의

조세심판원장은 심판청구를 받으면 조사와 심리를 담당할 주심조세심판관 1명과 배석조세심판관 2명 이상을 지정하여 조세심판관회의를 구성하게 한다. 조세심판관회의는 담당 조세심판관 3분의 2 이상의 출석으로 개의하고, 출석 조세심판관 과반수의 찬성으로 의결한다.

* 1. 다음의 경우에는 조세심판관회의의 심리를 거치지 않고 주심조세심판관이 이를 심리하여 결정할 수 있다.
(1) 청구기간이 지난 후에 심판청구를 받은 경우
(2) 심판청구금액이 3천만원(지방세는 1천만원) 미만의 것으로서 다음 중 하나에 해당하는 것
① 청구사항이 법령의 해석에 관한 것이 아닌 것
② 청구사항이 법령의 해석에 관한 것으로서 유사한 청구에 대하여 이미 조세심판관회의의 의결에 따라 결정된 사례가 있는 것
③ '각하' 결정의 대상이 되는 경우
(3) 심판청구가 과세표준 또는 세액의 결정에 관한 것 이외의 것으로서 유사한 청구에 대하여 이미 조세심판관회의의 의결에 따라 결정된 사례가 있는 것
2. 상임·비상임 조세심판관의 임기는 3년으로 하고 각각 한 차례만 중임할 수 있다.

(2) 조세심판관합동회의

조세심판원장과 상임조세심판관 모두로 구성된 회의(합동회의상정심의위원회)가 조세심판관회의의 의결이 다음 중 어느 하나에 해당한다고 의결하는 경우에는 조세심판관합동회의가 심리를 거쳐 결정한다.

① 해당 심판청구사건에 관하여 세법의 해석이 쟁점이 되는 경우로서 이에 관하여 종전의 조세심판원 결정이 없는 경우
② 종전에 조세심판원에서 한 세법의 해석·적용을 변경하는 경우
③ 조세심판관회의 간에 결정의 일관성을 유지하기 위한 경우
④ 다수의 납세의무자에게 동일하게 적용되는 등 국세행정에 중대한 영향을 미칠 것으로 예상되어 국세청장이 조세심판원장에게 조세심판관합동회의에서 심리할 것을 요청하는 경우
⑤ 그밖에 국제행정이나 납세자의 권리·의무에 중대한 영향을 미칠 것으로 예상되는 경우

* 조세심판관합동회의는 조세심판원장과 상임조세심판관 모두와 상임조세심판관과 같은 수 이상으로 조세심판원장이 지정하는 비상임조세심판관으로 구성한다.

(3) 조세심판관의 제척·회피 및 기피

① 제척과 회피 : 조세심판관은 다음 중 어느 하나에 해당하는 경우에는 심판관여로부터 제척된다. 그리고 이 경우 조세심판관은 주심조세심판관 또는 배석조세심판관의 지정에서 회피하여야 한다.

a. 심판청구인 또는 대리인인 경우(대리인이었던 경우 포함)
b. 심판청구인 또는 대리인의 친족·사용인이거나 친족·사용인이었던 경우

* 사용인의 경우는 심판청구일 기준 최근 5년 이내 사용인이었던 경우로 한정함

c. 불복대상인 처분, 처분에 대한 이의신청에 관해 증언·감정을 한 경우

d. 심판청구일 전 최근 5년 이내에 불복대상인 처분, 처분에 대한 이의신청 또는 그 기초가 되는 세무조사(조세범칙조사 포함)에 관여하였던 경우

e. 위 c 혹은 d에 해당하는 법인 또는 단체에 속하거나 심판청구일 전 최근 5년 이내에 속하였던 경우

f. 그 밖에 심판청구인 또는 그 대리인의 업무에 관여하거나 관여하였던 경우

② 기피 : 담당조세심판관에게 공정한 심판을 기대하기 어려운 사정이 있다고 인정될 때에는 심판청구인이 조세심판원장에게 그 조세심판관의 기피를 신청할 수 있다.

(4) 심판절차

① 사건의 병합과 분리 : 담당조세심판관은 필요하다고 인정하면 여러 개의 심판사항을 병합하거나 병합된 심판사항을 여러 개의 심판사항으로 분리할 수 있다.

② 질문·조사권 : 담당조세심판관은 심판청구에 관한 조사와 심리를 위하여 필요하면 질문, 장부·서류 그 밖의 물건의 제출요구 및 조사 또는 감정기관에 대한 감정의뢰를 요구할 수 있다.

(5) 사실 판단

조세심판관은 심판청구에 관한 조사 및 심리의 결과와 과세의 형평을 고려하여 자유심증(自由心證)으로 사실을 판단한다.

(6) 항고소송 제기사건의 통지

국세청장, 지방국세청장, 세무서장은 심판청구를 거쳐 행정소송법에 따른 항고소송이 제기된 사건에 대하여 다음 사항을 반기마다 그 다음 달 15일까지 조세심판원장에게 알려야 한다.

① 항고소송이 제기된 사건 목록과 해당 사건의 처리 상황 및 결과

② 항고소송 결과 원고의 승소판결이 확정된 경우 그 판결문

제 8 절

납세자의 권리, 보칙 및 벌칙

8.1 납세자의 권리

1. 납세자권리헌장

국세청장은 납세자의 권리보호에 관한 사항을 포함하는 납세자권리헌장을 제정하여 고시하여야 하며 세무공무원은 다음 중 어느 하나에 해당하는 경우에는 납세자권리헌장의 내용이 수록된 문서를 납세자에게 내주어야 한다.

① 사업자등록증을 발급하는 경우

② 세무조사(조세범 처벌절차법에 따른 조세범칙조사 포함)를 하는 경우

* 세무공무원은 세무조사를 시작할 때 조사원증을 납세자 또는 관련인에게 제시한 후 납세자권리헌장을 교부하고 그 요지를 직접 낭독해 주어야 하며, 조사사유, 조사기간, 납세자보호위원회에 대한 심의 요청사항·절차 및 권리구제 절차 등을 설명하여야 한다.

2. 납세자의 성실성 추정

세무공무원은 세무조사 대상의 수시선정 사유(3. (4) ② 수시선정)에 해당하는 경우를 제외하고는 납세자가 성실하며 납세자가 제출한 신고서 등이 진실한 것으로 추정하여야 한다.

3. 세무조사

(1) 세무조사권 남용 금지

① 세무공무원은 적정하고 공평한 과세를 실현하기 위하여 필요한 최소한의 범위에서 세무조사(조세범칙조사 포함)를 하여야 하며, 다른 목적 등을 위하여 조사권을 남용해서는 아니된다.

② 재조사 금지 : 세무공무원은 다음의 경우를 제외하고는 같은 세목 및 같은 과세기간에 대하여 재조사를 할 수 없다.

a. 조세탈루의 혐의를 인정할 만한 명백한 자료가 있는 경우

b. 거래상대방에 대한 조사가 필요한 경우

c. 2개 이상의 과세기간과 관련하여 잘못이 있는 경우

d. 이의신청·심사청구·심판청구 및 과세전적부심사 청구에 대한 재조사 결정에 따라 조사를 하는 경우(결정서 주문에 기재된 범위의 조사에 한정)

e. 납세자가 세무공무원에게 직무와 관련하여 금품을 제공하거나 금품제공을 알선한 경우
f. 통합조사 원칙의 예외로서 부분조사를 실시한 후 해당 조사에 포함되지 아니한 부분에 대하여 조사하는 경우
g. 부동산투기, 매점매석, 무자료거래 등 경제질서 교란 등을 통한 세금탈루 혐의가 있는 자에 대해 일제조사를 하는 경우
h. 과세관청 외의 기관이 직무상 목적을 위하여 작성하거나 취득하여 과세관청에 제공한 자료의 처리를 위해 조사하는 경우
i. 국세환급금 결정을 위한 확인조사를 하는 경우
j. 조세범 처벌절차법에 따른 조세범칙행위의 혐의를 인정할 만한 명백한 자료가 있는 경우

③ 세무공무원은 세무조사를 하기 위하여 필요한 최소한의 범위에서 장부등의 제출을 요구하여야 하며, 조사대상 세목 및 과세기간의 과세표준과 세액의 계산과 관련 없는 장부등의 제출을 요구해서는 아니 된다.

④ 누구든지 세무공무원으로 하여금 법령을 위반하게 하거나 지위 또는 권한을 남용하게 하는 등 공정한 세무조사를 저해하는 행위를 하여서는 아니된다.

(2) 세무조사시 조력을 받을 권리

납세자는 세무조사(조세범칙조사 포함)를 받는 경우에 변호사, 공인회계사, 세무사로 하여금 조사에 참여하게 하거나 의견을 진술하게 할 수 있다.

(3) 세무조사 관할

세무조사는 납세지 관할 세무서장 또는 지방국세청장이 수행한다. 다만, 다음에 해당하는 경우에는 국세청장(같은 지방국세청 소관 세무서 관할 조정의 경우에는 지방국세청장)이 그 관할을 조정할 수 있다.

① 납세자가 사업을 실질적으로 관리하는 장소의 소재지와 납세지가 관할을 달리하는 경우
② 일정한 지역에서 주로 사업을 하는 납세자에 대하여 공정한 세무조사를 실시할 필요가 있는 경우 등 납세지 관할 세무서장 또는 지방국세청장이 세무조사를 수행하는 것이 부적절하다고 판단되는 경우
③ 세무조사 대상 납세자와 출자관계에 있는 자, 거래가 있는 자 또는 특수관계인에 해당하는 자 등에 대한 세무조사가 필요한 경우
④ 세무관서별 업무량과 세무조사인력 등을 고려하여 관할을 조정할 필요가 있다고 판단되는 경우

(4) 세무조사 대상자 선정

① 정기선정 : 세무공무원은 다음 중 어느 하나에 해당하는 경우에 정기적으로 신고의 적정성을 검증하기 위하여 대상을 선정하여 세무조사를 할 수 있다. 이 경우 세무공무원은 객관적기준에 따라 공정하게 그 대상을 선정하여야 한다.

a. 국세청장이 납세자의 신고내용에 대하여 과세자료, 세무정보 및 주식회사의 외부감사에 관한 법률에 따른 감사의견, 외부감사 실시내용 등 회계성실도 자료 등을 고려하여 정기적으로 성실도를 분석한 결과 불성실혐의가 있다고 인정하는 경우

b. 최근 4과세기간 이상 같은 세목의 세무조사를 받지 아니한 납세자에 대하여 업종, 규모, 경제력 집중 등을 고려하여 신고 내용이 적정한지를 검증할 필요가 있는 경우

c. 무작위추출방식으로 표본조사를 하려는 경우

* 업종별 수입금액이 3억원 이하인 법인 및 간편장부대상자에 해당하는 개인으로서 일정 요건을 충족하는 소규모 성실사업자에 대하여는 정기선정에 의한 세무조사를 실시하지 아니할 수 있다. 다만, 객관적인 증빙자료에 의하여 과소신고한 것이 명백한 경우에는 그러하지 아니하다.

② 수시선정 : 세무공무원은 정기선정에 의한 조사 외에 다음 중 어느 하나에 해당하는 경우에는 세무조사를 할 수 있다.

a. 납세자가 세법에서 정하는 신고, 성실신고확인서의 제출, 세금계산서 또는 계산서의 작성·교부·제출, 지급명세서의 작성·제출 등의 납세협력의무를 이행하지 아니한 경우

b. 무자료거래, 위장·가공거래 등 거래 내용이 사실과 다른 혐의가 있는 경우

c. 납세자에 대한 구체적인 탈세제보가 있는 경우

d. 신고 내용에 탈루나 오류의 혐의를 인정할 만한 명백한 자료가 있는 경우

e. 납세자가 세무공무원에게 직무와 관련하여 금품을 제공하거나 금품제공을 알선한 경우

③ 과세표준과 세액의 결정을 위한 조사 : 세무공무원은 과세관청의 조사결정에 의하여 과세표준과 세액이 확정되는 세목의 경우 과세표준과 세액을 결정하기 위하여 세무조사를 할 수 있다.

(5) 세무조사의 통지와 연기신청

① 사전통지 : 세무공무원은 세무조사를 하는 경우에는 조사를 받을 납세자(납세자가 납세관리인을 정하여 신고한 경우에는 납세관리인)에게 조사를 시작하기 15일전에 조사대상 세목·과세기간, 조사기간 및 조사사유, 부분조사인 경우 그 범위 등을 통지하여야 한다.

* 조세범 처벌절차법에 따른 조세범칙조사는 사전통지의 대상이 아니다.

② 사전통지의 예외 : 사전통지를 하면 증거인멸 등으로 조사 목적을 달성할 수 없다고 인정되는 경우에는 사전통지를 하지 않을 수 있다.

* 이 경우 사전통지 사항, 사전통지를 하지 아니한 사유 등이 포함된 세무조사통지서를 교부하여야 한다.

③ 연기신청 : 사전통지를 받은 납세자가 다음 중 어느 하나에 해당하는 사유로 인하여 조사를 받기 곤란한 경우에는 관할 세무관서의 장에게 조사를 연기해 줄 것을 신청할 수 있다.

a. 천재지변

b. 화재, 그 밖의 재해로 사업상 심각한 어려움이 있을 때

c. 납세자 또는 납세관리인의 질병·장기출장 등으로 세무조사가 곤란하다고 판단될 때

d. 권한 있는 기관에 장부·증거서류가 압수되거나 영치되었을 때

e. 기타 위에 준하는 사유가 있을 때

* 연기신청을 받은 세무공무원은 연기신청 승인여부를 결정하고 그 결과(연기 결정시 연기한 기간 포함)를 조사개시 전까지 통지하여야 한다.

④ 연기한 기간 만료 전 조사 개시 : 관할 세무관서의 장은 다음 중 어느 하나에 해당하는 사유가 있는 경우에는 연기한 기간이 만료되기 전에 조사를 개시할 수 있다.

a. 연기신청의 사유가 소멸한 경우

* 이 경우 조사 개시 5일 전까지 조사받을 납세자에게 연기 사유가 소멸한 사실과 조사기간을 통지하여야 한다.

b. 조세채권을 확보하기 위하여 조사를 긴급히 개시할 필요가 있다고 인정되는 경우

* 이 경우 조사를 긴급히 개시하여야 하는 사유가 포함된 세무조사통지서를 교부하여야 한다.

(6) 세무조사 기간

① 세무조사 기간 : 세무공무원은 조사대상 세목·업종·규모, 조사 난이도 등을 고려하여 세무조사 기간이 최소한이 되도록 하여야 한다.

② 세무조사 기간의 연장 : 다음의 경우에는 세무조사 기간을 연장할 수 있다.

* 세무조사 기간을 연장하는 경우에는 그 사유와 기간을 납세자에게 문서로 통지하여야 한다.

a. 납세자가 장부·서류 등을 은닉하거나 제출을 지연하거나 거부하는 등 조사를 기피하는 행위가 명백한 경우

b. 거래처 조사, 거래처 현지확인 또는 금융거래 현지확인이 필요한 경우

c. 세금탈루 혐의가 포착되거나 조사 과정에서 조세범칙조사를 개시하는 경우

d. 천재지변이나 노동쟁의로 조사가 중단되는 경우

e. 납세자보호관·담당관이 세금탈루혐의와 관련하여 추가적인 사실확인이 필요하다고 인정하는 경우

f. 세무조사 대상자가 세금탈루혐의에 대한 해명 등을 위하여 세무조사 기간의 연장을 신청한 경우로서 납세자 보호관 등이 이를 인정하는 경우

③ 세무조사 기간 제한 : 조사대상 과세기간 중 연간 수입금액 또는 양도가액이 가장 큰 과세기간의 연간 수입금액 또는 양도가액이 100억원 미만인 납세자에 대한 세무조사 기간은 20일 이내로 하며, 해당 기간을 최초로 연장하는 경우에는 관할 세무관서 장의 승인을 받아야 하고, 2회 이후 연장의 경우에는 관할 상급 세무관서 장의 승인을 받아 각각 20일 이내에서 연장할 수 있다.

* 기간 제한의 예외 : 다음의 경우에는 세무조사 기간의 제한 및 세무조사 연장기간의 제한을 받지 아니한다.

1. 무자료거래, 위장·가공거래 등 거래 내용이 사실과 다른 혐의가 있어 실제 거래 내용에 대한 조사가 필요한 경우

2. 역외거래를 이용하여 세금을 탈루하거나 국내 탈루소득을 해외로 변칙유출한 혐의로 조사하는 경우
3. 명의위장, 이중장부의 작성, 차명계좌의 이용, 현금거래의 누락 등의 방법을 통하여 세금을 탈루한 혐의로 조사하는 경우
4. 거짓계약서 작성, 미등기양도 등을 이용한 부동산 투기 등을 통하여 세금을 탈루한 혐의로 조사하는 경우
5. 상속세·증여세 조사, 주식변동 조사, 범칙사건 조사 및 출자·거래관계에 있는 관련자에 대하여 동시조사를 하는 경우

④ 세무조사의 중지 : 세무공무원은 다음에 해당하는 사유로 세무조사를 진행하기 어려운 경우에는 세무조사를 중지할 수 있다. 이 경우 중지기간은 세무조사 기간 및 세무조사 연장기간에 산입하지 않으며, 중지기간 중에는 납세자에 대하여 국세의 과세표준과 세액을 결정·경정하기 위한 질문을 하거나 장부등의 검사·조사 또는 제출을 요구할 수 없다.

* 세무조사를 중지하는 경우에는 그 사유를 문서로 통지하여야 한다.

a. 세무조사 연기신청에 해당하는 사유가 있어 납세자가 조사중지를 신청한 경우
b. 국외자료의 수집·제출 또는 세무조사 기간 중 상호합의절차 개시에 따라 외국과세기관과의 협의가 필요한 경우
c. 다음 각 사유로 인해 세무조사를 정상적으로 진행하기 어려운 경우
  - 납세자의 소재가 불명한 경우 또는 해외로 출국한 경우
  - 납세자가 장부·서류 등을 은닉하거나 그 제출을 지연 또는 거부한 경우
  - 노동쟁의가 발생한 경우
d. 납세자보호관 또는 담당관이 세무조사의 일시중지를 요청하는 경우

⑤ 세무조사의 재개 : 세무공무원은 세무조사를 중지한 사유가 소멸하게 되면 즉시 조사를 재개하여야 한다. 다만, 조세채권의 확보 등 긴급히 조사를 재개하여야 할 필요가 있는 경우에는 세무조사를 재개할 수 있다.

* 세무조사를 재개하는 경우에는 그 사유를 문서로 통지하여야 한다.

⑥ 세무공무원은 세무조사 기간을 단축하기 위해 노력하여야 하며, 장부기록 및 회계처리의 투명성 등 납세성실도를 검토하여 더 이상 조사할 사항이 없다고 판단될 때에는 조사기간 종료 전이라도 조사를 조기에 종결할 수 있다.

(7) 세무조사 범위확대의 제한

세무공무원은 다음 경우를 제외하고는 조사진행 중 세무조사의 범위를 확대할 수 없다.

* 세무조사의 범위를 확대하는 경우에는 그 사유와 범위를 문서로 통지하여야 한다.

① 다른 과세기간·세목 또는 항목에 대한 구체적인 세금탈루 증거자료가 확인되어 이에 대한 조사가 필요한 경우

② 명백한 세금탈루 혐의 또는 세법 적용의 착오 등이 있는 조사대상 과세기간의 특정 항목이 다른 과세기간에도 있어 동일하거나 유사한 세금탈루 혐의 또는 세법 적용 착오 등이 있을 것으로 의심되어 다른 과세기간의 그 항목에 대한 조사가 필요한 경우

(8) 통합조사의 원칙

① 통합조사 : 세무조사는 납세자의 사업과 관련하여 세법에 따라 신고·납부의무가 있는 세목을 통합하여 실시하는 것을 원칙으로 한다. 다만, 다음 중 어느 하나에 해당하는 경우에는 특정 세목만을 조사할 수 있다.

a. 세목의 특성, 납세자의 신고유형, 사업규모 또는 세금탈루 혐의 등을 고려하여 특정 세목만을 조사할 필요가 있는 경우
b. 조세채권의 확보 등을 위하여 특정 세목만을 긴급히 조사할 필요가 있는 경우
c. 그 밖에 세무조사의 효율성 및 납세자의 편의 등을 고려하여 특정 세목만을 조사할 필요가 있는 경우로서 대통령령으로 정하는 경우

② 부분조사 : 통합조사의 원칙에도 불구하고 다음 중 어느 하나에 해당하는 경우에는 각 사항에 대한 확인을 위하여 필요한 부분에 한정한 조사를 실시할 수 있다.

a. 경정 등의 청구에 대한 처리 또는 국세환급금의 결정을 위하여 확인이 필요한 경우
b. 불복청구에 대한 재조사결정 또는 과세전적부심사에 대한 재조사 결정에 따라 사실관계의 확인 등이 필요한 경우
c. 거래상대방에 대한 세무조사 중에 거래 일부의 확인이 필요한 경우
d. 납세자에 대한 구체적인 탈세 제보가 있는 경우로서 해당 탈세 혐의에 대한 확인이 필요한 경우
e. 명의위장, 차명계좌의 이용을 통하여 세금을 탈루한 혐의에 대한 확인이 필요한 경우
f. 그 밖에 세무조사의 효율성 및 납세자의 편의 등을 고려하여 특정 사업장, 특정 항목 또는 특정 거래에 대한 확인이 필요한 경우로서 다음의 경우

- 법인이 주식등을 고가나 저가로 거래하거나 법인세법상 불공정자본거래를 통해 이익을 분여하거나 받은 구체적인 혐의가 있는 경우로서 확인이 필요한 경우
- 무자료거래, 위장·가공거래 등의 혐의가 있는 경우로서 긴급조사가 필요한 경우
- 과세관청 외의 기관이 직무상 목적을 위해 작성하거나 취득하여 과세관청에 제공한 자료의 처리를 위해 조사하는 경우
- 소득세법·법인세법에 따라 비거주자·외국법인이 조세조약상 비과세 또는 면제 적용 신청을 한 경우 이에 대한 내용을 확인할 필요가 있는 경우

* 위 c ~ f 에 해당하는 사유로 인한 부분조사는 같은 세목 및 같은 과세기간에 대하여 2회를 초과하여 실시할 수 없다.

(9) 장부등의 보관 금지

① 세무공무원은 세무조사(조세범칙조사 포함)의 목적으로 납세자의 장부등을 세무관서에 임의로 보관할 수 없다. 다만, 세무조사 대상의 수시선정 사유(3. (4) ② 수시선정)에 해당하는 경우에는 조사 목적에 필요한 최소한의 범위에서 납세자, 소지자 또는 보관자 등 정당한 권한이 있는 자가 임의로 제출한 장부등을 납세자의 동의를 받아 세무관서에 일시 보관할 수 있다.

* 납세자의 장부등을 세무관서에 일시 보관하려는 경우 납세자로부터 일시 보관 동의서를 받아야 하며, 일시 보관증을 교부하여야 한다. 납세자등은 조사목적이나 조사범위와 관련이 없는 등의 사유로 일시 보관에 동의하지 아니하는 장부등에 대해서는 세무공무원에게 일시 보관할 장부등에서 제외할 것을 요청할 수 있으며 이 경우 세무공무원은 정당한 사유 없이 해당 장부등을 일시 보관할 수 없다.

② 일시 보관하고 있는 장부등에 대하여 납세자가 반환을 요청한 경우

a. 반환을 요청한 날부터 14일 이내에 장부등을 반환하여야 한다. 다만, 조사 목적을 달성하기 위하여 필요한 경우에는 납세자보호위원회의 심의를 거쳐 한 차례만 14일 이내의 범위에서 보관 기간을 연장할 수 있다.

b. 세무조사에 지장이 없다고 판단될 때에는 요청한 장부등을 즉시 반환하여야 한다.

* 납세자에게 장부등을 반환하는 경우 세무공무원은 장부등의 사본을 보관할 수 있고, 그 사본이 원본과 다름없다는 사실을 확인하는 납세자의 서명 또는 날인을 요구할 수 있다.

(10) 세무조사의 결과통지

① 세무공무원은 세무조사를 마쳤을 때에는 그 조사를 마친 날부터 20일(공시송달 사유 중 어느 하나에 해당하는 경우에는 40일) 이내에 다음 사항이 포함된 조사결과를 납세자에게 설명하고, 이를 서면으로 통지하여야 한다.

a. 세무조사 내용
b. 결정 또는 경정할 과세표준, 세액 및 산출근거
c. 세무조사 대상 세목 및 과세기간
d. 과세표준 및 세액을 결정 또는 경정하는 경우 그 사유
e. 가산세의 종류, 금액 및 그 산출근거
f. 관할세무서장이 결정 또는 경정하여 통지하기 전까지 수정신고가 가능하다는 사실
g. 과세전적부심사를 청구할 수 있다는 사실

② 다음에 해당하는 경우에는 세무조사 결과통지의 의무가 없다.

a. 납세관리인을 정하지 않고 국내에 주소 또는 거소를 두지 않은 경우
b. 불복청구 및 과세전적부심사 청구에 대한 재조사결정에 의한 조사를 마친 경우
c. 세무조사결과통지서 수령을 거부하거나 회피하는 경우

③ 다음 중 어느 하나에 해당하는 사유로 위의 기간 이내에 조사결과를 통지할 수 없는 부분이 있는 경우에는 납세자가 동의하는 경우에 한정하여 조사결과를 통지할 수 없는 부분을 제외한 조사결과를 납세자에게 설명하고, 이를 서면으로 통지할 수 있다.

a. 국제조세조정에 관한 법률 및 조세조약에 따른 국외자료의 수집·제출 또는 상호합의 절차 개시에 따라 외국 과세기관과의 협의가 진행 중인 경우

b. 해당 세무조사와 관련하여 세법의 해석 또는 사실관계 확정을 위하여 기획재정부장관 또는 국세청장에 대한 질의 절차가 진행 중인 경우

* 상호합의절차 종료, 세법의 해석 또는 사실관계 확정을 위한 질의에 대한 회신 등 위의 사유가 해소된 때에는 그 사유가 해소된 날부터 20일(공시송달 사유 중 어느 하나에 해당하는 경우에는 40일) 이내에 통지에서 제외되었던 부분에 대한 조사결과를 납세자에게 설명하고, 이를 서면으로 통지하여야 한다.

4. 기타사항

(1) 비밀유지

세무공무원은 납세자의 과세정보를 타인에게 제공 또는 누설하거나 목적 외의 용도로 사용해서는 안 된다. 다만, 다음 중 어느 하나에 해당하는 경우에는 그 사용목적에 맞는 범위에서 납세자의 과세정보를 제공할 수 있다. 이 경우 과세정보를 제공받은 자는 과세정보 유출 방지시스템 구축 등 과세정보의 안정성 확보를 위한 조치를 하여야 한다.

① 국가행정기관, 지방자치단체 등이 법률에서 정하는 조세, 과징금의 부과·징수 등을 위하여 사용할 목적으로 과세정보를 요구하는 경우

② 국가기관이 조세쟁송이나 조세범의 소추를 위하여 과세정보를 요구하는 경우

③ 법원의 제출명령 또는 법관이 발부한 영장에 의하여 과세정보를 요구하는 경우

④ 세무공무원 간에 국세의 부과·징수 또는 질문·검사에 필요한 과세정보를 요구하는 경우

⑤ 통계청장이 국가통계작성 목적으로 과세정보를 요구하는 경우

⑥ 사회보장기본법에 따른 사회보험의 운영을 목적으로 설립된 기관이 관계 법률에 따른 소관 업무를 수행하기 위하여 과세정보를 요구하는 경우

⑦ 국가행정기관, 지방자치단체 또는 공공기관이 급부·지원 등을 위한 자격의 조사·심사 등에 필요한 과세정보를 당사자의 동의를 받아 요구하는 경우

⑧ 국정감사 및 조사에 관한 법률에 따른 조사위원회가 국정조사의 목적을 달성하기 위하여 조사위원회의 의결로 비공개회의에 과세정보의 제공을 요청하는 경우

⑨ 다른 법률의 규정에 따라 과세정보를 요구하는 경우

* 위의 규정(③, ④제외)에 따라 과세정보의 제공을 요구하는 자는 문서로 해당 세무관서의 장에게 요구하여야 하며, 세무공무원은 이러한 규정에 위반하여 과세정보의 제공을 요구받으면 그 요구를 거부하여야 한다.

(2) 납세자 권리 행사에 필요한 정보의 제공

납세자 본인의 권리 행사에 필요한 정보를 납세자(세무사 등 세무업무를 위임받은 자 포함)가 요구하는 경우 세무공무원은 신속하게 정보를 제공하여야 한다.

(3) 국세청장의 납세자 권리보호

① 국세청장은 직무를 수행함에 있어 납세자의 권리가 보호되고 실현될 수 있도록 성실하게 노력하여야 한다.

② 납세자의 권리보호를 위하여 국세청에 납세자 권리보호업무를 총괄하는 납세자보호관을 두고, 세무서 및 지방국세청에 납세자 권리보호업무를 수행하는 담당관을 각각 1인을 둔다. 납세자보호관은 조세·법률·회계 분야의 전문지식과 경험을 갖춘 사람으로서 세무공무원이나 세무공무원으로 퇴직한 지 3년이 지나지 아니한 사람은 대상에서 제외한다.

* 납세자보호관의 직무 및 권한

1. 위법·부당한 세무조사 및 세무조사 중 세무공무원의 위법·부당한 행위에 대한 일시중지 및 중지
2. 세무조사 과정에서 위법·부당한 행위를 한 세무공무원 교체 명령 및 징계 요구
3. 위법·부당한 처분(세법에 따른 납부의 고지는 제외)에 대한 시정요구

4. 위법·부당한 처분이 행하여 질 수 있다고 인정되는 경우 그 처분 절차의 일시중지 및 중지
5. 납세서비스 관련 제도·절차 개선에 관한 사항
6. 납세자의 권리보호업무에 관하여 세무서 및 지방국세청의 납세자보호담당관에 대한 지도·감독
7. 세금 관련 고충민원의 해소 등 납세자 권리보호에 관한 사항
8. 그 밖에 납세자의 권리보호와 관련하여 국세청장이 정하는 사항

(4) 납세자의 협력의무

납세자는 세무공무원의 적법한 질문·조사, 제출명령에 대하여 성실하게 협력하여야 한다.

(5) 납세자보호위원회

① 납세자 권리보호에 관한 사항을 심의하기 위하여 세무서, 지방국세청 및 국세청에 납세자보호위원회를 둔다.

② 세무서 납세자보호위원회 및 지방국세청 납세자보호위원회는 다음 사항을 심의한다.

a. 중소규모납세자* 이외의 납세자에 대한 세무조사(조세범칙조사는 제외) 기간의 연장. 다만, 조사대상자가 해명 등을 위하여 연장을 신청한 경우는 제외한다.

* 중소규모납세자 : 세무조사 대상 과세기간 중 연간 수입금액 또는 양도가액이 가장 큰 과세기간의 연간 수입금액 또는 양도가액이 100억원 미만(부가가치세에 대한 세무조사의 경우 1과세기간 공급가액의 합계액이 50억원 미만)인 납세자

b. 중소규모납세자 이외의 납세자에 대한 세무조사 범위의 확대

c. 세무조사 기간 연장 및 범위 확대에 대한 중소규모납세자의 세무조사 일시중지 및 중지 요청

d. 위법·부당한 세무조사 및 세무조사 중 세무공무원의 위법·부당한 행위에 대한 납세자의 세무조사 일시중지 및 중지 요청

e. 납세자의 반환요청에 대한 장부등의 일시 보관 기간 연장

f. 그 밖에 납세자의 권리보호를 위하여 납세자보호담당관이 심의가 필요하다고 인정하는 안건

참고 납세자보호위원회에 대한 납세자의 심의 요청 및 결과 통지

1. 납세자는 세무조사 기간이 끝나는 날까지 세무서장 또는 지방국세청장에게 위 c 또는 d 에 해당하는 사항에 대한 심의를 요청할 수 있다.
2. 세무서장 또는 지방국세청장은 위 a 부터 e 까지의 사항에 대하여 세무서 납세자보호위원회 또는 지방국세청 납세자보호위원회의 심의를 거쳐 결정을 하고, 납세자에게 그 결과를 통지하여야 한다. 이 경우 c 또는 d 에 대한 결과는 납세자의 요청을 받은 날부터 20일 이내에 통지하여야 한다.
3. 납세자는 통지를 받은 날부터 7일 이내에 위 a 부터 d 까지의 사항으로서 세무서 납세자보호위원회 또는 지방국세청 납세자보호위원회의 심의를 거친 세무서장 또는 지방국세청장의 결정에 대하여 국세청장에게 취소 또는 변경을 요청할 수 있다.
4. 납세자의 요청을 받은 국세청장은 국세청 납세자보호위원회의 심의를 거쳐 세무서장 및 지방국세청장의 결정을 취소하거나 변경할 수 있다. 이 경우 국세청장은 요청받은 날부터 20일 이내에 그 결과를 납세자에게 통지하여야 한다.
5. 납세자보호관 또는 담당관은 납세자가 상기 요청을 하는 경우에는 납세자보호위원회의 심의 전까지 세무공무원에게 세무조사의 일시중지 등을 요구할 수 있다. 다만, 납세자가 세무조사를 기피하려는 것이 명백한 경우에는 그러하지 아니하다.
6. 납세자보호위원회는 위 c 또는 d 에 따른 요청이 있는 경우 그 의결로 세무조사의 일시중지 및 중지를 세무공무원에게 요구할 수 있다. 이 경우 납세자보호위원회는 정당한 사유 없이 위원회의 요구에 따르지 아니하는 세무공무원에 대하여 국세청장에게 징계를 건의할 수 있다.
7. 상기 요청을 한 납세자는 세무서장, 지방국세청장 또는 국세청장에게 의견을 진술할 수 있다.

③ 국세청 납세자보호위원회는 다음 사항을 심의한다.

a. 위 ② 항목의 a~d 사항에 대하여 세무서 납세자보호위원회 또는 지방국세청 납세자보호위원회의 심의를 거친 세무서장 또는 지방국세청장의 결정에 대한 납세자의 취소 또는 변경 요청

b. 그 밖에 납세자의 권리보호를 위한 국세행정의 제도 및 절차 개선 등으로서 납세보호위원회의 위원장 또는 납세자보호관이 심의가 필요하다고 인정하는 사항

④ 납세자보호위원회 위원의 의무

a. 납세자보호위원회의 위원은 업무 중 알게 된 과세정보를 타인에게 제공 또는 누설하거나 목적외의 용도로 사용해서는 아니 된다.

b. 납세자보호위원회의 위원은 공정한 심의를 기대하기 어려운 사정이 있다고 인정될 때에는 위원회 회의에서 제척되거나 회피하여야 한다.

⑤ 납세자보호관은 납세자보호위원회의 의결사항에 대한 이행여부 등을 감독한다.

참고 1. 납세자보호위원회의 위원장(공무원이 아닌 사람 중에서 위촉함)

a. 세무서 납세자보호위원회 : 세무서장의 추천을 받아 지방국세청장이 위촉하는 사람

b. 지방국세청 납세자보호위원회 : 지방국세청장의 추천을 받아 국세청장이 위촉하는 사람

c. 국세청 납세자보호위원회 : 기획재정부장관의 추천을 받아 국세청장이 위촉하는 사람

2. 납세자보호위원회의 위원 : 위원장 1명을 포함한 18명(세무서 납세자보호위원회는 14명) 이내로 구성하며 세무 분야에 전문적인 학식과 경험이 풍부한 사람과 관계 공무원 중에서 국세청장(세무서 납세자보호위원회의 위원은 지방국세청장)이 임명 또는 위촉한다. 납세자보호위원회 위원 중 공무원이 아닌 사람은 형법의 관련된 규정을 적용할 때에는 공무원으로 본다.

5. 과세전적부심사

(1) 과세예고 통지

세무서장 또는 지방국세청장은 다음 중 어느 하나에 해당하는 경우에는 미리 납세자에게 그 내용을 서면으로 통지하여야 한다.

① 세무서 또는 지방국세청에 대한 지방국세청장 또는 국세청장의 업무감사결과(현지 시정조치의 경우 포함)에 따라 세무서장 또는 지방국세청장이 과세하는 경우

② 세무조사에서 확인된 것으로 조사대상자 외의 자에 대한 과세자료 및 현지 확인조사에 따라 세무서장 또는 지방국세청장이 과세하는 경우

③ 납부고지하려는 세액이 1백만원 이상인 경우(감사원법에 따른 시정요구에 따라 세무서장 또는 지방국세청장이 과세처분하는 경우로서 시정요구 전에 과세처분 대상자가 감사원의 지적사항에 대한 소명안내를 받은 경우는 제외)

(2) 과세전적부심사의 청구

① 다음 중 어느 하나에 해당하는 통지를 받은 자는 통지를 받은 날부터 30일 이내에 해당 세무서장이나, 지방국세청장에게 통지내용의 적법성에 관한 심사를 청구할 수 있다.

a. 세무조사결과에 대한 서면통지

b. 과세예고 통지

② 과세전적부심사 대상인 통지를 받은 자는 과세전적부심사를 청구하지 않고 통지받은 내용의 전부 또는 일부에 대하여 과세표준과 세액을 조기에 결정하거나 경정결정해 줄 것을 그 통지를 한 세무서장이나 지방국세청장에게 신청할 수 있다. 이 경우 해당 세무서장이나 지방국세청장은 신청받은 내용대로 즉시 결정이나 경정결정을 하여야 한다.

* 다음의 경우는 국세청장에게 과세전적부심사를 청구할 수 있다.
1. 법령과 관련하여 국세청장의 유권해석을 변경하여야 하거나 새로운 해석이 필요한 것
2. 국세청장의 훈령·예규·고시 등과 관련하여 새로운 해석이 필요한 것
3. 세무서 또는 지방국세청에 대한 국세청장의 업무감사결과에 따라 세무서장 또는 지방국세청장이 행하는 과세예고통지에 관한 것
4. 위 이외의 사항으로 과세전적부심사 청구금액이 10억원 이상에 해당하는 것
5. 감사원법에 따른 시정 요구에 따라 세무서장 또는 지방국세청장이 과세처분하는 경우로서 시정 요구 전에 과세처분 대상자가 감사원의 지적사항에 대한 소명안내를 받지 못한 것

(3) 과세전적부심사 배제사유

① 국세징수법에 규정된 납부기한 전 징수 사유 또는 세법에 규정된 수시부과의 사유가 있는 경우
② 조세범 처벌법 위반으로 고발 또는 통고처분하는 경우
③ 세무조사 결과 통지 및 과세예고 통지를 하는 날부터 국세부과 제척기간의 만료일까지의 기간이 3개월 이하인 경우
④ 국제조세조정에 관한 법률에 따라 조세조약을 체결한 상대국이 상호합의절차의 개시를 요청한 경우
⑤ 불복청구 및 과세전적부심사 청구에 대한 재조사 결정에 따른 세무조사인 경우

(4) 과세전적부심사의 효력

과세전적부심사청구서를 제출받은 세무서장·지방국세청장 또는 국세청장은 그 청구부분에 대하여 과세전적부심사에 대한 결정이 있을 때까지 과세표준 및 세액의 결정이나 경정결정을 유보하여야 한다. 다만, 과세전적부심사의 배제사유에 해당하는 경우 또는 과세전적부심사 대상인 통지를 받은 자의 조기 결정 신청이 있는 경우에는 그러하지 아니하다.

(5) 과세전적부심사에 대한 결정

과세전적부심사청구를 받은 세무서장·지방국세청장 또는 국세청장은 각각 국세심사위원회의 심사를 거쳐 다음과 같이 결정을 하고 그 결과를 청구를 받은 날부터 30일 이내에 청구인에게 통지하여야 한다.

① 심사거부 : 청구기간이 지났거나 보정기간에 보정을 하지 아니하여 심사하지 아니하는 결정
② 불채택 : 청구가 이유 없다고 인정되어 채택하지 않는다는 결정
③ 채택 : 청구가 이유 있다고 인정되어 채택하거나 일부 채택하는 결정. 다만, 구체적인 채택의 범위를 정하기 위하여 사실관계 확인 등 추가적으로 조사가 필요한 경우에는 과세전

적부심사 대상인 통지를 한 세무서장이나 지방국세청장으로 하여금 이를 재조사하여 그 결과에 따라 당초 통지 내용을 수정하여 통지하도록 하는 재조사 결정을 할 수 있다.

* 재조사 결정이 있는 경우 처분청은 재조사 결정일로부터 60일 이내에 결정서 주문에 기재된 범위에 한정하여 조사하고, 그 결과에 따라 취소·경정하거나 필요한 처분을 하여야 한다. 이 경우 처분청은 국세기본법상 세무조사에 관한 규정에 따라 조사를 연기하거나 조사기간을 연장하거나 조사를 중지할 수 있다.

8.2 보 칙

1. 납세관리인

① 납세자가 국내에 주소 또는 거소를 두지 아니하거나 국외로 주소 또는 거소를 이전할 때에는 국세에 관한 사항을 처리하기 위하여 납세관리인을 정하여야 한다. 이 경우 납세자는 국세에 관한 사항을 처리하게 하기 위하여 변호사, 세무사 또는 세무사법에 따라 등록한 공인회계사를 납세관리인으로 둘 수 있다.

② 납세자는 납세관리인을 정하거나 변경·해임하는 때에는 이를 문서로 관할세무서장에게 신고하여야 하며, 납세자가 신고를 하지 않은 경우 관할 세무서장은 납세자의 재산이나 사업의 관리인을 납세관리인으로 정할 수 있다.

2. 고지금액의 최저한도

고지할 국세*(인지세는 제외) 및 강제징수비를 합친 금액이 1만원 미만일 때에는 그 금액은 없는 것으로 본다.

* 본세와 함께 고지하는 교육세, 농어촌특별세를 본세와 합한 것을 말한다.

3. 국세행정에 대한 협조

(1) **관계기관의 협조** : 세무공무원은 직무를 집행할 때 필요하면 국가기관, 지방자치단체 또는 그 소속공무원에게 협조를 요청할 수 있으며, 그 요청을 받은 자는 정당한 사유가 없으면 협조하여야 한다.

(2) **납세지도 교부금** : 정부는 납세지도를 담당하는 단체에 그 납세지도 경비의 전부 또는 일부를 법적 절차에 따라 교부금으로 지급할 수 있다.

4. 포상금의 지급

(1) **포상금 지급 사유** : 국세청장은 다음 중 어느 하나에 해당하는 자에게는 20억원(①의 경우는 40억원, ②의 경우는 30억원)의 범위에서 법정 방식에 따라 포상금을 지급할 수 있다.

① 조세를 탈루한 자에 대한 탈루세액 또는 부당하게 환급·공제받은 세액을 산정하는 데 중요한 자료를 제공한 자
② 체납자의 은닉재산을 신고한 자
③ 신용카드 결제·현금영수증 발급을 거부하거나 이를 이유로 재화 또는 용역의 대가를 다르게 기재하여 신용카드매출전표·현금영수증을 발급하는 행위를 한 가맹점을 신고한 자(거래금액이 5천원 미만인 경우는 제외)
④ 거래상대방의 요청이 없어도 현금영수증을 의무적으로 발급해야 하는 자가 그 의무를 위반했을 때 이를 신고한 자
⑤ 타인의 명의를 사용하여 사업을 경영하는 자를 신고한 자
⑥ 해외금융계좌 신고의무 위반행위를 적발하는데 중요한 자료를 제공한 자*

* 위 ①, ②에 해당하는 경우에도 포상금을 지급한다.

⑦ 법인 또는 복식부기의무자인 개인이 보유하는 타인 명의 금융자산을 신고한 자

(2) **포상금 지급의 예외** : 다음의 경우에는 포상금을 지급하지 아니한다.

① 탈루세액 또는 징수금액이 5천만원 미만이거나 해외금융계좌 신고의무 불이행에 따른 과태료금액이 2천만원 미만인 경우
② 공무원이 그 직무와 관련하여 자료를 제공하거나 은닉재산을 신고한 경우

5. 과세자료의 제출과 그 수집에 대한 협조

세법에 따라 과세자료를 제출할 의무가 있는 자는 과세자료를 성실하게 작성하여 정해진 기한까지 소관 세무서장에게 제출하여야 한다. 다만, 국세정보통신망을 이용하여 제출하는 경우에는 지방국세청장 또는 국세청장에게 제출할 수 있다. 또한 국가기관·지방자치단체·금융기관 또는 전자계산·정보처리시설을 보유한 자는 과세에 관계되는 자료 또는 통계를 수집하거나 작성한 때에는 국세청장에게 통보하여야 한다.

6. 지급명세서 자료의 이용

금융실명거래 및 비밀보장에 관한 법률 규정에도 불구하고 세무서장은 소득세법 및 법인세법 규정에 따라 제출받은 이자소득 또는 배당소득에 대한 지급명세서를 상속·증여재산의 확인, 조세탈루의 혐의를 인정할 만한 명백한 자료의 확인 및 근로장려금 신청자격의 확인을 위한 용도에 이용할 수 있다.

7. 장부 등의 비치와 보존

납세자는 각 세법 규정에 따라 모든 거래에 관한 장부 및 증거서류를 성실하게 작성하여 갖춰두어야 하며, 이러한 장부 및 증거서류는 그 거래사실이 속하는 과세기간에 대한 해당

국세의 법정신고기한이 지난 날부터 5년간(역외거래의 경우 7년간) 보존하여야 한다.

* 법인세·소득세의 결손금을 이월하여 법정신고기한이 지난 날부터 5년(역외거래는 7년)이 지난 후에 공제받는 경우에는 해당 이월결손금을 공제한 과세기간의 법정신고기한으로부터 1년이 되는 날까지를 보존기한으로 한다.

8. 서류접수증의 발급

(1) **접수증 발급** : 세무공무원은 납세자 또는 세법에 따라 과세자료를 제출할 의무가 있는 자로부터 법 소정에 해당하는 서류를 받는 경우에는 납세자 등에게 접수증을 발급하여야 한다. 이 경우 납세자 등으로부터 신고서 등을 국세정보통신망을 통해 받은 경우에는 그 접수사실을 전자적 형태로 통보할 수 있다.

(2) **접수증 발급의 예외** : 다음 중 어느 하나에 해당하는 경우에는 접수증을 발급하지 않을 수 있다.

① 납세자가 과세표준신고서 등의 서류를 우편이나 팩스로 제출하는 경우

② 납세자가 과세표준신고서 등의 서류를 세무공무원을 거치지 않고 지정된 신고함에 직접 투입하는 경우

9. 불성실기부금수령단체 등의 명단 공개

국세청장은 비밀유지의 원칙에도 불구하고 다음 사항을 공개할 수 있으며(체납된 국세가 이의신청·심사청구 등 불복청구 중에 있는 경우 등 법소정 사유는 제외), 이러한 정보 공개 여부를 심의하고 국세징수법에 따른 체납자에 대한 감치 필요성 여부를 의결하기 위하여 국세청에 국세정보위원회를 둔다.

* 국세정보위원회의 위원은 공정한 심의를 기대하기 어려운 사정이 있다고 인정될 때에는 위원회 회의에서 제척되거나 회피하여야 한다.

① 불성실기부금수령단체의 인적사항, 국세추징명세

* 공개대상 정보에 대하여 불복청구 중에 있는 경우 및 국세정보위원회가 공개할 실익이 없거나 공개하는 것이 부적절하다고 인정하는 경우는 예외로 한다.

② 조세범 처벌법에 따른 범죄로 유죄판결이 확정된 자로서 포탈세액이 연간 2억원 이상인 자의 인적사항, 포탈세액 등

* 국세정보위원회가 공개할 실익이 없거나 공개하는 것이 부적절하다고 인정하는 경우는 예외로 한다.

③ 해외금융계좌신고의무자로서 신고기한 내에 신고하지 아니하거나 과소신고한 금액이 50억원을 초과하는 자(해외금융계좌신고의무위반자)의 인적사항, 신고의무 위반금액 등

* 국세정보위원회가 신고의무자의 신고의무 위반에 정당한 사유가 있다고 인정하는 경우 및 해외금융계좌에 대한 수정신고 또는 기한 후 신고를 한 경우는 예외로 한다.

④ 특정범죄 가중처벌 등에 관한 법률에 따른 범죄로 유죄판결이 확정된 시점(세금계산서발급의무등위반자)의 인적사항, 부정 기재한 공급가액 등의 합계액 등

* 국세정보위원회가 공개할 실익이 없거나 공개하는 것이 부적절하다고 인정하는 경우는 예외로 한다.

10. 통계자료의 작성 및 공개

① 국세청장은 조세정책의 수립 및 평가 등에 활용하기 위하여 과세정보를 분석·가공한 통계자료를 작성·관리하여야 한다. 이 경우 통계자료는 납세자의 과세정보를 직접적 방법 또는 간접적인 방법으로 확인할 수 없도록 작성되어야 한다.

② 세원의 투명성, 국민의 알권리 보장 및 국세행정의 신뢰증진을 위하여 국세청장은 통계자료를 국세정보위원회의 심의를 거쳐 일반 국민에게 정기적으로 공개하여야 한다.

③ 국세청장은 다음 각 경우에 그 목적의 범위에서 통계자료를 제공하여야 하고 제공한 통계자료의 사본을 기획재정부장관에게 송부하여야 한다.

a. 국회 소관 상임위원회가 의결로 세법의 제정법률안·개정법률안, 세입예산안의 심사 및 국정감사 기타 의정활동에 필요한 통계자료를 요구하는 경우

b. 국회예산정책처장이 의장의 허가를 받아 세법의 제정법률안·개정법률안에 대한 세수추계 또는 세입예산안의 분석을 위하여 필요한 통계자료를 요구하는 경우

④ 국세청장은 정부출연연구기관 등의 설립·운영 및 육성에 관한 법률에 따라 설립된 연구기관의 장이 조세정책의 연구를 목적으로 통계자료를 요구하는 경우 그 사용 목적에 맞는 범위안에서 제공할 수 있다.

⑤ 국세청장은 다음 중 어느 하나에 해당하는 자가 조세정책의 평가·연구 등에 활용하기 위하여 통계자료 작성에 사용된 기초자료를 직접 분석하기를 원하는 경우 국세청 내에 설치된 시설(국세통계센터) 내에서 기초자료를 그 사용목적에 맞는 범위에서 제공할 수 있다.

* 이 경우 기초자료는 개별 납세자의 과세정보를 직·간접적 방법으로 확인할 수 없는 상태로 제공하여야 한다.

a. 국회의원 및 국회사무총장·국회도서관장·국회예산정책처장·국회입법조사처장·국회미래연구원장

b. 중앙행정기관의 장 및 지방자치단체의 장

c. 정부출연연구기관의 장, 공공기관의 장 등 대통령령으로 정하는 자

⑥ 국세청장은 조세정책의 평가 및 연구를 목적으로 기초자료를 이용하려는 자가 소득세 관련 기초자료의 일부의 제공을 요구하는 경우에는 검증된 통계작성기법을 적용하여 표본형태로 처리한 표본자료를 제공할 수 있다.

* 이 경우 표본자료는 그 사용 목적에 맞는 범위에서 개별 납세자의 과세정보를 직·간접적 방법으로 확인할 수 없는 상태로 가공하여 제공하여야 한다.

11. 가족관계등록 전산정보의 공동이용

국세청장, 지방국세청장, 세무서장 및 조세심판원장은 심사·심판 및 과세전적부심사 업무를 처리할 때 행정심판법을 준용한 청구인 지위 승계의 신고 또는 허가 업무를 처리하기 위하여 전자정부법에 따라 가족관계의 등록 등에 관한 법률상의 전산정보자료를 공동 이용할 수 있다.

12. 금품 수수 및 공여에 대한 징계

① 세무공무원이 그 직무와 관련하여 금품을 수수(收受)하였을 때에는 국가공무원법에 따른 징계절차에서 그 금품 수수액의 5배 이내의 징계부가금 부과 의결을 징계위원회에 요구하여야 한다.

② 징계대상 세무공무원이 징계부가금 부과 의결 전후에 금품 수수를 이유로 다른 법률에 따라 형사처벌을 받거나 변상책임 등을 이행한 경우(몰수나 추징을 당한 경우 포함)에는 징계위원회에 감경된 징계부가금 부과 의결 또는 징계부가금 감면을 요구하여야 한다.

* 징계부가금 부과 의결의 요구(감면요구 포함)는 5급 이상 공무원 및 고위공무원단에 속하는 일반직공무원은 국세청장이, 6급 이하의 공무원은 소속 기관의 장 또는 소속 상급기관의 장이 한다.

③ 징계부가금 부과처분을 받은 세무공무원이 납부기간 내에 그 부가금을 납부하지 아니한 때에는 징계권자는 국세강제징수의 예에 따라 징수할 수 있다.

8.3 벌 칙

1. 직무집행 거부 등에 대한 과태료

관할 세무서장은 세법의 질문·조사권 규정에 따른 세무공무원의 질문에 대하여 거짓으로 진술하거나 그 직무집행을 거부 또는 기피한 자에게 5천만원 이하의 과태료를 부과·징수한다.

2. 금품 수수 및 공여에 대한 과태료

관할 세무서장 또는 세관장은 세무공무원에게 금품을 공여한 자에게 그 금품 상당액의 2배 이상 5배 이하의 과태료를 부과·징수한다. 다만, 형법 등 다른 법률에 따라 형사처벌을 받은 경우에는 과태료를 부과하지 아니하고, 과태료를 부과한 후 형사처벌을 받은 경우에는 과태료 부과를 취소한다.

3. 비밀유지 의무 위반에 대한 과태료

국세청장은 비밀유지 원칙의 제한적 예외에 따라 알게 된 과세정보를 타인에게 제공 또는 누설하거나 그 목적 외의 용도로 사용한 자에게 2천만원 이하의 과태료를 부과·징수한다. 다만, 형법 등 다른 법률에 따라 형사처벌을 받은 경우에는 과태료를 부과하지 아니하고, 과태료를 부과한 후 형사처벌을 받은 경우에는 과태료 부과를 취소한다.

2023
세법개론
강의노트 I

발 행 일 2023년 2월 28일 11판 1쇄
초판발행일 2013년 3월 11일

저 자 이승원
발 행 인 윤희정
등 록 제2014-000365호
발 행 처 도서출판 현지
주 소 서울시 강남구 언주로 30길
전화번호 02-736-7701
F A X 02-725-1907
I S B N 979-11-87363-25-5 (13320)
가 격 19,000원

저자와의
협의 하에
인지를
생략합니다.